『湖北近代文学研究』丛书·第二辑

湖北近代作家研究（第一集）

◎程翔章／著

華中師範大學出版社

新出图证(鄂)字 10 号

图书在版编目(CIP)数据

湖北近代作家研究. 第一集/程翔章著. —武汉:华中师范大学出版社,2024.3

(“湖北近代文学研究”丛书. 第二辑)

ISBN 978-7-5769-0423-9

Ⅰ. ①湖… Ⅱ. ①程… Ⅲ. ①作家—人物研究—湖北—近代 Ⅳ. ①K825.6

中国国家版本馆 CIP 数据核字(2023)第 247342 号

湖北近代作家研究(第一集)

HUBEI JINDAI ZUOJIA YANJIU(DI-YI JI)

责任编辑:张晶晶　　**责任校对**:肖绪旭　　**封面设计**:罗明波

编辑室:学术出版中心　　**电话**:027-67863280

出版发行:华中师范大学出版社有限责任公司

社址:湖北省武汉市珞喻路 152 号　　**邮编**:430079

电话:027-67863426(发行部)　027-67861321(邮购)

传真:027-67863291

网址:http://press.ccnu.edu.cn　　**电子信箱**:press@ccnu.edu.cn

印刷:湖北新华印务有限公司　　**督印**:刘　敏

字数:300 千字

开本:710mm×1000mm　1/16　　**印张**:16.5

版次:2024 年 3 月第 1 版　　**印次**:2024 年 3 月第 1 次印刷

定价:66.00 元

欢迎上网查询、购书

前　言

湖北位于中国大陆的中部、长江的中游，汉江的大部分流域在湖北境内。境内周边为山地丘陵，中部为辽阔富饶的江汉平原，不仅土地肥沃，物产丰富，乃全国有名的鱼米之乡；而且交通便利，四通八达，有“九省通衢”之誉，地理位置十分优越。自先秦至清代中叶，湖北都是各个朝代文学的重镇，有着优良的文学传统，为中国文学的发展做出过重要贡献。进入近代后，文学创作的成就虽然没有广东、福建、湖南、江苏和浙江等省份突出，但湖北作家继承前辈的优良传统，紧跟时代步伐，勇于探索，积极实践，也取得了可喜的成就，为中国文学的近代化与现代化，奉献了自己的智慧和力量。

这里所说的“近代”，通常是指自鸦片战争开始至五四运动为止，即1840 年至 1919 年的这一历史时期。这一历史时期是中国历史上一个非常特殊的历史阶段，由于帝国主义列强侵略的日益加深，中国社会发生了数千年未有之大变局，原有的君主专制的封建社会逐渐转变为半殖民地半封建社会，故史学界将这一特殊阶段的历史称为“中国近代史”；而发生、发展于这一特殊历史阶段的中国文学，无论是文学观念、文学思想、文学理论，还是文学体裁、文学方法、文学创作，随着社会大动荡、大分化、大变革的历史进程，亦发生了前所未有的变化，故文学界将这一特殊历史阶段产生的文学称为“中国近代文学”。

改革开放以来，中国迎来了学术研究的春天，尤其是对中国近代文学的研究，可谓兴盛繁荣，一日千里，硕果累累。但与全国其他省市相比，尤其是与福建、广东、湖南、安徽、山东、江苏、上海、北京等省市相比，湖北近代文学的研究相对比较薄弱、落后，不仅研究的学人少，而且研究的成果亦少。

笔者从事中国近代文学的研究，最初接触湖北近代作家的文学创作，始自 20 世纪 80 年代中期。那时刚大学毕业不久，留在学校从事管理工作，应师友之邀，在工作之余，跟随林非先生一起编撰《中国散文大辞典》，并被安排负责整个近代部分。从那时起，笔者就发现湖北近代文学是一座富矿，值得花力气去挖掘、开采，并有心在这方面做些努力。随着辞典编撰的深入展开，笔者开始有意收集湖北近代作家的相关资料，并断断续续写过一些湖北作家的研究文章。只是由于各种任务繁重，难以集中精力在这方面下功夫。

进入 20 世纪 90 年代后，除管理工作比较繁重之外，笔者承担的教学任务亦很重。根据教学工作的需要，笔者将有限的业余时间几乎都用在了对中国近代文学做整体、全面、深入的探讨和思考上，为撰写既能够反映中国近代文学发展整体面貌又适合教学实际的文学史做准备。

20 世纪末与 21 世纪初，我们编撰的《中国近代文学作品选》《中国近代文学》相继出版面世，受到社会和学生的普遍欢迎与肯定，年年加印；后又应出版社之邀，曾多次对这套教材进行修订和改版，花费了笔者不少时间和精力。直到 2015 年前后，笔者才逐渐从繁重的事务中脱身出来，开始对湖北近代作家做整体、全面、深入的研究。尤其是退休后，笔者谢绝了多所学校的聘请，一心一意在家进行对湖北近代作家的研究，并在学校出版基金的资助下相继出版了《湖北近代作家研究（第一集）》《樊增祥年谱》《王柏心年谱》等著作，受到朋友和学术界同人的肯定。

尽管如此，笔者总觉得出版周期过长，过于零散，研究成果不能及时面世，故难以产生较大的影响。因此，笔者产生了组织人力编撰一套“湖北近代文学研究”丛书的想法，诸如作家的年谱、评传、佚文和作家的诗文选、湖北近代文学史等等，均可纳入其中。丛书不求一次整体推出，可以分辑推出，每辑 6～8 本，完成一辑，推出一辑。这样日积月累，十几年下来，也会形成一定规模，产生一定影响。

笔者将此想法告知校出版社的领导，立即得到他们的肯定和大力支持。适值湖北省启动了 2020 年度公益学术著作出版专项资金项目的申报工作，出版社领导遂积极支持和推荐笔者申报了“‘湖北近代文学研究’丛书（第一辑）”这个项目。感谢各位专家评委的支持和信任，这个项目最终获得批准。

笔者真诚地希望，“湖北近代文学研究”丛书的第一辑和以后将陆续出版的各辑，能够引起学人们的关注，促使大家重视湖北近代文学的研究，促进湖北近代文学的研究更加全面、深入地开展，出现更多、更好的研究成果，共同为繁荣湖北的文化建设做出我们的贡献。

程翔章

目　录

第一章　湖北近代文学研究概说

湖北位于中国大陆的中部、长江的中游，汉江的大部分流域在湖北境内。境内周边为山地丘陵，中部为辽阔富饶的江汉平原，不仅土地肥沃、物产丰富，乃全国有名的鱼米之乡；而且交通便利、四通八达，有“九省通衢”之誉，地理位置十分优越。自先秦至清代中叶，湖北都是各个朝代文学的重镇，有着优良的文学传统，为中国文学的发展作出过重要贡献。进入近代后，湖北作家继承前辈的优良传统，勇于探索，积极实践，也取得了可喜的成就，为中国文学的近代化与现代化奉献了自己的智慧和力量。

第一节　湖北优越的地理位置和优良的文学传统

“湖北”区域形成的历史很早，最早可追溯到夏代以前的“三苗”之域，即公元前3000—前2000年的屈家岭文化至石家河文化时代。当时的天门石家河古城就是远古时代末期一座具有中心性质的文明古城。进入夏代，大禹规划天下土地，分为九州，“湖北”在荆州之域，主要方国为“荆楚”[①]，正如《尚书·禹贡》所记载：“荆及衡阳惟荆州。”至商代，“荆楚”属商王朝的“南土”之域。当时的“荆楚”国主要在汉水之西，而汉水之东却有“长江中游一个强盛方国的重要宫殿”——“盘龙城”[②]。

在周朝，诸侯国的楚国的发展变化很大。西周时，楚国的势力范围仍在汉水之西。至春秋早期时，其辖地已包括今湖北的全部与湖南的北部。后来逐渐扩展，至战国中期时达到鼎盛，楚国除拥有今湖北、湖南的全境和今河南、安徽的大部分地区之外，还据有江苏、浙江、江西以及山东的西南地区，而势力范围更拓展至重庆、汉中、岭南和云贵地区。尽管如此，其中心却一直在湖北江陵以北的纪南城。

---

① 罗运环:《楚国八百年》,武汉大学出版社1992年版。

② 湖北省博物馆、北京大学考古专业盘龙城发掘队:《盘龙城一九七四年度田野考古纪要》,《文物》1976年第2期。

“湖北”的正式得名始于宋代。北宋初年，朝廷以洞庭湖为界，置荆湖南、北两路。“荆湖北路”又简称“湖北路”。清康熙三年甲辰三月甲戌（十二日），即公历 1664 年 4 月 7 日，湖广布政使司（省）分立为左、右两个布政使司（省）；康熙六年（1667 年），湖广左布政使司更名为“湖北布政使司”，湖北不仅正式建省，而且“湖北”作为省名自此确立。故一段时间内，“楚国”专指湖北与湖南，今则特指湖北。

“湖北”简称“鄂”“楚”，别称“荆楚”，位于中国大陆的中部，长江的中游，长江由西向东横贯全省，汉江的 3/4 长度流经省境，另有清江、涢水、滠水、浠水、后河、漳河等 1190 多条中小河流，纵横于全省各地。鄂境的西、北、东三面为武陵山、巫山、荆山、秦岭、桐柏山、大别山、幕阜山等山地丘陵环绕，地势高起；而中间则较低平，且逐渐向南敞开。中部为平坦富饶的江汉平原，其上淡水湖泊众多，使鄂省具有“千湖之省”的赞誉；而江汉平原又与湖南的洞庭湖平原连成一片，构成一个巨大的盆地。鄂省境内不仅气候温润，雨量充沛，四季分明，土地肥沃，物产丰富，是全国少有的鱼米之乡；而且航空、航运、铁路、公路四通八达，交通极为便利，自古就有“九省通衢”的美誉。

在中国古代，荆楚文化源远流长，博大精深，在中华文化宝库中占有重要地位。而在数千年的历史长河中，荆楚学人逐渐形成了自己特有的文学艺术传统，曾出现过屈原（约前 339—约前 278）、宋玉（生卒年不详，稍晚于屈原）、黄琼（86—184）、王逸（约公元 89—158）、王延寿（约 140—约 165）、柳恽（465—517）、庾信（513—581）、杜审言（645? — 708?）、孟浩然（689—740）、綦毋潜（692—749）、张继（生卒年不详）、岑参（约 715—770）、戎昱（744—800）、皮日休（834 或 839—902）、宋祁（998—1061）、袁宗道（1560—1600）、袁宏道（1568—1610）、袁中道（1575—1630）、钟惺（1574—1624）、谭元春（1586—1677）、杜濬（1611—1687）、顾景星（1621—1687）等驰名海内外的著名诗人、散文家、文学家；也产生过《离骚》、《九歌》、《天问》、《九章》、《招魂》、《远游》、《九辩》、《风赋》、《高唐赋》、《神女赋》、《登徒子好色赋》、《对楚王问》、《疾笃上书》、《九思》、《鲁灵光殿赋》、《梦赋》、《江南曲》、《乌夜啼》、《拟咏怀》、《木兰辞》、《哀江南赋》、《小园赋》、《和晋陵陆丞早春游望》、《登襄阳城》、《临洞庭湖赠张丞相》、《夜归鹿门寺》、《过故人庄》、《春晓》、《春泛若耶溪》、《题栖霞寺》、《枫桥夜泊》、《阊门即事》、《走马川行奉送封大夫出师西征》、

《轮台歌奉送封大夫出师西征》、《逢入京使》、《白雪歌送武判官归京》、《塞下曲》、《移家别湖上亭》、《橡媪叹》、《忧赋》、《九讽》、《汴河怀古》、《玉楼春·东城渐觉风光好》、《蝶恋花·情景》、《九日置酒》、《极乐寺纪游》、《虎丘》、《初至西湖记》、《灵岩记》、《满井游记》、《竹枝词》、《徐文长传》、《晚游六桥待月记》、《大别山》、《游鸣凤山记》、《楮亭记》、《玉泉涧游记》、《游石首绣林山记》、《听泉》、《感怀》、《秋海棠》、《夏梅说》、《浣花溪记》、《游乌龙潭》（三篇）、《游九峰山》、《初闻灯船鼓吹歌》、《楼雨》、《春秋论》、《蔡邕论》、《半舫斋诗序》等一大批经久不衰的名篇名作，为中华民族璀璨辉煌的文学艺术宝库增添过不少光彩，成为中国古代文学史的一个重要组成部分。

第二节　近代社会的巨变与湖北近代文学的转型

进入近代后，不仅社会，而且文学也发生了巨大的变化。

中国的近代社会，即从 1840 年爆发的鸦片战争始至 1919 年五四运动前夕的这一历史时期，是中国历史上一个非常特殊的历史阶段，史学界将这一特殊历史阶段称为“中国近代史”。在这个特殊的历史阶段，由于阶级矛盾和思想斗争的异常尖锐、激烈、复杂，尤其是帝国主义列强侵略的日益加深，中国社会的政治、军事、经济、文化逐步发生变化，致使中国近代的社会性质也发生了千年未有之大变局，即原来独立、自主、完整的封建帝国被破坏，长期占统治地位的中国封建专制制度逐渐解体，中国由封建社会逐渐沦为一个半殖民地半封建的社会。

与史学界相适应，文学界则将发生、发展于这样一个特殊历史阶段的文学的历史称为“中国近代文学史”。随着中国近代社会大动荡、大分化、大变革的历史进程和西方先进文化的深刻影响，属于意识形态领域的文学，无论是文学观念，还是文学创作，都发生了前所未有的变化。虽然那些传统文化的维护者们仍然对封建的伦理纲常、道德文章顶礼膜拜，十分留恋，并想方设法去阻碍西方进步文化和先进文学观念在中国的传播，但是，文学变革的潮流，文学创作的逐渐转型，封建文化的日趋解体，是任何人也无法阻止的。终于，中国封建主义的古典文学逐渐被新兴的资产阶级文学与无产阶级文学所代替；或者说，中国的古典文学终于顺应世界文学潮流，逐步走向近代化和现代化，并取得了引人注目的成绩。

中国近代文学是时代的一面镜子，它深刻地反映了中国近代社会错综复杂的种种矛盾，鲜明地表现了中国人民反抗外来侵略的强烈爱国精神，愤怒地揭露和抨击了清王朝的腐朽黑暗和腐败无能，艺术地再现了资产阶级新文化与封建主义旧文化的斗争过程，成为中国文学的一个重要组成部分，具有明显的承前启后、继往开来的性质。中国近代文学不仅以其自身鲜明的特点为中国的古典文学作了光辉的终结，而且成为中国古典文学向中国现代文学过渡的一座桥梁，为中国古典文学的现代转型，为中国古代文学的逐步走向现代化，作出了重要的贡献。

湖北近代作家的文学创作是中国近代文学创作的重要组成部分。湖北近代文学的发展历程，与整个中国近代文学的发展历程大体一致，根据其“社会政治、军事、经济、文化等种种原因和局限”所导致的文学发展的不平衡，“以先后自然形成的经世思潮、洋务思潮、维新改良思潮和民主革命思潮为中心而出现的一系列重大历史事件”以及文学发展的实际状况为标志①，划分为四个不同的时期：第一个时期是鸦片战争前后，即 1840 年第一次鸦片战争前后至 1860 年第二次鸦片战争结束，为资产阶级启蒙时期的文学；第二个时期是洋务运动前后，即 1860 年第二次鸦片战争结束至 1894 年中日甲午战争，为太平天国与洋务运动时期的文学；第三个时期是戊戌变法前后，即 1894 年中日甲午战争至 1905 年孙中山领导的同盟会成立，为资产阶级维新改良时期的文学；第四个时期是辛亥革命前后，即 1905 年同盟会成立至 1919 年五四运动爆发，为资产阶级民主革命时期的文学。

在这四个不同的时期，每个时期里都出现了在全国产生一定或重要影响的湖北作家，他们以其自身的创作实绩，共同促进了湖北近代文学的兴盛繁荣，也为中国近代文学的繁荣昌盛和中国古代文学的逐步走向近代化与现代化作出了积极贡献。

我们可以自豪地说，从 19 世纪中期到 20 世纪初期，湖北虽然没有再产生过像屈原那样伟大的爱国主义文学家和像《离骚》那样杰出的作品，但是受时代风气和西方先进文化的影响，湖北近代作家不仅努力继承和发扬湖北古代作家的文学艺术传统，而且能紧跟时代前进的步伐，更新思想观念、文学观念，辛勤探索，创作了大量反映时代风貌、为读者所欢迎和喜爱的文学作品，并有一些新的开拓，成为中国近代文学史的一个有机组成部分，既为中国近代文学创作的繁荣、发展作出了重要贡献，又奠定了湖北作家在中国近代文学发展史上令人不可忽视的地位。

---

① 程翔章、丘铸昌:《中国近代文学》,华中师范大学出版社 2008 年版,第 4～5 页。

第三节 湖北近代作家创作的共同特点

综观湖北近代有代表性的诗人（含词人）、散文家（含政论家）、小说家、戏剧家、文学翻译家的文学创作，从中可以看出，他们中虽然也有少数作家不受任何文学流派或文学社团的影响，比较独立，能够自成一家；但大多数作家还是分别隶属于中国近代的经世文派、桐城—湘乡派、中晚唐诗派、同光体诗派、临桂词派、魏晋文派、南社和上海新剧俱进会等几个有影响的文学流派、文学社团或戏剧团体，并成为其中的代表作家或中坚。我们完全有理由说，他们的文学创作反映了湖北近代文坛（含诗坛、文坛、剧坛、译坛）的基本风貌，也代表了湖北近代文学创作的整体水平与成就。

前文已经说过，湖北地处中国内陆的腹地，长江流域经济、文化相对开放的环境，使以武汉为中心的湖北地区成为中国近代政治、经济、军事和文化十分活跃的地区之一。其时，随着中国逐步沦为半殖民地半封建社会，湖北地区成为西方列强政治、军事、经济、文化向内地渗透、扩张的重要地方。而荆楚大地优越的文化意识，又对异域文化或新型文化具有一种天然的排斥性。因此，新、旧文化阵营和文学势力的相生相搏与兴盛消亡，进步的资产阶级文学和落后的封建主义文学相互争斗与交相并存，也就形成了湖北近代文学的基本风貌。具体说，从湖北近代作家的文学创作来看，具有以下一些共同特点：

首先，救亡图存、反帝爱国成为湖北近代作家文学创作的突出特点。自鸦片战争始，公开臧否人物、反映世变、抨击时弊、议论朝政，反对卖国求荣、呼吁救亡图存，就成为湖北作家的一种优良传统，表现出强烈的爱国主义精神。如桐城—湘乡派代表作家之一的张裕钊，曾写过《送张生謇之山东序》《送黎莼斋使英吉利序》《送吴筱轩军门序》《日本冈鹿门千仞藏名山房文钞序》《养浩堂诗集序》等一系列文章，不仅极力呼吁清政府要学习西方，通过改良变法，尽快使国家富强起来；而且反复告诫朝中重臣、封疆大吏和地方官员，要时刻保持清醒的头脑，“协恭同德”，保卫国防，使“海隅清晏”。中晚唐诗派的代表诗人樊增祥自中法战争失败至八国联军入侵前后，就相继写有《甲申元旦试笔》《书愤》《陆沉》《马关》《闻都门消息》《庚子五月都门纪事》《中立》《营州》《中秋夜无月》等一系列反帝爱国诗篇，像他的诗句“君家世世修降表，始自南唐直到今”[①]，就成

① 樊增祥:《陆沉》,《樊樊山诗集》,上海古籍出版社2004年版,第558页。

为当时抨击清政府丧权辱国、卖国行径的名句。辛亥革命时期，以黄侃、曾学鲁、刘艺舟、刘成禺、居正、戢翼翚、田桐为代表的湖北一批同盟会革命志士和南社诗人用自己的诗文创作来响应孙中山先生“驱除鞑虏，恢复中华”的号召。尤其是黄侃，在其晚年创作了《闻警》《书愤》《辛未岁暮书感二首》《牡亡》《乙亥九日》等一大批愤怒谴责日本侵略罪行的诗歌作品，抒发了自己对国家前途、民族命运深切忧虑的爱国情感。

其次，关注并及时反映社会现实生活，揭露黑暗、抨击时弊，同情民生疾苦、忧时伤世也是湖北作家文学创作的重要特点。中国的近代社会是中国历史上一个特殊的历史阶段，在这个大动荡、大分化、大变革的历史阶段，湖北近代作家用自己的作品真实地记录了内忧外患、国势日衰的时代生活面貌。如陈沆的诗歌就充分地反映了清嘉庆（1796—1820）后期与道光（1821—1850）初年日益尖锐的社会矛盾。其《兰阳守风》、《河南道上乐府四章》、《出都》（六首）、《有感（闻广东荒歉，海寇未平）》、《扬州城楼》等作品就是当时吏治腐败、民不聊生悲惨情景的具体写照。王柏心的不少作品则反映了太平天国运动时期战争给社会尤其是给普通老百姓带来的动荡不安与灾难。樊增祥亦有不少描述西方列强入侵给中国老百姓带来深重灾难的纪实性诗歌作品，如其《闻都门消息》（五首）、《庚子五月都门纪事》（八首）、《二十四日日本攻旅顺毁俄舰三》、《营州》（二首）等就是其中的代表。而黄侃也写过不少反映军阀混战造成老百姓流离失所、无家可归甚至尸横遍野惨象的作品。如《乱后始至南京作》《十一月十七日即事》《谁信》《行路难（长安城头落日黄）》《书愤（谁令蛮触日相争）》等都是其中代表。

又次，“中体西用”成为湖北作家文化选择和文学选择的主要心理价值取向。自鸦片战争开始，整个中国近代的80年间，文坛上关于中西文化、新旧文化的论争、碰撞就异常激烈、复杂，湖北的近代文坛也不例外。虽然湖北近代早期有些作家因受中国封建文化影响太深，传统的文化观念根深蒂固，思想比较僵化，坚守的是“以夏变夷”或以不变应万变的观念；后期则有一些作家尤其是民主革命派的作家，其中不少人曾走出国门，沐浴过欧风美雨，受西方先进文化影响较大，思想比较开放，不仅主张学习西方进步的物质文化，还主张学习西方进步的制度文化，希望借鉴西方文化来改造中国的传统文化，形成或建立一种适应中华民族生存和发展的新型文化与文学。但是，湖北近代更多的作家是在承认中国的技艺比西方落后的同时，仍坚持认为中国的传统文化与文学遗产具有巨大的优越性，因而，在文化与文学的选择上，坚守的是“中学为体，西学为用”的思想原则。如桐城—湘乡派代表作家之一的张裕钊，其政治思想和文学观念受曾国藩影响很大，他就明确主张“取西人器数之学，以卫吾尧、舜、禹、汤、文、武、周、孔之道”①。在文学观念上，崇尚汉赋和韩愈；创作时，则将西方的文化融入中国传统的文章内容和文学风格之中。又如中晚唐诗派的代表诗人樊增祥，受时代风气和恩师张之洞的影响，亦信守“中体西用”的原则。他曾坦诚地说：“今人皆诋吾为守旧，不知吾作事甚似西人；其不合于时贤者，世皆袭西人之貌，吾则取其意也。”②其诗歌创作的内容较驳杂，既有纪游山川、赠答题咏的闲情之作，甚至有不少放荡颓唐的浮艳之辞，亦有关心国事、忧虑民生之作。再如同光体后起之秀陈曾寿也是如此，其诗歌作品中就有一些是用中国传统的风格形式来反映西方先进器物。

再次，湖北近代作家在文学审美品格的追求上，表现出比较复杂的情形。一方面，受时代的影响，作家必须承担起社会变革的历史使命，为国家的命运、民族的生存而呼喊。因此，特别强调文学的社会功利性，并将其作用扩展到文学的各个领域，影响每一位作家。在文坛上，视文学为“经世致用”“匡时济世”“除弊御侮”工具的文学观念，也就占据了主导地位。不用说陈沆是湖北作家“经世致用”的先驱与楷模，就连恪守古道、以文坛正宗和“中流砥柱”自居的桐城—湘乡派代表作家张裕钊也自觉地用诗文来“匡时济世”。樊增祥等人虽然极力标举中晚唐诗风，却又积极参与政事，在诗作中表露出颇高的政治热情。至于刘艺舟、刘成禺、居正、戢翼翚、田桐、黄侃等同盟会或南社的民主革命派文学家，其文学创作的社会功利性倾向就更加鲜明了。

另一方面，湖北近代作家在强调文学的社会功利性作用的同时，亦在积极地进行着审美品格的探索，非常重视对诗歌、散文等文学体裁写作技巧的研究。如陈沆就是“将敦厚、纯正、平和与无邪作为自己诗歌创作的美学原则”的③。王柏心亦对词的创作进行过有益的探索（后有详论），并受到时人和后人的重视。

---

① 薛福成:《筹洋刍议·变法》,《筹洋刍议——薛福成集》,辽宁人民出版社 1994 年版,第 90 页。

② 樊增祥:《五十麝斋词赓·跋》,《樊樊山诗集》,上海古籍出版社 2004 年版,第 1753 页。

③ 程翔章:《陈沆诗歌创作简论》,《语文教学与研究》2013 年第 12 期(上)。

樊增祥则主张“诗贵有品”①，虽然也曾写过一些反映现实的爱国诗篇，表达其忧国忧民的情感，但其诗仍以“清新博丽”为主，其人亦是以“工于隶事，巧于裁对”②而享誉诗坛。在其诗歌中，不仅七律的数量多，而且公认写得好，极尽工巧。请看他的《儿辈初学属对时余书云：“墨竹换诗诗换蟹”，皆不能属，戏赋》：

近来闽粤竞诗钟，未许儿曹学步工。墨竹换诗诗换蟹，画松如篆篆如龙。天衣巧制须无缝，玉合精求必可逢。自古文章珍偶丽，南彭北纪勉相从。

这首诗的整个对仗已经非常工巧了，但诗人仍觉意犹未尽，又写了一首《再示儿辈》，更在其颔联上求工巧：“墨竹换诗诗换蟹，黄金偿剑剑偿牛。”由此可见，诗人们对诗作的格律严谨、对仗工巧、音韵和谐非常重视。

桐城—湘乡派的代表作家张裕钊自诩“生平于人世都无所嗜好，独自幼酷喜文事”，又决心“捐弃一世华靡荣乐之娱，穷毕生之力”而为之③；为文主张雅健与雄奇，并以其文章的形式美与吴汝纶并雄于同（治）光（绪）文坛。而陈曾寿主张诗词的创作必须蕴藉、含蓄，并以雄深雅健、温婉深微的诗（词）风享誉诗坛。南社诗人刘成禺可说是将古代七言绝句体运用到了极致——单独看，七言绝句好像比较好写，但能使200首绝句诗在内容上形成一个有机的整体并非易事。

此外，湖北近代作家在文学创作中所采用的诗体、文体皆较全。在诗歌创作中，湖北近代诗人都能根据诗歌所反映的不同内容的需要，采用不同的诗歌体裁。例如陈沆的诗歌中，不仅有五言、七言古诗，也有五言、七言律诗和绝句，还写有不少五言馆课试律诗。而黄侃除了写过很多五言、七言古诗，五言、七言律诗和绝句之外，还写过一些四言诗、五言排律。对这些诗体的运用灵活自如，得心应手。

在散文创作方面，虽然有一些作家在某一种文体上不仅创作的数量多，而且影响大，如陈沆的赋、王柏心的五言古体诗、樊增祥的骈体文、王葆心的人物传记，但多数作家还是能够根据文章所反映的不同内容的需要，采用

① 樊增祥：《天放楼诗续集书后》，见金天羽：《天放楼诗文集》（上、中、下）附录三，上海古籍出版社2007年版，第1419页。

② 陈衍：《石遗室诗话》卷一，辽宁教育出版社1998年版，第11页。

③ 张裕钊：《与黎莼斋书》，《张裕钊诗文集》，上海古籍出版社2007年版，第80～81页。

不同的文章体裁。如古文大师张裕钊的作品中就有论、辨、考、策、记、传、序、跋、题、赠序、寿序、后序、家传、事略、书、书后、碑记、墓表、墓志铭、神道碑、祭文、诔文等文体。又如魏晋文派代表作家黄侃的作品中就有论、说、释、赋、铭、赞、跋、题辞、识语、序、后序、书、书后、题记、墓表、墓志铭、吊文、奠文、哀辞等各种文体。

总之，湖北近代作家紧跟时代步伐：或关心祖国前途、命运，及时反映社会的现实生活，揭露社会黑暗，抨击专制统治；或宣传民族民主革命思想，倡导民主自由，同情民生疾苦；或游览名胜大川，赞美祖国壮丽河山，创作了大量的诗文作品，表现出深厚的爱国思想和忧国忧民的情怀。他们取得了较高的成就，代表了湖北近代诗文创作的水平，成为中国近代文学史的一个重要组成部分，为中国近代文学的兴盛、发展，为中国古代文学的近代化、现代化转型，作出了积极而重要的贡献。

第四节　湖北近代作家创作的局限与不足

就整体而言，湖北近代作家的文学创作虽然取得了令人瞩目的成就，但与广东、湖南、江浙、福建等省份的近代文学成就相比，较明显地缺乏世纪之交时代巨变、文学转型时期所应当具备的那种昂扬悲壮的活力与朝气；虽然也出现了像陈沆、王柏心、张裕钊、王定安、杨守敬、樊增祥、张仲炘、王葆心、刘艺舟、刘成禺、陈曾寿、戢翼翚、田桐、居正、黄侃、喻血轮等一大批有成就的诗人、词人、散文家、小说家、戏剧家、翻译家，但却缺乏像龚自珍、魏源、林则徐、冯桂芬、王韬、曾国藩、黄遵宪、康有为、梁启超、丘逢甲、李伯元、吴趼人、刘鹗、章太炎、曾朴、秋瑾、柳亚子、王国维等中国近代文学不同历史发展阶段首开文坛变革风气的著名文学家。即使是在辛亥革命时期，湖北文坛也未出现与波澜壮阔的政治革命相呼应的资产阶级民主革命文学运动的高潮。很明显，湖北近代的文学活动与民主革命活动相比，要逊色得多。具体说来，湖北近代作家的文学创作具有以下一些明显的局限或不足。

首先，湖北近代作家缺乏先进的文学观念和变革意识。前文已经介绍过，学者们根据中国近代社会政治、军事、经济、文化的发展不平衡，并“以先后自然形成的经世思潮、洋务思潮、维新改良思潮和民主革命思潮为中心而出现的一系列重大历史事件以及中国近代文学发展的实际状况为标志”，将中国近代文学又划分为资产阶级启蒙时期（1840—1860）、太平天国与洋务运动时期（1860—1894）、资产阶级维新改良时期（1894—1905）

和资产阶级民主革命时期（1905—1919）等四个不同的历史发展阶段①。而在每一个不同的历史发展阶段，都曾产生过一批开时代风气之先的重要作家，如资产阶级启蒙时期的龚自珍、魏源、林则徐等，太平天国与洋务运动时期的冯桂芬、王韬、曾国藩等，资产阶级维新改良时期的黄遵宪、梁启超、康有为、丘逢甲、李伯元、吴趼人、刘鹗等，资产阶级民主革命时期的章太炎、曾朴、秋瑾、柳亚子、王国维等，但这些人中未见有湖北人。从中亦可看出，湖北近代作家文学变革的意识不强，缺乏那种敢于创造先进的文学观点和进步的文学观念的勇气和气魄。也正因如此，它直接影响到湖北近代作家文学创作的整体水平和成就，自然也就影响到湖北近代作家在中国近代文学史上的地位。

我们这样说并不等于湖北近代作家就没有什么理论成果，事实上，湖北近代也有不少作家非常重视对文学理论、诗歌理论和散文理论的研究探讨，注意总结前人诗歌、散文创作的经验，并用以指导自己的诗歌、散文创作实践，收到了很好的效果。其中影响较大的是陈沆、张裕钊和黄侃。张裕钊的散文理论，尤其是陈沆的《诗比兴笺》与黄侃的《文心雕龙札记》等理论著作，一直为学人们所推崇，在中国近代文学理论史上占有重要地位。但这些理论只是对中国传统的文学理论、诗歌理论和散文理论的探讨和总结，而不是在社会大动荡、大分化、大变革时期出现的对新事物、新思想、新观点、新观念、新理论的探讨和阐发，或受西方进步思想、先进理论影响而在文学创作实践过程中的大胆创新。

其次，湖北近代文学的地方色彩不够鲜明。在中国古代，湖北文学创作的地方色彩是很浓厚的，曾产生过一些影响全国的文学样式，如先秦时期的“楚辞”，唐代的田园诗和边塞诗，明代“公安派”和“竟陵派”创作的小品文，等等。而在湖北的近代文坛上，虽然产生过一大批有影响的诗人、词人、小说家、散文家、戏剧家和翻译家，但却没有产生过某一种足以影响全国并形成了地方优势的文学体裁。具体说，就是地方优势不明显，地方色彩不突出。总体说来，湖北近代作家除诗（词）文的创作相对突出一些外——作家多，作品亦多；叙事性的小说、戏曲和翻译文学则比较薄弱——作家少，作品亦少；尤其是在小说的创作方面，整个近代的 80 年间，除了喻血轮的悲情、哀情小说和樊增祥的《琴楼梦》之外，就没有再出现过其他有影响的小说家和作品。这可能缘于湖北地处中部，虽然文化比较发

① 程翔章、丘铸昌:《中国近代文学》,华中师范大学出版社 2008 年版,第 4～5 页。

达，出外为官者也比较多，但那些官员和知识分子的思想却相对保守，只重视被封建文人称为文学“正统”的诗（词）文的创作；却看不起那些被封建文人视为“小道”“雕虫小技”，但为广大民众所喜见乐闻而又发展迅速的小说、戏曲。

此外，湖北近代作家的流派与群体意识还不强。在中国近代的文坛上，曾先后出现过经世文派、桐城—湘乡派、湖湘派、中晚唐诗派、临桂词派、同光体诗派、魏晋文派、南社和上海新剧俱进会等影响甚大的文学流派或文学（戏剧）社团。虽然在这些文学流派或文学（戏剧）社团中都有湖北作家的位置，如陈沆是经世文派的重要作家，张裕钊、王定安是桐城—湘乡派的代表作家（张裕钊是“曾门四弟子”之一，王定安亦曾氏弟子），黄文琛是湖湘派的代表诗人之一，樊增祥是中晚唐诗派代表作家之一，张仲炘是临桂词派的骨干词家，陈曾寿是同光体诗派后期的代表诗人之一，刘艺舟是上海新剧俱进会的核心人物之一，黄侃不仅是南社的重要成员，还是魏晋文派的代表作家之一，戢翼翚、居正、张难先、吴禄贞等人是民主革命派的重要作家，刘成禺、田桐等人则是南社的重要成员，而喻血轮则是鸳鸯蝴蝶派的代表作家之一。但这些文学流派或文学（戏剧）社团及其代表作家和骨干成员大多是以其他某一个省份或某个地方或某几个地方为主体，很少有以湖北作家为主体或中心的。湖北还有不少作家往往游离于各种文学流派或文学（戏剧）社团之外，如王柏心、王葆心等。

要说属于湖北或者说与湖北联系最密切的近代文学流派或文学（戏剧）社团，那就只有中晚唐诗派了。中晚唐诗派是以湖广总督张之洞为领袖、以樊增祥和易顺鼎为代表、以江汉书院为中心的一批张之洞的门生或幕僚为主要成员构成的一个诗歌流派①。这个诗歌流派早、中期的创作活动主要在湖北，在清末民初诗坛上的影响甚大。

这种现象说明，湖北近代作家只注重自己个人的创作，而缺乏地方、群体的意识，更谈不上主动地去组织、形成一个流派了。

① 张之洞自1889年来鄂担任湖广总督（后又兼任湖北巡抚），至1907年离鄂进京，在鄂时间达16年之久（中间曾有两次较短时间署理两江总督）。

第二章　湖北近代文学的开拓者——陈沆

陈沆是湖北近代文学的开拓者。他虽然生活在清乾隆（1736—1795）朝的后期和嘉庆（1796—1820）朝以及道光（1821—1850）朝的初年，死后14年才爆发鸦片战争，但是，他在世时，却能同中国近代的先驱者、经世文派的代表作家陶澍、贺长龄、林则徐、龚自珍、魏源与包世臣等人密切交往，成为经世文派中的重要一员，亦预感到中国的封建社会即将崩溃和新的时代即将来临，并能紧跟时代前进的步伐，及时将所见、所闻、所思、所感记录下来，自觉用文学作品来反映社会现实并为现实服务。其作品透露出清新的时代气息，为湖北的后辈作家树立了榜样。

第一节　陈沆的生平与著作

陈沆（1785—1826），原名学濂，字太初，号秋舫，室名“简学斋”“白石山馆”，湖北布政使司黄州府蕲水县（今黄冈市浠水县）下巴河镇望天湖畔陈家大岭人。

陈沆出身于蕲水望族，这是一个世代书香的下层官僚家庭。始祖陈伯宣，唐代末年曾官翰林。高祖父陈连，邑庠生。曾祖父陈嘉霁，儒生，生前苦读诗书，却屡试不举，后郁郁而终。祖父陈士珂，字琢轩，清乾隆三十七年壬辰（1772年）贡生，四十二年丁酉（1777年）举人，曾官知县；后辞官以教授家庭私塾、著述为生，对陈氏后人的培养贡献甚大；幼承家学，博览多识，以治《易》闻名于时；著有《孔子家语疏证》十卷、《韩诗外传疏证》十卷①等。父亲陈光诏，字金门，乾隆四十四年己亥（1779年）举人，六十年乙卯（1795年）以大挑走上仕途，历任湖南长沙、巴陵、永兴、永定县知县；在长沙知县任上时，曾应士绅之请，监修《长沙县志》，于嘉

---

① 陈士珂:《孔子家语疏证》十卷、《韩诗外传疏证》十卷，有嘉庆二十三年(1818年)家刻本。

庆二十二年丁丑（1817 年）刊行[①]；后又历署湖南湘阴、醴陵、平江、绥宁、鄜县事；为官清正廉洁，善政颇多，因考绩卓异，引见，升授湖南武冈州知州。他曾藏匿湖南平江白莲教起义胁从人员名单不上报，使数百人免遭诛连，县民甚感其德。后于“年七十致仕，八十卒于家”[②]，卒后晋赠资政大夫。

陈沆是光诏公之长子，其母周氏梦月入怀而生沆。沆自幼勤奋好学，聪明颖悟，5 岁入塾，由祖父亲自教授；8 岁即能文，出语常使师长称奇。《清史列传·文苑传》载：“沆天才亮拔，八岁能文，出语惊长老。”[③] 10 岁时，跟随父亲至湖南任上读书，以诗赋见长。12 岁开始习举子业，初试即以才华受到主考官的赞赏。清嘉庆四年己未（1799 年），陈沆正式参加科举考试，且十分顺利，县试、府试、院试皆名列第一，被取为秀才，年仅十五岁（虚岁）。学政鲍桂星阅其府试试卷，击节叹赏。于是，才名闻乡里。

相传，陈沆赴黄州府参加府试，行至巴河渡口，不巧渡船刚刚离岸，船上坐满了赴考的各乡童生。陈沆恳求艄公行个方便，将船撑回岸边，带他一起过河。艄公见岸边站立的是一位十四五岁文质彬彬的书生，便故意打趣地对他说：“相公前往赶考，必定是满腹文采。如果你能够即兴作一首包括十个‘一’字的七言绝句，老夫就立即拨转船头，渡你同往彼岸。如若不能，那就请相公耐心等待，等老夫将这一船才子送到对岸，上岸喝完二两老酒，再慢慢过来接你。”陈沆一听艄公的话，急得直跺脚，赶忙说：“小生遵命，还望贤翁先将渡船撑转来，我好赋诗；贤翁也好听得清楚，给予指点。”那艄公听书生如此说，也捋须微微笑道：“也好。”随即将船撑回岸边。陈沆见渡船靠岸，便一脚跨了上去，站在船头。这时，远处的江面上恰好划过一条渔船，只见一个渔翁坐在船头，身边搁着一根钓竿，一边乐呵呵地哼着渔歌，一边双手划桨，身子一俯一仰，显得十分的悠然自得。陈沆顺着渔船望去，只见江心阳光灿烂，秋波荡漾，不禁灵机一动，当即高声吟道：

一帆一桨一渔舟，一个渔翁一钓钩。一俯一仰一场笑，一江明月一江秋！

---

① 李如龙：《湖南地方志考评》，湖南出版社 1995 年版，第 18 页。

② 见《中国地方志集成·光绪蕲水县志》卷十，江苏古籍出版社 2001 年版。

③ 王钟翰点校：《清史列传》（第 19 册），中华书局 1987 年版，第 6016 页。

艄公和满船的童生听了陈沆的七绝，无不拍手称赞，高兴地让出座位请陈沆坐下。此事不一定真有，但由此可见陈沆思维之敏捷，才华之出众。

陈沆是闻名荆楚的才子，科举之路却不太顺利。他自少年成名考中秀才后，曾跟随名师陈诗问学，并多次参加乡试，皆名落孙山。直到嘉庆十五年庚午（1810年）选优贡，十八年癸酉（1813年）再一次参加乡试，才考取第六名举人。从第二年起，陈沆曾多次入京参加礼部试，亦均名落孙山。

嘉庆十九年甲戌（1814年），陈沆见自己会试失利，遂曾以举人考取国子监学正。

中年时好朱子之学，尤好其《近思录》，遂倾力究治，成《近思录补注》十四卷，深得其中奥妙。

嘉庆二十四年己卯（1819年）是嘉庆皇帝的六旬万寿，举国同庆，照例举行恩科考试。陈沆此次进京会试，颇为顺利，不负众望，考中贡士。尤其是随后在保和殿举行的殿试中，因其策论阐述中庸治国的道理，洋洋洒洒，剖析透辟，笔力奇健，有如长江大河，滚滚而下，气势雄浑，被取为一甲第一名，即状元，授翰林院修撰。

道光二年壬午（1822年），赴广东任乡试主考官；次年，回京充礼部会试同考官。不久，调任四川道监察御史。六年（1826年）夏，以病卒于任上，年仅41岁。后归葬于浠水县巴河镇望天湖调军山南麓。

陈沆有“荆楚才子”的美誉，嘉庆（1796—1820）后期至道光（1821—1850）初年“以诗文雄海内”（周锡恩《陈修撰沆传》，闵尔昌《碑传集补》卷八）。在京师期间，曾加入宣南诗社，与翁方纲、董贵敷、姚学塽、胡承珙、包世臣、林则徐、龚自珍、魏源、贺长龄、陶澍、蒋立镛、陈銮、陈奂、何凌汉、何绍基等名流交往甚密，常在一起讲学论道，诗文唱和。他对龚自珍非常钦佩，称赞其古文为“奇宝”①；又与魏源为“讲学最契之友”，“有所作必互相质难，斯达于精而后已”（陈曾则《先殿撰公诗钞后序》，《简学斋、清夜斋手书诗稿合印》后附，宣统三年刊本）。同魏源结有《简学斋·清夜斋手书诗稿合刊》诗集。魏源在《跋陈沆简学斋诗》中评陈沆的诗说：“空山无人，沉思独往；木叶脱尽，石气自清；羚羊挂角，无迹可寻；成连东海，刺舟而去。渔洋山人能言之而不能为之也。太初其

① 陆献:《简学斋诗存跋》,《陈沆集》附录,湖北教育出版社2002年版。

庶几乎！ 其庶几乎！”[1]可谓体会甚深，评价准确，一语中的。

陈沆学识渊博，精通经史，既是清代中叶的著名诗人，又是清代古赋七大家之一、清代律赋四大家之一，还是清代试帖诗八大家之一。 著述颇丰，有《简学斋诗存》四卷、《简学斋诗删》四卷、《简学斋馆课赋存》一卷、《简学斋馆课赋续抄》一卷、《简学斋馆课试律存》一卷、《简学斋试律续抄》一卷、《诗比兴笺》四卷等。 世传之《白石山馆诗》，则是诗人诗稿的手录存稿，所录之诗均见《简学斋诗存》。 此外，《蕲水县志》卷二十二的《艺文志》，录有陈沆《咏史乐府》13 首，则为集外诗。 今人辑校有《陈沆集》[2]。

第二节 陈沆的诗歌理论

近代经世派的代表作家魏源，与陈沆结识于嘉庆十九年甲戌（1814年），是陈沆的“讲学最契之友”，“有所作必互相质难，期达于精而后已”（陈曾则《先殿撰公诗钞后序》），对陈沆的性格特点、为人处世、诗文创作的了解也最深。 他曾在《简学斋诗集·序》中说陈沆“好言诗而不轻作诗，尤不肯轻存诗”；所作之诗，必反复修改，直到自己满意为止。 后又在《跋陈沆简学斋诗》中说：“秋舫之诗，好命余阅”；而其“改诗如改过，虚心实力无留难”，使其诗“无一字非真诚流出”；故“其稿凡三易，每易辄胜，其为卷凡三，而亦每卷必进”。 由此亦可见出陈沆诗歌创作严谨和认真的态度。

从陈沆的整个诗歌创作历程来看，的确有着自己明确的追求。 他在《简学斋论诗》中就明确提出：“敦厚诗中意，深思义有加。 音原安以乐，体乃正而葩。 芑是力孙草，兰为孝子花。 萃苓思养土，桃李悟宜家。”“送客依依柳，怀人采采葭。 性情骚悱恻，文字汉萌芽。”并强调指出：“自有和平听，非徒绮丽夸。 千秋鸣盛事，根本在无邪。”这里可以看出，诗人是将敦厚、纯正、平和与无邪作为自己诗歌创作的美学原则的。 这种诗美原则与他在《诗比兴笺》中所表达的创作观也是一致的。

《诗比兴笺》既是中国古代比兴诗的一个选注本，也是陈沆为矫正“性灵派”颓靡浮滑之弊而撰写的一部颇有影响的诗论专著，同时也是中国近代一部重要的诗学文献。

---

① 魏源:《跋陈沆简学斋诗》,《魏源集》(下册),中华书局 1976 年版;亦见《陈沆集》附录。

② 宋耐苦、何国民编校:《陈沆集》,湖北教育出版社 2002 年版。

陈沆认为，在诗歌创作中，比兴只是手段，言志才是目的，即所谓“文章本无始，大道贵自然”①；“文字非苟作，有物乃足尊”②。他着意推求古人通过比兴手法言志讽世之意，“以笺古诗《三百篇》之法笺汉魏之诗，使读者知比兴之所起，即知志之所之也”③。

该书选择了学人们公认属于比兴体的汉、魏乐府诗以及六朝与唐代的五、七言古诗等四百多首，以东汉著名经学家郑玄笺注《诗经》的方法，逐一进行笺释。其笺释突破了传统的注重义理、辞章、考据的诗学批评方法，不拘泥于前人古法，亦不斤斤于文字的训诂，却对作品的时代背景、作者的生活环境研究得十分透彻，又结合诗作的内容，探求作者写作的本意，纠正了不少前人评释的误解与偏见；真可谓“抉隐阐幽，根据凿凿，千百年尘务，一扫而空之，洵独具论世知人之识”④。因此，魏源认为：“蕲水太初修撰，兰蕙其心，泉月其性，即其比兴一端，能使汉、魏、六朝、初唐骚人墨客，勃郁幽芬于情文缭绕之间，古今诗境之奥阼，固有深微于可解不可解者乎！”⑤

近代著名诗评家陈衍也指出：陈沆的《诗比兴笺》“真能拨云雾而睹青天，缒幽沉而出井底，由先生既深于诗功，核于史事而胸次雅亮，文笔高洁，又足以发明之，学者不可不肄业及之也”⑥。

由于《诗比兴笺》选诗、评诗的角度、标准以及所选诗中蕴含的祈向，承继明末清初思想家王夫之衣钵处颇多，故时人推之为“船山劲敌”⑦。也正是因为陈沆在书中表现出来的那种独到新颖的论诗方法与诗学主张，使他的《诗比兴笺》一书受到学人们的普遍推崇，一版再版，广为传播，从而在中国诗歌理论的批评史上也占有了一席重要地位。

总之，陈沆的诗歌创作实践了自己的诗歌主张。尽管他的诗有的写得清新秀丽，有的写得抑郁悲苦，有的写得冷峻辛辣，有的写得峭拔豪迈，但都能巧用比兴，直抒胸臆；文字上则行如流水，明白如话，这就使得他诗歌的主题十分鲜明，揭露的社会问题也比较深刻，便于读者理解和把握。

---

① 陈沆:《古风》(八首之二),《简学斋诗删》卷一,《陈沆集》,湖北教育出版社 2002 年版。

② 陈沆:《杂诗》(二首之一),《简学斋诗存》卷一,《陈沆集》,湖北教育出版社 2002 年版。

③ 魏源:《诗比兴笺·序》,《陈沆集》附录,湖北教育出版社 2002 年版。

④ 彭祖贤:《诗比兴笺·跋》,《陈沆集》附录,湖北教育出版社 2002 年版。

⑤ 魏源:《诗比兴笺·序》,《陈沆集》附录,湖北教育出版社 2002 年版。

⑥ 陈衍:《石遗室诗话》卷三,辽宁教育出版社 1998 年版,第 29 页。

⑦ 吴嵩梁:《跋简学斋诗》,《陈沆集》附录,湖北教育出版社 2002 年版。

第三节　陈沆的诗歌创作

陈沆文采亮拔，诗歌创作独辟蹊径，自成一家。其作品题材广泛，内容充实，与现实社会生活联系紧密。其中不少诗歌反映了嘉庆（1796—1820）后期至道光（1821—1850）初年日益尖锐的社会矛盾。如其《兰阳守风》写道：

晓来天影变黄埃，天外惊风卷地来。隔岸似兼飞雨势，横流难倚济川才。蛟龙影里孤城动，鸿雁声中万鬼哀。身世苍茫双眼泪，沙头忍冻立徘徊。

“兰阳”即今河南省兰考县。此诗写于嘉庆十八年癸酉（1813年）冬天。这一年从秋天到冬天，天理教教徒在河南滑县发动起义，随即被清军镇压而失败。诗中通过对兰阳风雨的生动描写，真实地反映了当时社会的动乱状况，寄托了诗人对用世艰难的感慨。所以魏源评论此诗说：“五六句沉著苍凉。”①

陈沆反映现实社会生活最著名的诗篇是《河南道上乐府四章》（即《卖儿女》《狗食人》《吃草根》《逃饥荒》）：

河南一片荒荒土，满眼流离风又雨。年荒父母竟无恩，卖尽田地卖儿女。可怜父与母，泪落心内苦。岂不恋所生？留汝难活汝。往年生儿如得田，今年生儿不值钱。卖女可得青蚨千，卖儿不足供一餐。大车小车牛马走，儿啼呼父女呼母。役夫怒目刀在手，百口吞声面色朽。此时父母死更生，食尽还增骨肉情。月黑风寒新鬼哭，饥魂一路唤儿声。

汝南人瘦万狗肥，前有饿者狗后随。忽然堕落沟中泥，狗来食人啮人衣。顷刻血肉无留遗，残魂化作风与灰。狗饱狗去摇尾嬉，余者尚充鸦鹊饥。我行见之心骨悲，徒有恻怆无能为。大官北来何光辉，清道翼以双绣旗。从者飞语里卒知，为我亟去道旁尸，毋使不祥触公威。

怪底春光二月好，踏青千里无青草。草根当作麦粮餐，草色都如人面槁。家家妇女驱出门，手皲脚软声暗吞。乐岁欢歌芣苢子，凶年苦斫苣蒿根。毕竟天心仁爱汝，枯田尚有萌芽吐。谁云小草是虚生，功在饥荒非小补。夕阳归去一尖挑，饿食居然腹不枵。此时长吏方沉醉，可惜不曾知此味。

① 陈沆：《兰阳守风》诗后评语，《简学斋诗存》卷二，《陈沆集》，湖北教育出版社2002年版。

救荒古有良有司，今者逃荒官不知。一路嗷嗷男挈女，纷纷避荒如避虎。饿腹况兼行路苦，清晨冲风夜戴雨。只知四方口可糊，谁料饥荒无处无。官府捉人牛马驱，慎莫乞食门前呼。家乡腊前见三白，且可归来食新麦。

嘉庆十九年甲戌（1814 年）春天，陈沆从北京南下经过河南，见到河南灾民的悲惨遭遇，写了这一组诗，组诗共四章。诗中以平实的语言、辛酸的笔调，活灵活现地将平民百姓在灾荒之年哀苦无助、卖田地、卖儿女、生离死别、以树根野草充饥、四处逃难的凄凉悲惨景象呈现在读者的面前，让人不忍多读，表现了诗人对生活在社会底层的老百姓不幸遭遇的深切同情。诗人通过这一组诗，揭露了清朝统治者不关心老百姓疾苦的罪行，是那个时代社会生活的真实写照。又如其《出都》（六首之六）曰：

朝见太行青，暮见太行碧。行人无时休，山意去不息。立马望中原，纵横见城邑。去雁无定声，垂云可怜色。战余草木荒，岁晚风沙直。万事信冥冥，我行徒恻恻。不有霜雪威，讵知阳春德。

这一组诗共六首，作于嘉庆十九年甲戌（1814 年）冬天。此前一年，河北、河南一带的天理教教徒发动起义，但很快就被清军所镇压。而战后的败象仍然存在：到处是断壁残垣，田地荒芜，村无人烟，尸横遍野。这一组诗所写的就是诗人出都沿途所见之景象。魏源说：“秋舫五古，至此诗而大进矣。”又认为这一组诗：“骨重神寒，真实力量，故自不同。”包世臣亦认为陈氏五古诗：“苍凉古直。”①

陈沆写于嘉庆十四年己巳（1809 年）的《有感（闻广东荒歉，海寇未平）》也云：

传闻南海事全非，十室炊烟九室稀。须识治兵先治吏，自来防盗在防饥。鼍鱼大可为文遣，沙蜮终难出水飞。寂寞江湖风雪里，有人投笔念征衣。

“南海”过去乃南国的富庶之地，如今却“事全非”，饥寒遍地；更遇海寇、盗贼猖獗，“十室炊烟九室稀”，得此消息，诗人坐卧不安，念念难忘那些“江湖风雪里”的老百姓。在这里，诗人虽然将那些穷苦渔民称为“海盗”，但却反映了官府肆意盘剥、穷苦渔民无法生活才铤而走险的社会现实。再如其写于嘉庆二十三年戊寅（1818 年）的《扬州城楼》亦云：

---

① 陈沆:《出都诗六首》诗后评语,《简学斋诗存》卷二,《陈沆集》,湖北教育出版社 2002 年版。

涛声寒泊一城孤，万瓦霜中听雁呼。曾是绿杨千树好，只今明月一分无。穷商日夜荒歌舞，乐岁东南困转输。道谊既轻功利重，临风还忆董江都。

以前的扬州可是商贾云集、生意兴隆、文人荟萃、风流无限的“绿杨千树好”的繁华之地，清朝统治者和商人们不仅重利轻义，加重对百姓的盘剥，而且一直过着穷奢极欲的生活，致使如今的扬州出现了人烟稀少、商业凋敝、市面萧条、“明月一分无”的景象。诗人采用对比的手法，以登临扬州城的亲眼所见，揭露了嘉（庆）道（光）年间腐朽黑暗的社会现实，希望能有像董仲舒那样以道义为重、不计功利的官员来治理国家，表现了诗人的鲜明爱憎和深沉的忧时伤世之情。于是，诗人在《汝宁夜雪》中写道：

卷地风声到枕边，夜深寒逼汝南天。拥衾莫叹风尘苦，多少饥鸿雪里眠。

此诗写于嘉庆十九年甲戌（1914 年）初诗人北上会试的途中。诗中描写了夜宿汝宁时的风寒雪冷，营造出一种悲凉凄切的气氛，感叹那些贫寒学子为求得一官半职，一路风尘奔波的辛苦；随即笔锋一转，由己及人，劝慰那些贫寒学子不要叫苦，要知道当自己拥裘取暖之时，却有无数的“饥鸿”（即“饥民”）还在寒风冰雪中挨饿受冻。通过贫寒学子与饥民的对比，更加突出了饥民之苦，亦表现出诗人对贫民百姓苦难生活的深切同情。

此外，他的《朝城》《孝感途中》《濮州道中》《兰阳渡》《苦寒行》《江夜》《秋霖三首》《徐州问黄楼已不可登矣》《悯旱》等诗作，或揭露社会的黑暗，或抨击吏治的腐败，或反映民生的凋敝，或同情百姓的遭遇，贯穿着作者忧国忧民、济世救民的情怀。所以，魏源认为诗人的此类作品有“香山乐府之遗”①。作为一位封建士大夫，能够具有这样突出的平民意识，实在是难能可贵，也为后来的士大夫树立了榜样。

陈沆不仅对普通民众的疾苦给予了深切的同情，还用不少篇章反映了当时统治阶层里一些中、下层官吏忧郁苦闷、贫困潦倒的现状。如他的七言古体《大人命赋二首》（即《赁屋叹》《典衣行》，见《简学斋诗存》卷一），就反映了他的父亲作为一名正直而又爱民的县令，除了朝廷俸禄之外则别无索取，结果却摆脱不了穷酸的困境：早年，其父为长沙令，携家赴任，因俸禄不多，顾了生活就没有房屋住，只得许以千金之价租赁几间房

① 陈沆：《河南道上乐府四章》诗后评语，《简学斋诗存》卷二，《陈沆集》，湖北教育出版社 2002 年版。

子；可“穷官无钱”，又凑不齐租金，致使“屡遭屋主逼”。屋主“有时拍案怒且嗔，惊我雁雏出复匿……两月还君一月租，三年累我千金债。吁嗟乎！赁屋艰于买屋居，私逋逼迫如公逋”。即使这样，他还认为：“世间寒士贫无屋，每逢风雨冻折足。今我赁屋有屋居，日受逼迫犹为福。”（见《赁屋叹》）见此苦情，实在令人酸楚；见其怀抱，确实让人钦佩！只是可悲得很，他们不仅没有房屋住，有时也没有饭吃。适逢“有客千里来，瓮头无酒厨无柴。阿母唤儿勿徘徊，犹可一醉头上钗”（见《典衣行》）。身为县令，其生活境遇尚且如此，更何况那些普通的民众呢？

其父如此，他自己又何尝不是这样呢？其《除日抵京》写道：

> 四千余里舟车马，九十日程雨雪霜。短景行常兼昼夜，长安到亦抵家乡。转无往岁追逋苦，奈此流年过客忙。儿女今宵知忆我，只应欢笑慰高堂。

此诗写于嘉庆二十三年戊寅（1818 年）。诗人由此年的十月初一日从武昌乘船北上，历时三个月，行程四千余里，至年底的除夕之日到达京城。诗人在诗中感叹自己在客中虽然摆脱了年关筹措金钱归还债务的困难，无奈仕途困顿，年光虚度，长年撇下父母妻儿，为获得一官半职而奔波于旅途，辛苦异常。同类的诗尚有《三十生日都门自述》（五首之五）：

> 十五试茂才，三十犹潦倒。众人怜泣璞，良友勖怀宝。苟得非所欣，居贫讵为矫。荣华等拾芥，当路胡太巧。忍持圣贤书，易汝温与饱。浮念苟一牵，方寸不自保。白云纷满怀，此意岂枯槁。

另如《送徐南墅归蕲水》、《曲江闻刘芙初前辈死耗哭之以诗·一自成名后》（二首之一）、《立秋后一日送董小槎前辈归南》等诗作也透露出他和友朋们的那种失意、穷愁和苦闷的心情。陈沆后来就是中了状元，功名已经到达顶峰，却因他太耿直，又不喜逢迎拍马，到头来只能是空有一腔抱负和满腹安邦治国之策，无法施展，无所作为，官阶不过五品，俸禄难以养活家人。但是，他也通过这些作品，让读者看到了统治阶级内部的那种贫富悬殊和两极分化：有的善于逢迎应对，溜须拍马，结果左右逢源，飞黄腾达；有的忠于职守，忧民忧国，却不为当权者所用，升迁艰难，久困于下僚。有的残酷盘剥，巧取豪夺，生活奢靡，千金买笑；有的安于本分，洁身自好，俸禄之外分文不取，结果生计艰难。时人就称赞他“怀抱深远，立心忠厚”①，读其诗，往往令人“孝弟之心油然而生”②。

陈沆一生为了搏取功名，走上仕途；也为了家人的生计，奔走于大江南北、长河东西。其间，写有大量的山水、纪游、咏物诗，为时人称道。请看其《雨后舟行》：

春江一雨嫩寒催，水上油云拨不开。忽被东风吹散尽，好山无数上船来。

诗中语言平实质朴，格调清新纯正，为读者营造出一种神情闲适旷达、精神畅快爽朗的境界。类似的诗如《探梅》：

为寻山上梅，踏向雪中去。微觉有香来，不知开几树。

这首小诗仅有20个字，其内容却颇为丰富：一个雪后天晴的日子，为了寻找梅花，诗人独自一人踏着厚厚的积雪，上山而去；终于，一阵梅香飘来，诗人异常兴奋，浮想联翩——山上的梅花是一株，几株，还是一片？梅花的花瓣是红色，粉红色，抑或是白色？诗虽简短，读来却感到清新秀美，意趣盎然。

再看其《灵泉寺》写道：

万树结一绿，苍然成此山。行入山际寺，树外疑无天。我心忽荡漾，照见三灵泉。泉性定且清，物形视所迁。流行与坎止，外内符自然。一杯且消渴，吾意不在禅。

灵泉寺在今湖北省鄂州市的西山上。此诗写于嘉庆二十年乙亥（1815年），前半首重在摹写山寺树色，刻意炼句；后半首则由被树色包围的山寺而谈论哲理。故学人颇为称赏，赞其诗“字字澄炼，五古中最高之作”，“妙有名理”③。

我们再来看他的咏物诗《万寿寺七松歌》：

不雨何为怒涛吼？绿云横铺三十亩。生平入寺不拜佛，兹乃绝倒支离叟。二松在左二松右，三松当中相配偶。旁一大榆羞老丑，掉头意欲墙外走。灵根日月照不到，元气自贯天地后。我疑七松皆老龙，七龙上天成一松。不然何故非枝叶，一一变化鳞鬣同。传闻寺建自珰宦，幸未刻画遭俗工。譬如高人寄庑下，俊骨肯受凡夫容？六时常觉声沸耳，一尘不生何处风？安得长镵白木柄，斫取琥珀千年红。不愿食之寿无穷，

① 汪均之：《跋简学斋诗》，《陈沆集》附录，湖北教育出版社2002年版。

② 叶名沣：《简学斋诗存序》，《陈沆集》附录，湖北教育出版社2002年版。

③ 陈沆：《灵泉寺》诗后评语，《简学斋诗存》卷三，《陈沆集》，湖北教育出版社2002年版。

亦不愿作十八公。但愿骨节撑玲珑，春气不死冰雪胸。歌成似闻松太息，白鹤下来烟外立。

万寿寺即万寿戒坛寺，在北京市门头沟区的马鞍山麓，距离市区七十里，建于唐武德五年壬午（622 年），初名慧聚寺。辽法均和尚在此设立戒坛开始传戒后，四方僧众纷纷来此受戒，因而名声大振。明正统十三年戊辰（1448 年）改名万寿禅寺，因寺内建有戒台，故俗称戒台寺。此寺依山势高低而建，主要有大雄宝殿、千佛阁、戒坛等建筑。千佛阁重檐层阁，建筑宏伟。寺内庭院颇多，格局清幽别致，颇具江南寺院风格。寺内古松蔽空，姿态各异，更为古刹增辉。诗人挥动手中的生花妙笔，极力描摹寺中七棵古松奇形怪异的姿态。魏源曾评曰："起四句傲兀，走韵、立韵奇气。"吴嵩梁亦云："'灵根'二句，奇警；'七龙上天'句，仙佛语。"①又如其《白莲花》写道：

濯濯天姿水一方，秋风送吹满湖凉。烟波森森花如梦，露夜亭亭月有香。偏向淤泥完素质，不施粉黛俨明妆。清吟一洗尘中眼，采得琼英孰寄将。

在这里，诗人着力描绘莲花的妖娆、洁白和清香，高度赞扬莲花"出淤泥而不染"的品格。可以说，这正是诗人的自我写照：诗人当时就生活在一个政治黑暗、官场腐败、经济凋敝、积弊丛生的污浊世界里，他不仅能够做到洁身自好，不与"污泥浊水"同流合污；而且能够"一洗尘中眼"，"偏向淤泥完素质"。这对一个正身处社会大变革时期的中下层封建官吏来说，确实是不容易的。

另外，他的《舟行偶作》《夜抵刘山人家》《宁乡山中早行》《渡河遇相识寄家书》《中秋洞庭泛舟歌》《九日登黄鹤楼》《游福德山寺》《孝感途中》《寒溪寺》《岳阳楼》《咏梅》《洞庭舟中望君山》《郡城晚望》《晚渡清河口》等作品，也都是山水、纪游、咏物等方面的佳作。

诗人的一些迎送、赠答、留别之作，大多都富有真情实感，如《项师竹、张馥亭自麻城来访，欣然有作》：

快雪天易晴，萧然独成醉。梅间一雀噪，双双故人至。知我相念深，感君远来意。前夜江上风，舟来亦不易。相逢且为欢，谁问别后

① 陈沆：《万寿寺七松歌》诗后评语，《简学斋诗存》卷二，《陈沆集》，湖北教育出版社 2002 年版。

事。空山不知寒，星月同寤寐。

诗中叙写一个雪后初晴的日子，正当诗人苦闷独饮、对友人“相念深”之时，友人却不惧“江上风”，“双双”乘舟突至；于是，好友们欢聚一起，举杯痛饮，畅叙“别后事”，以致“空山不知寒，星月同寤寐”。字里行间可见朋友之间的深厚情谊，故魏源称赞此诗有“子美《梦太白》诗意，苏州《寄山中道士》诗格”①。再如其《送唐竟海归省》：

终岁与君处，寻常无殊异。坐我明镜中，自然呈浮伪。能使妄者心，照之发深愧。今当临别时，耿耿如不寐。谓君不恋官，彼自为官累。恂恂子弟身，洒落胸中事。聚散何足云，万里感精气。去后思更深，常惧为君弃。

此诗写于嘉庆二十一年丙子（1816 年）。诗中盛赞挚友唐竟海淡泊名利、不为官累，为人仗义、真心待友的品质。平时相聚一起不知不觉，一旦要分别，则“耿耿如不寐”；虽说朋友的聚散是很正常的事，只要彼此相互挂念就心满意足了，但这一次的分别，感到会“思更深”，且害怕从此以后再也见不到面了。整首诗写得情真意切，故魏源认为诗中都是“知己之言，至情之语”②。另如《到湘阴哭张一峰姊丈》（五首）、《中秋饮李双圃寓斋放歌》、《将出都始识魏默深长歌别之》、《送魏默深归湖南》等作品，亦都写得情真意切。因而，魏源称他的此类作品“情至诗自真，无心于杜而自杜”③。

从前面所述陈沆的实际创作来看，他做到了既不墨守古人，也不随俗转移。其诗造意刻苦却出之自然，语言琢炼则达于质朴，才情流溢而气韵深沉。因此，受到时人的一致推崇。陈衍在论述道光以来诗歌时，就将陈沆列为“清苍幽峭”一派之首，并指出其诗“字皆人人能识之字，句皆人人能造之句，及积字成句，积句成韵，积韵成章，遂无前人已言之意、已写之景，又皆后人欲言之意、欲写之景，当时嗣响，颇乏其人”④。由此可以看

① 陈沆：《项师竹、张馥亭自麻城来访，欣然有作》诗后评语，《简学斋诗存》卷三，《陈沆集》，湖北教育出版社 2002 年版。

② 陈沆：《送唐竟海归省》诗后评语，《简学斋诗存》卷三，《陈沆集》，湖北教育出版社 2002 年版。

③ 陈沆：《到湘阴哭张一峰姊丈》诗后评语，《简学斋诗存》卷一，《陈沆集》，湖北教育出版社 2002 年版。

④ 陈衍：《石遗室诗话》卷三，辽宁教育出版社 1998 年版，第 30 页。

出陈沆诗歌在近代诗歌中的独特地位。当然，我们也应看到，陈沆中年以后锐意朱熹之学，诗作多性理色彩，诗质诗味较以前都要逊色一些。

第四节 陈沆的其他文学创作

陈沆英年早逝，去世时年仅41岁。其在世之时，异常勤奋，笔耕不辍。除了诗歌创作之外，陈沆还创作了大量的试帖诗和古赋。

从事中国古代文化研究的学人都知道：在明清时代，读书之人或练武之人要想进入仕途，就必须苦读或苦练，参加由朝廷规定和组织的科举考试（科举考试又分为“文举”和“武举”两大类），“文举”由童生而秀才，由秀才而举人，由举人而进士，一步一步往前走；只要考取了进士，便登上了升官发财的阶梯。当然，那时也有一部分举人因参加会试多次，屡试不第，便不再继续参加会试，而是选择参加朝廷组织的专门的选拔考试而走上仕途，名为“大挑”；或因才、因功由朝野大臣推荐而走上仕途的。而按照科举制度（“文举”）的规定，科场考试所用的文体，除八股文之外，常用的文体尚有试帖诗、词、赋、策论等。这些文体都有很多具体要求和限制，对于那些学识平平的考生，要写好的确不容易。而对那些学识渊博的学人、才子或写作高手来说，则又另当别论了。

试帖诗又称为五言八韵诗，按其形式，就是五言排律诗。这种诗体要求：用五言句式，全诗共十六句；除首尾的各两句外，其他各联必须对偶；在诗题中限定以某字为韵；诗的前几句要将题目大意概括进去，类似八股文的“破题”；诗的结尾要含有颂圣称时的内容，等等。陈沆是有名的荆楚才子，聪慧颖悟，又训练有素，是时人公认的写作试帖诗的高手。

我们今天所能见到的陈沆的试帖诗共有156首①，其中不少作品是时人称颂的名篇，他也被时人誉为“清代试帖诗八大家”之一。如其《江边黄鹤古时楼得楼字》云：

> 黄鹄矶头望，长江第一楼。难招天上鹤，独占古时秋。远引梅花笛，高临杜若洲。云随苗费去，月照晋唐游。不改青山色，无边白水流。酒家犹绕郭，诗客总停舟。地已成仙界，人谁在上头。茫茫今昔事，搁笔问闲鸥。

黄鹤楼，在湖北武昌府城西南隅的黄鹄矶上，与湖南岳阳的岳阳楼、江西南昌的滕王阁并称为“江南三大名楼”。全诗不仅将黄鹤楼美丽的历史传说

① 在《陈沆集》中，收有《简学斋馆课试律存》60首、《简学斋试律续抄》96首。

自然贴切地镶嵌在诗中；而且裁对工妙，紧紧扣住“古”字这个题眼展开，写得气势雄阔，敦厚深沉，表现出一种孤傲峭拔的品格，是历代吟咏黄鹤楼诗中的佳作。又如其《池塘生春草得生字》：

> 卧过三冬节，春来为出行。人才扶杖起，草已傍池生。抚槛心俱活，登楼眼乍明。半园天蔼蔼，一色路盈盈。雪尽滋萌动，风低助发荣。恋芳烟到地，摇碧水多情。景是当前满，诗因即事成。纷纷都说梦，未足累阿兄。

全诗写诗人在病愈后的一个春日登楼四望，因时起兴，兴到笔随，如有神助，描绘出冬雪消融、暖风扑面、绿回大地、万物争春，一派生机勃勃的景象，清新而又自然，亦是时人称道的佳篇。难怪时人要说：“先生之作，凡发挥乎性灵，磨砻乎卷轴，旷放乎气机，而严谨乎矩矱者，固已蹈厉凌铄不几及”①，并认为“先生嗜古多闻，澄怀远观，虽登上第，恬若平素”，因此“读先生诗，如泛五洲，登龟鹤，浩乎其澜沦焉，窈乎其翔蟠焉”②。

赋也是科举考试（文举）常用的文体，尤其是院试的必考文体③。出于取得功名走上仕途的需要，亦由于其个人的兴趣爱好，陈沆于律赋和古赋皆很用功，特别喜爱古赋，且一生精研古赋，造诣甚深，并留下了大量的古赋作品④，被誉为“清代古赋七大家”之一、“清代律赋四大家”之一。其赋作都是篇幅不长的小赋，或抒写个人心志，或咏物抒怀，或托物言志，或针砭现实，手法灵活，风格多样，短小精悍。请看他的《黄金台赋》：

> 登乎碣石，以望故燕；东垣蔓草，督亢荒烟。问蓟邱其何处，寻历室而茫然；独金台之片址，托贤士以流传。昔者昭王甫立，齐焰方张；躬不宁于削札，愿有事于乐方；兵力不足用，得人斯可强。有郭隗者，自进于王：王欲市千里之马，臣愿假千金之装。嘉币载除，别宫特筑；累璧为基，裁琼作屋；翠櫍珠嵌，雕阑锦复；入则拥彗，出则推毂。朝羞紫驼之珍，莫荐元狐之服；挥黄金而不惜，恣先生之所欲。维时燕关不闭，望气咸来；迎门倒屣，拂席倾罍。剧辛弹剑，塞云自开；邹衍吹

---

① 李恩庆:《简学斋试律续抄·序》,《陈沆集》附录,湖北教育出版社 2002 年版,第 505 页。

② 黄爵滋:《简学斋试律续抄·序》,《陈沆集》附录,湖北教育出版社 2002 年版,第 506 页。

③ 按照科举制度的规定,考“秀才”必须通过三关考试,即县试、府试和院试,通过、录取者才称为“秀才”。而院试考试时,要作一赋、一诗、一词。

④ 在《陈沆集》中,收有《简学斋馆课赋存》23 篇、《简学斋馆课赋续抄》53 篇。

律，温风暗回；上坐乐毅，良将之才。抵掌则临淄在握，盱衡而东海如杯；天飞奇士萃于一台，从之游者岂不壮哉！迄今断瓦飘风，颓椽卧水；草没砌而牛羊哀，麦覆墙而鸟雀喜。骏马不来，霸图已矣；慨想贤王，悲深壮士。岂无丛台绮丽，吹台岧峣；章华荒酒，姑苏贮娇。殃由肆积，怨以奢招；井堙犹辱，土秽易焦。独有虚怀授馆，峻宇凌霄；俯吞赵魏，仰接魁杓；一抔可贵，千古常标。然而功名争地，学问谈天，台如市合，士为金前。道德轻而游侠出，宾客盛而祸患延。斯其所以，徒为战国之好贤也。

"黄金台"亦称"招贤台"，在今河北省定兴县高里乡北章村，是战国时燕昭王为招聘天下贤士而筑。据《战国策·燕策一》记载：齐宣王用计搞乱了燕国，并乘燕国内乱之机，派章子率军攻破燕国都城，燕王哙也在混乱中死去。燕太子平在率军收复残破的国土后即位，称为"燕昭王"（前311—前279在位）。昭王即位后，勤勉于政，一心想重金招纳贤士，富国强兵，报仇雪耻，可就是招不到治国英才，整天闷闷不乐。一天，昭王去请教一位智者郭隗。郭隗便给昭王讲述了一个"千金市骨"的故事。昭王坦言不知道该先招聘谁。郭隗便对昭王说："既然这样，那就先从招纳我郭隗开始吧！像我这样才疏学浅的人都被国君重用，我想，那些英才一定会不远万里闻风而来。"燕昭王采纳了郭隗的建议，就拜郭隗为师，并为他修建了宫殿。果然，没过多久，军事家乐毅便从魏国、阴阳家邹衍便从齐国、游说家剧辛便从赵国……纷纷投奔燕国而来，一时间人才济济，形成了"士争赴燕"的局面。经过二十多年的卧薪尝胆、休养生息，燕国逐渐由一个内乱外祸、疮痍满目的弱国发展成为一个兴旺富裕的强国。燕昭王二十八年（前284年），昭王任乐毅为上将军，联合秦、楚、韩、赵、魏五国攻齐，一举夺得七十余座城池，并攻占了齐国都城临淄（今山东淄博东北），夺取了齐国的全部宝器，烧毁其宫殿、宗庙，仅剩下两座城池未被攻破。

陈沆是清代中叶的一位中下层官吏，长期奔走四方，目睹了中华民族内忧外患的危急形势和封建统治所面临的日薄西山、风雨飘摇、朝不保夕的严重境况。因而，在这篇小赋中，他继承大赋的铺陈手法，着力抒写了这段著名的历史故事，其寓意是非常明显的：他真诚地希望统治者能够排斥平庸官吏，远离奸佞小人，不拘一格取用具有真才实学的英才，大胆改革，卧薪尝胆，休养生息，使国家民族尽快富裕强大起来，共抵外侮。故时人程云芬称此赋有“古情奇气”[①]。再看其《武昌西山赋》（以西山朝来致有爽气为韵）：

有山临江而起者，郁乎武昌之西。峰不高而奇情自峻，岭非大而远势如迷；见闲僧之守默，观游客之留题。访元结之幽居，惟余鹿迹；问吴王之旧院，只有莺啼。斯灵异之所在，亦图籍之可稽。天开霁宇，山放清颜，朋来不俗，酒后方闲；一帆缓渡，双屐徐攀，身登石磴，眼望烟鬟。行来九曲之中，不知青寺；步入千林之内，忽若无山。唯灵泉之古刹，有老树之灵霄；碧环穹岫，绿上岩椒；翠壁若晓烟之积，珠帘如春浪之摇。竹响风繁，宛坐小楼之雨；松鸣涛大，如闻沧海之潮。可乐乎夏凉之夜，相宜乎秋爽之朝。忽妙音之滃渟，方小步之徘徊；是三泉之芳润，出半岭之林隈。方鸣忽静，已去仍回；韵还分乎草木，光欲动乎楼台。疑空谷之鼓琴，拥郁而月中听满；恍列仙之鸣玉，铿锵而天外飞来。夕照相催，归途又异；忽叩寒溪，更逢圣地。佛殿幽深，僧房静邃；钟声摇树外之天，鹤语送阶前之吹；望赤壁之浮青，俯遥城之叠翠。乍清音之出谷，何必管弦；从静坐以参禅，别有风致。于焉曳杖辞山，登舟得友；舵忽转于江心，情尤深于别后。回首孤魄升霄，断云出阜；闻暗水之澌深，见寒灯之照久。渐岩巉之失影，望内如空；何突兀之怀奇，胸中若有。昔苏子之宫黄，每渡江而恣赏；招参寥而偕游，携子由而并往；高谈成破浪之观，雅意结买田之想；别弟而不忍重来，怀人而惟深悒怏。至今徒诵遗诗，空思老杖。听高僧之论说，犹传笠屐之图；想髯叟之精神，独得江山之爽。念此日之攀跻，乐深林之荟蔚；香闻梵宇之清，茶试仙泉之味。久居尘世之纷，恰值禅幽之慰；追浪士之流风，学漫郎之清贵。移家不远，只须半席之轻飙；结屋为佳，饱餐一山之清气。

“武昌西山”即鄂州西山，古称樊山，因位于吴王古都武昌（今鄂州市区）之西，故名。西山位于长江中游南岸，距华中大都市武汉 68 千米：东接鄂州繁华闹市；南濒洋澜湖，与万顷碧波相连；西枕玉带萦回的百里樊川；北临长江，与黄州赤壁相望。全山东西长约 1.6 千米，南北宽约 1.2 千米，主峰海拔 170 米，总面积 4000 多亩（约 2.67 平方千米）。山上有六条谷涧，将七泉、三池、一湖和两道瀑布串联起来。全山一脉九曲，九峰

---

① 陈沆：《简学斋馆课赋存・黄金台赋》后评语，《陈沆集》，湖北教育出版社 2002 年版，第 211 页。

六谷，重峦叠嶂，松柏蔽空，翠壑丹崖，飞瀑漱玉；既有以园林为主体的自然景观，又有以吴王故都为特色的历史文化景观，也有以孙权、陶侃、苏轼、黄庭坚踪迹等为代表的人文景观，还有以古灵泉寺为标志的佛教文化景观，十分秀美。陈沆是鄂东（今黄冈市浠水县）人，非常热爱自己的家乡，通过这篇小赋，极尽铺排之能事，将西山的秀美淋漓尽致地呈现在读者面前。故时人陆立夫认为：此赋“景中有情，与涂附者异趋子瞻，可作定当，把臂入山”①。

总的说来，陈沆的古赋题材丰富，短小精悍，手法灵活，语言精炼，对仗工整，音律和谐，酣畅淋漓，风格多样，为清代中叶骈文的中兴作出了积极的贡献。

① 陈沆:《简学斋馆课赋续抄·武昌西山赋》后评语,《陈沆集》,湖北教育出版社2002年版,第251页。

第三章　桐城—湘乡派的中坚——张裕钊

120 多年前，湖北出了一位有名的人物。他既是中国近代著名的学者和教育家，一生喜奖掖后进，乐于培育人才，弟子满天下。他又是一位书法大师，其书法对中国近代书风的转变和日本近代书法体系的确立都产生过重大影响。他还是一位著名文学家，诗文兼工。其诗有的写得沉郁悲愤，有的写得清新质朴，特点鲜明；尤其是他的古文创作，不仅内容丰富，而且极讲究艺术技巧，在当时别树一帜，得到文坛名家的普遍推崇。可以这样说，在当时的文化界，不知其大名者甚少。这位名人就是湖北武昌（今鄂州市）的张裕钊。

第一节　张裕钊的生平与著述

张裕钊，字方侯，亦字廉卿，又作濂卿；初号圃孙，又号濂亭，一生淡于仕进，而乐育桃李，故晚年人称“武昌先生”。清道光三年癸未农历十一月初四日（1823 年 12 月 18 日），张裕钊出生于武昌县梁子湖区东沟镇龙塘村张家湾的一个世代书香之家。他三岁即启蒙于父亲张善准膝下，七岁与兄张裕锴一起正式入塾，勤奋好学，又聪慧颖悟，先后得到父亲好友杨慰农、朱依柳两位先生的严格训练，打下了坚实的国学基础。道光十八年戊戌（1838 年），难违父命、师命，张裕钊踏上科考之路，考中秀才，时年仅 15 岁。此后，他仍在家乡修研举业，更加刻苦努力。道光二十六年丙午（1846 年），他与同乡好友范子臧、范鹤生一起赴省城参加乡试，同榜中举，一时大名远播，乡人称之为“文曲星”。

道光三十年庚戌（1850 年），张裕钊赴京参加礼部会试，落第；同年考取国子监学正学录，官授内阁中书。主考官、礼部侍郎曾国藩见张裕钊所写文章有曾巩之风，甚为赏识，临庭召见。于是，张裕钊遂从曾氏学古文法，与黎庶昌、薛福成、吴汝纶同为“曾门四弟子”。曾氏曾经对人称赞说，张裕钊是其门徒中古文“可期有成者”①。张裕钊后来亦不负师望，他通晓经史，善长训诂，精研“三礼”，是桐城—湘乡派中期的代表作家，被时人奉为古文大师；曾为湖北江南书局校刊《史记》等官书，“人争购致，比之鸿都石经”②；考订《国语》《国策》，并有《今文尚书考证》《左氏服贾注考证》等汉学著作传世。

张裕钊聪慧颖悟，才华横溢，青少年时期即踏上仕途，又有恩师曾国藩等重臣的提携，如乐意做官，假以时日，循例而进，其前途可谓不可限量。然而，张裕钊少时就不乐举业，为官后又淡于名利，寓居京师虽时间不长，但目睹时局日艰、国难深重，耳闻目睹官场黑暗腐败、尔虞我诈、争名夺利、勾心斗角；此内忧外患汇聚于心，而自己又不愿与时俯仰，遂坚定了他脱离官场、退入书斋、执教授徒的决心。

咸丰二年壬子（1852 年）九月，张裕钊毅然离京返回故乡，受湖北按察使江忠源之聘，主讲于武昌勺庭书院。不久，因为战事书院被毁，不能继续讲学，遂进入江忠源的幕府，为其办理文案。次年十月，江忠源擢升安徽巡抚，张裕钊只得辞幕回乡闲居。

咸丰四年甲寅（1854 年）八月，曾国藩率湘军追击太平军至鄂，并乘虚攻占了武昌、汉阳等地。曾氏听说张裕钊在家，便派人召请张裕钊入幕，参办文案多年。其间，同僚多有升达，唯张裕钊不热心政治，淡泊名利，“独以治文为事”③，时时不忘钻研学问和教授学生，始终未得一官半职。战事之余，常与恩师幕友研讨诗文，切磋唱和，又精磨书法，学问日益精进。

咸丰九年己未（1859 年），张裕钊因父母年事已高，不能长期在外奔走，遂辞别恩师回到武昌，而受聘进入湖北巡抚胡林翼幕府，参与编撰《读史兵略》一书。

咸丰十一年辛酉（1861 年）九月，《读史兵略》编撰完成、刊行，适湖北巡抚胡林翼病逝任上。张裕钊便辞别众友朋，回武昌老家闲居。不久，乃应邀入湖北通志局编志。

同治七年戊辰十月十一日（1868 年 11 月 24 日），为恩师、武英殿大学士、两江总督曾国藩的五十八岁寿诞；此前，朝廷已下旨调任曾国藩为直隶

① 赵尔巽主纂:《清史稿·张裕钊传》卷四八六，中华书局 1977 年版，第 1537 页。

② 《清国史·张裕钊传》一二，中华书局 1993 年版，第 741 页。

③ 赵尔巽主纂:《清史稿·张裕钊传》卷四八六，中华书局 1977 年版，第 1537 页。

总督兼北洋大臣，同僚故吏、亲朋弟子遂谋划为其祝寿，既表欢送，亦表祝贺。张裕钊遂专程赴宁小住，参加此祝寿活动，并受大家之托，撰写了《湘乡相国曾公五十有八寿序》一文献于尊师，给其尊师极高的赞誉。居宁期间，张裕钊不仅同方宗诚、莫友芝、姚浚昌等老友重聚畅叙，还与邓传密、戴望、赵烈文、黎庶昌、吴汝纶、吴大澂等名流结识，成为好友。

同治十年辛未（1871 年），曾国藩再任两江总督，召请张裕钊主讲江宁（今南京市）凤池书院。师生过从甚密，切磋学问，自得其乐。

次年（1872 年）春，曾国藩突然病逝，张裕钊不胜悲哀，作《祭曾文正公文》以悼之。此后十余年，张裕钊一直生活在金陵，得后亦成为古文家或学者的高徒查燕绪、朱铭盘、孙葆田、马其昶、范当世、贺涛，清末状元、实业家张謇，金石学家刘心源等高徒；教授之外，寄情诗文，常与友朋、门生相唱和。

此期间，其书法已臻炉火纯青之境。他中锋用笔，源于魏晋，突越唐人，汇刚柔俊逸于毫端，溶秦篆、汉隶、魏碑于一炉，独树一帜，创造出一种内圆外方、疏密相间的独特书法——张体，风行书坛。近代著名学者康有为曾评价张裕钊的书法说："湖北有张孝廉裕钊廉卿，曾文正公弟子也。其书高古浑穆，点画转折，皆绝痕迹，而意态逋峭特甚，其神韵皆晋、宋得意处。真能甄晋陶魏，孕宋、梁而育齐、隋，千年以来无与比。其在国朝，譬之东原之经学、稚威之骄文、定庵之散文，皆特立独出者也。吾得其书，审其落墨运笔，中锋必折，外墨必连；转必提顿，以方为圆；落必含蓄，以圆为方。故为锐笔而实留，故为涨墨而实洁，乃大悟笔法。"①张裕钊同时人，著名学者、文艺家刘熙载亦称赞说：张裕钊的"文章为当代之冠，书法则本朝一人耳"②。就连自视甚高、素不轻易誉人的章太炎也说："先生书，世所传宝，得此真如百斛明珠，尤与佗人相绝。"③由此可见时誉之高。

光绪八年壬午（1882 年），张裕钊与湖北学者杨守敬、门生范当世等人会集省城，撰辑《湖北通志》。随又应邀编纂《高淳县志》《钟祥县志》等

---

① 康有为：《广艺舟双楫》卷五，上海广艺书局民国五年（1916 年）刊本，第 17 页。

② 转引自张后沆、张后浍：《哀启》，《张裕钊诗文集》附录七，上海古籍出版社 2007 年版，第 551 页。

③ 章太炎：《张廉卿先生诗文稿·序》，《近代中国史料丛刊续编》第十辑，文海出版社 1982 年版。

地方志。

第二年（1883 年），应直隶总督李鸿章之聘，张裕钊至直隶主讲保定莲池书院，并兼学古堂教习，历时六载。一时间，海内外崇拜者纷至沓来，弟子达三千之众。

光绪十年甲申（1884 年），日本学界名流冈千仞访问中国，慕名专程至莲池书院拜访了张裕钊，向他执弟子礼，请教学习汉民族古代文学。另有一位名叫宫岛咏士（通称“宫岛大八”，名彦，字咏士，号勖斋，别号咏归山人、咏而归庐主人）的日本青年，遵从父命，历尽千辛万苦，遍访行踪，于光绪十三年丁亥（1887 年）来到莲池书院，投到张裕钊门下学习中国文化；尤钟爱书学，跟随尊师奔走大江南北，前后达八年之久。张裕钊嘉其志趣，书“远志纯行”四字相赠，以表达对宫岛咏士的信赖和慈爱。

光绪十五年己丑（1889 年）二月，张裕钊因不满直隶总督李鸿章的一些做法，毅然辞去莲池书院山长之职，而应湖广总督裕禄、湖北巡抚奎斌之聘，回鄂任教。先后主讲过武昌江汉书院、经心书院，襄阳鹿门书院。

光绪十八年壬辰（1892 年）九月，张裕钊因年事已高，乃应时任宁陕同知的长子张后沆之请，辞去鹿门书院教职，至陕西西安郊外隐居，直至光绪二十年甲午正月十四日（1894 年 2 月 19 日）辞世。

跟随张裕钊学习中国文化的日本弟子宫岛咏士，在恩师去世不久，乃拜别恩师亡灵，返回日本，创办了“咏归舍”，教授中国文化，几年后扩展为“善邻书院”，使先师的人品风骨及书法精神在异国得到传扬，且久盛不衰，衍为宗派，代有传人。

张裕钊知识渊博，著述甚丰，除前面提到的著作之外，作为一名颇有影响的文学家，尚有《濂亭文集》传世。逝世后，其亲友及弟子为他辑有《濂亭遗诗》《濂亭遗文》《论学手札》《濂亭文集》等。民国五年（1916 年），张裕钊的后人重刻文集，将遗文、遗诗收入，合为《濂亭集》。今人编校有《张裕钊诗文集》①。

第二节　张裕钊的散文创作

张裕钊是中国近代颇有影响的文学家，他“生平于人世都无所嗜好，独自幼酷喜文事”，并决心“捐弃一世华靡荣乐之娱，穷毕生之力”而为之（《与黎莼斋书》，见《濂亭文集》卷四）。这种对文事的酷嗜，既是出自

① 王达敏校点:《张裕钊诗文集》,上海古籍出版社 2007 年版。

天性，又是其对名传千古的向往；既可以自娱，又能独善其身而通达圣人之道。正是有了这种执着，他终于获得成功。其文学创作包括诗歌和散文。其诗歌除部分师友间的应酬唱和和抒发其牢骚及抑郁之作外，尚有不少忧愤国事、时世，抨击昏官、时弊，咏史讽世和描绘田园风光，抒发思乡之情的作品，甚有特色，只是久为其古文成就所掩。其散文创作风格独特，成就突出，久誉文坛。综观张裕钊的散文，主要反映了以下几个方面的特征。

其一，坚持“变”的历史发展观，主张学习西方，富国强兵，团结一致，抵御外侮。19 世纪中叶，随着太平天国革命的被镇压，中国政坛一度出现过一个所谓“同治中兴”的局面。清王朝面临的主要威胁已由“内忧”转为“外患”。张裕钊目睹帝国主义列强对中国的欺凌和种种侵略罪行，希望清政府在不改变封建专制制度的前提下，有步骤地进行一些政治上的改良，达到富国强兵的目的。光绪六年庚辰（1880 年），清政府派广东水师提督吴长庆赴山东办理军务，以防沙俄起衅。张氏弟子张謇随行，裕钊立即写了《送张生謇之山东序》。文中希望张謇协助吴氏“经武划谋，料敌制胜，戮鲸鲵于东海”，“刷荡国耻，张我皇灵”，并表示将“日夜倾耳跂足，以望之生也”，爱国之情溢于言表。在《送黎莼斋使英吉利序》一文中，他认为“若今日，其尤世变之大且剧乎”，强调“穷则变，变则通，而世运乃与为推移”。主张学习西方先进的科学技术，变法图强，抵御列强的进攻，并对即将出使欧洲的好友黎庶昌谆谆告语，寄予深切希望。在《送吴筱轩军门序》中，他谴责那班“公卿将相大臣”大敌当前却忙于内讧，致使国防松弛荒废，外侮迭至；又语重心长地勉励友人“实心任事”，与同僚“协恭同德”，保卫国防，使“海隅清晏”。在《赠吴清卿庶常序》一文中，张裕钊明确表示，虽然“自度其才不足拯当今之难，退自伏于山泽之间。然区区之隐，则未能一日以忘斯世。其耳之所闻，目之所接，怆焉感于其心”，而语重心长地热切盼望“庶常之终底于成而为世用，以副望君者之志也”。

张裕钊的思想比较开放，视野也比较开阔。他与日本学者冈千仞、宫岛栗香常有书信往还和诗词唱和，又收宫岛栗香之子宫岛咏士为徒。在与他们的接触交往过程中，自己也学习到许多新鲜的西方知识，加深了对日本和西方诸国的认识。一方面，他认识到：“日本于诸国为先觉”，自明治维新以后，迅速强盛起来，其做法值得中国学习借鉴。并强调指出：“日本与中国同处亚细亚洲，相去万里而近，唇齿辅车，依倚比附，其壤地于诸国为最迩”；“其好睦于诸国为最夙”，因而，“四方万国五大洲之地”，中国与“日本宜为尤亲”；只有这样，两国的“辅车唇齿之谊”，才能“愈益相固结”（《日本冈鹿门千仞藏名山房文钞·序》，见《濂亭遗文》卷一）。另一方面，又对日本当政者的野心保持着一定的警惕：“中国、日本咸与结约互市，危机衅端，伏见不常，议者佥以为忧。”（《养浩堂诗集·序》，见《濂亭遗文》卷一）头脑如此清醒，实在是难能可贵。张裕钊的这些主张、见解的提出，显然是针对清政府在西方列强发动的侵华战争中屡遭惨败的现实而有感而发的。这与洋务派的政治思想倾向有些相近，表现出其鲜明的爱国思想倾向。

其二，对统治阶级卖国求荣、苟且偷安的丑恶行径的愤慨和不满，对时局表现出深深的忧虑。由于西方列强对中国的侵略步步升级，民族矛盾日益加剧；而清朝统治集团却腐败无能，屈膝投降，引起大批封建知识分子的悲愤与不满，起而揭露和抨击统治阶级的卖国行为，忧国忧民之情溢于言表。在《愚园雅集图记》中，张裕钊一方面写愚园的雅集，记述其园林觞咏之乐；另一方面则借阮籍、陶渊明、杜甫、白居易、冒辟疆等人的饮宴之事，抒发其不忘家国天下之怀。文中虽未明写其“黄屋之忧”，然而委婉道来，含蓄深沉，更耐人寻味。他的《游狼山记》，写与友人登临通州的狼山，面对雄奇和险要的地理形势，思及危机四伏的时局，自然而然地联想到阮籍的《咏怀诗》及其登广武山感悼时事的史事，表现出深深的忧虑，字里行间流露出对腐朽的清王朝靠缔结卖国条约苟且偷安做法的无比愤怒和大胆谴责。张裕钊又在《送吴筱轩军门序》中指出，“天下之患，莫大乎任事者好为虚伪，而士大夫喜以智能名位相矜”；洋务之说起，则不顾实际，一哄而上，建工厂，造枪炮，制机器，修轮船，糜费国家钱财数千万；“一旦有事，责其效，而茫如捕风”；并愤怒谴责朝中的“公卿将相大臣”，不顾大局，外患当前仍忙于内讧，致使国防松弛荒废，不堪一击，外侮迭至，揭露清朝统治集团的腐败误国，深中肯綮。为挽救天下危难，作者向最高统治者和当权者大声疾呼：“穷天下古今尊主芘民，批患折难之要，一言以蔽之曰：得人而已矣！”（《送张振轩宫保还粤东治所序》，见《濂亭遗文》卷二）又说：“风俗者，天下所以治乱、安危者也，有天下者甚重之。风俗诚美，民气诚固，何忧乎寇乱？何畏乎远人？何惮乎邪说？何恤乎奇技淫巧？”（《高淳县志序》，见《濂亭文集》卷一）强调要重视人才和改良风俗。

其三，倡导一种凛然正气，而鄙视、谴责奸佞小人之所为。张裕钊一生淡泊名利，无意仕途，醉心学问，孤高傲世，是一位刚直不阿、耿介磊落的正统封建知识分子，受中国传统文化的影响较深。因此，他行世处事，非常重视一个人的人品、名节，并将其当作一个人安身立命的重要准则。在《跋〈明三原焦公家书〉》中，张裕钊盛赞明末陕西三原人焦源溥的“大节凛然”，但因其“抗疏忤群小，媾祸几不测。后以佥都御史巡抚大同，不见容，卒罢归”，感叹像焦公这样正直有才能的官员不为当权者所用，不能充分发挥其作用，是国家的不幸、民众的不幸。字里行间流露出对奸佞小人排挤仁人志士的满腔愤慨。很显然，这是针对社会现实有感而发的。他在《虫单传》中，则塑造了一个“善音乐，有文章”，“尤称为贤”，然而禀性孤傲，不愿为权贵折腰，不乐与小人周旋而独处特立，最终隐居山中的虫子的形象。而对那些甘愿为权贵折腰、与小人周旋者则表现出强烈的不满。这可说是受到唐代大文学家韩愈的启发和影响，直接从《毛颖传》脱化而出，是张裕钊以虫子自喻，从此亦可见出其刚正不阿、傲然独立的品格。在《天门县知县安府君墓表》中，张裕钊更为我们塑造了一位清官的形象：安庆澜，字镜秋，山东聊城人，道光二十一年辛丑（1841 年）进士，先后官湖北谷城、孝感、天门（因大水阻隔尚未到任）知县。他每到一地，“以严察狱吏，以至诚喻其民，治狱务尽人情，不厉严威，不事刑鞫。暇日则轻舆简仆，从循行县境。穷乡绝区，无所不周历。亲入庐落，问民所疾苦，洞极幽微，具晓其利病及施设所宜。章志明民，锄其患害”。又建“节孝祠”，“以谆诱愚无知之氓”；“五夜徼巡，躬与从事”，“发奸擿伏如神，氓俗大和，盗贼屏息”；还兴学校，“躬自开说，指授径途”，使“文学科第甚盛益兴”，而自己则因“处画百端，重积忧劳致疾”，于道光三十年庚戌（1850 年）卒于任上。消息传来，“孝感、谷城之民，悲哀感泣，如丧周亲”。张裕钊生活的时代，政治腐败，官场黑暗，官员贪污腐化盛行，巧取豪夺成风。在这样的环境里，尚能出现如此清廉的官员，实属不易。这种赞扬、宣传清官事迹的举动，实际上就是树立正气，抵制歪风邪气的行为。这样做，勇气亦可嘉！

其四，探讨为学之道和为文、为诗之法。张裕钊是一位文学家，而他首先是一位学者和教育家，他常将自己的思想、观点、见解通过所写之文表达出来，让读者、学生读后从中受到启发和教育。在《复查翼甫书》中，张裕钊主张“学问之道，义理尚已。其次若考据、词章，皆学者所不可不究心。斯二者，固相须为用，然必以其一者为主而专精焉，更取其一以为辅，斯乃为善学者”。这实际上阐明了“专”与“博”的关系。在保定莲池书院讲学时，他曾写有《南宫县学记》一篇，强调指出“天下之治在人才，而人才必出于学”，充分表达了他的学用观和正确对待人才、合理使用人才的主张。文中又历数科举之弊，主张革除八股，并愿“以身为天下倡”。张裕钊这种为学的言传身教、身体力行的精神，实在可钦可佩。难怪先生每到一地执教，都备受学生敬重和欢迎。在《与黎莼斋书》中，张裕钊强调，文章的成与不成、传与不传，既在乎人，亦在乎天，不能急功近利，勉强求之。其中虽含有唯心主义的成分，但将文学看成终身大业，则有可取之处。在为友人刘景韩观察的夫人孔氏诗集所写的《韵香阁诗集序》中，作者强调“诗之为道至难能”，只有懂得为诗之道，才能写出独具风格的诗。他认为，有清一代“称诗者无虑数百千人”，而知其为诗之道者，“盖千百人乃一二人而已”；最后赞扬孔氏“以一女子能之”，实在“难能而可贵”。

他还承继桐城传统，非常重视声音，提出了“因声求气”论。在这里，“声”就是文章的字句节奏，“气”就是文章的气势和内蕴情思。他认为：“文章之道，须从声音证入。若取古人书，反复朗诵而深思之，以意逆志，达于幽眇，所得必超出常解之上。”①又说：“文章之道，声音最要。凡文之精微要眇，悉寓其中。必令应节合度，无铢两杪忽之不叶，然后词足而气昌，尽得古人音节抗坠抑扬之妙”②，阐明了“声”与“气”之间的关系。此外，如《答吴至甫书》《答刘生书》《答李佛笙太守书》《赠范当世序》等文中，亦阐明了不少为学、为文的道理、方法和见解，给读者启发颇多。

此外，像历代富有正义感的文人、骚客一样，当自己的爱国思想不为当权者接受，爱国行动得不到当权者的支持，美好理想不能实现时，张裕钊便将自己热爱祖国的深情寄托在对祖国秀丽风光的描绘和对大好河山的赞颂之中。他一生中撰写了大量的山水游记，如《游狼山记》《游虞山记》《北山独游记》等，就是为读者传颂的名篇。张裕钊以雅洁逸美的文笔，为读者描绘了一幅幅壮丽的山水图，不仅让读者饱览了祖国的山川胜景，娱乐了性情，而且在潜移默化中产生一种自豪感，受到爱国主义的思想教育。

当然，我们也不必讳言，作为一名以文为事的正统的封建知识分子，张裕钊也写过不少为清朝统治者歌功颂德、宣扬儒家思想、诬蔑太平天国革命

---

① 《清国史》一二，中华书局 1993 年版，第 741 页。

② 刘声木：《桐城文学渊源考 · 张裕钊》卷十，《张裕钊诗文集》附录七，上海古籍出版社 2007 年版。

等内容的作品，于其时势也是可以理解的。

第三节　张裕钊散文的艺术特点

就内容看，张裕钊散文反映的社会生活面并不宽，但其散文“假途韩、欧、曾、王，以上推之晚周、先秦、盛汉，又益原本六经，沉潜乎许、郑之训诂，程、朱之义理，以究其微。故其义粹以深，而必规乎道之大；其词峻以厉，而曲中乎物之宜”[①]；又颇讲究写作技巧，形成了既雄奇沉郁，又平淡俊逸的独特风格，得到学人们的一致推崇。

张裕钊的文学思想源于桐城派而又与桐城派有所区别。他为文讲究章法义理，提倡“意”“辞”“气”“法”的辩证统一。他在《答吴至甫书》中指出：“文以意为主，而辞欲能副其意，气欲能举其辞。譬之车然，意为之御，辞为之载，而气则所以行也。欲学古人之文，其始在因声以求气。得其气，则意与辞往往因之而并显，而法不外是矣。”“一以意为主，而辞、气与法，胥从之矣。”并强调，文章应以立意为主，而顺其自然之势，切不可勉强：“自然者，无意于是，而莫不备至；动皆中乎其节，而莫或知其然。……凡天地之间之物之生而成文者，皆未尝有见其营度而位置之者也，而莫不蔚然以炳，而秩然以从。夫文之至者，亦若是焉而已。”他又强调、提倡“雅健”的文风，认为“文章之道，莫要于雅健。欲为健而厉之已甚，则或近俗。求免于俗而务为自然，又或弱而不能振”（《答刘生书》，见《濂亭文集》卷四）。所谓“雅”指的是语言的渊雅典丽，所谓“健”指的是气势的雄奇宏大。只有“雅”“健”结合，自然和谐，才能写出美文。很显然，张裕钊这里要求的“雅”“健”，与前面提倡的自然之势是一致的。张裕钊在具体创作实践中，则效法韩愈和汉赋，在雄奇、变化上用功，且自许甚高，认为“私计国朝为古文者，惟文正师吾不敢望。若以此文（按：指张裕钊所撰之《书元后传后》）较之方（苞）、姚（鼐）、梅（曾亮）诸公，未知其孰先孰后也”（《答李佛笙太守书》，见《濂亭文集》卷四）。

张裕钊的散文创作大致可分为以议论为主和以记叙为主的两大类，各有其长。他的序跋、书信、赠答等议论之文长于说理，且大多写得言辞恳切，情深意长，增强了文章的感情色彩和表达效果。如《送黄蒙九序》就

---

① 查燕绪：《张廉卿先生文集后跋》，《廉亭文集》卷后，《张裕钊诗文集》附录七，上海古籍出版社2007年版。

是一篇短小精悍的议论文。张裕钊的挚友黄梦九，名克家，湖北随州人，道光二十六年（1846 年）举人，为官清廉，所至之处颇有政声，官至江苏候补知府。当众人认为他仕途一帆风顺，即将飞黄腾达之时，他却淡泊名利，急流勇退，辞官归里。很多人都不理解。作者应挚友之请写了这篇临别赠言，以充分理解的心情对朋友的做法表示支持和赞赏。文中以古代圣贤为例，论述人的出处进退、显晦穷达，既有对理想观念的阐述，又有对现实流俗的尖锐批判；行文则由古及今，古今对比展开，并将概括论述和事例的胪举结合起来，突出了黄克家特立独行的个性特点。文章虽不长，却结构谨严，论理充分，语言虽质朴婉转，却又锋芒自现，显示了作者善于说理的能力，字里行间亦流露出了作者对朋友的挚爱之情。

其《送黎莼斋使英吉利序》是为朋友黎庶昌出使英国所写的临别赠言。全文贯穿了一个“变”字。先叙述近代世界各国的变化情形，接着探讨古今之变，尤其是进一步揭示西方科技进步的渊源，说明“变”是世界大势，并强调当今求变的关键在于“精求海国之要务”，以加强国防，抵御外侮，保护人民。最后，谆谆告语老友，察看海国的方法，笼络异邦的策略，要得其“要”与“情”。文章观点鲜明，论理充分，条理清晰，层层相因，浑然一体，写得情真意切。

其《送吴筱轩军门序》是光绪六年（1880 年）为好友吴筱轩军门调登州（今山东蓬莱县）襄办军务、以防俄人起衅而作。文中对当时那些高调倡办洋务之人的虚浮、不切实际和那些当权者忙于内讧、争权夺利而置国耻于不顾，致使边患叠生、国势日弱的丑恶行径进行了猛烈抨击；随后勉励友人“实心任事”，与同僚“协恭同德”，保卫国防；至“大功告成，海隅清晏”之时，必“往从二公”，在蓬莱古阁为二公庆功。其爱国之情溢于言表。全文写得慷慨激昂，悲愤沉郁；而最后却出以平淡舒缓之笔，寓平淡于雄奇之中，于雄奇中见平淡，使文章更显得隽永。

其《辨司马相如封禅文》，针对学界长期认为司马相如作《封禅文》是献媚汉武帝“以求宠利”的观点，并在分析前辈和同时代学者讽谏文的基础上，力辩《封禅文》不是向汉武帝献媚“以求宠利”，而恰恰相反，是在“讽武帝之封禅”；因“其辞隐”，“刺讥深至”，故人多不知。最后强调指出，司马相如等人的文章“用意皆至深远难识，无苟为之者也。以其难识，世乃徒观其外而议之耳”。视角独特，有理有据，辩驳有力。张裕钊平生颇关注国计民生，时常在诗文中用比较隐晦、含蓄的文字来表达他深远的思想和见解。如此看来，他写这篇文章就颇有深意了。

至于其他各篇，如《书元后传后》《赠范生当世序》《送梅中丞序》《送李佛生序》《赠吴清卿庶常序》《贺苏生夫妇双寿序》《日本冈鹿门千仞藏名山房文钞序》《养浩堂诗集序》《国朝三家诗钞记》《劝戒浅语序（代）》等，亦都能根据具体对象、具体情况，有的放矢，独抒己见，让人称道；且文中都能融入自己的感情，形象生动，亲切感人。

张裕钊的记叙、纪游之文，则长于写景，富于变化，又常在文中以点睛之笔法、精炼之文字，含无尽之意蕴。如他的《北山独游记》，就是广为传颂的写景名篇，其文云：

余读书马迹乡之山寺，望其北，一峰崒然而高，尝心欲至焉，无与偕，弗果。遂一日奋然独往，攀藤葛而上，意锐甚；及山之半，足力倦止。复进益上，则涧水纵横，草间薮径如烟缕，诘屈交错出，惑不可辨识。又益前，闻虚响振动，顾视来者无一人，益荒凉惨慄，余心动，欲止者屡矣。然终不释，鼓勇益前，遂陟其巅。至则空旷寥廓，目穷无际，自近及远，洼者、隆者、布者、抟者、迤者、峙者、环者、倚者、怪者、妍者、去相背者、来相御者，吾身之所未历，一左右望，而万有皆贡其状，毕效于吾前。

吾于是慨乎其有念也。天下辽远殊绝之境，非先蔽志而独决于一往，不以倦而惑，且惧而止者，有能诣其极者乎？是游也，余既得其意，而快然以自愉。于是，叹余向之倦而惑且惧者之几失之，而幸余之不以是而止也。乃泚笔而记之。

全文虽不足三百字，却以雅洁逸美的文笔、高远隽永的寓意，为读者描绘了一幅奇妙而壮美的山水图。当读者跟随作者初攀、“复进”、“又益前”、“鼓勇益前，遂陟其巅”时，立于峰顶，俯瞰四际，万千景象，无限风光尽收眼底：峰嶂迭起，谷壑错列；山峦散落，陵岗簇聚；或峭岩斜出，或孤山挺立；山势环倚相济，岩崖怪妍相间；近处的山峰似悠悠离去，远处的山峰犹扑面而来……置身此景，颇有一种“会当临绝顶，一览众山小”的感慨，一股自豪感、成就感油然而生！尤其是文章字里行间渗透出的那种“蔽志而独决于一往”的独立探索，不畏艰险，奋发向上，不到达“天下辽远殊绝之境”决不罢休的精神，让读者颇受教益。可以说，这种精神也正是张裕钊一生为文习书、潜心治学活动的具体写照。

其《游狼山记》亦是写景名篇：

光绪二年秋八月，黎莼斋管榷务通州，余过焉。既望，与莼斋游于州南之狼山。山多古松桂，桧柏数百株。倚山为寺，寺错树间。最上为支云塔，危踞山巅，万景毕纳。迤下若萃景楼，及准提、福慧诸庵，亦绝幽夐。所至僧舍，房廊屈曲，左右苍翠环合，远绝尘境。侧身回瞩，江海荡天，近在户牖。隔江昭文、常熟诸山青出，林际蔚然。时秋般中，海气正白，怒涛西上，皓若素蜺，灭没隐见，余与莼斋顾而乐之。

狼山，淮扬以东雄特胜处也。江水自岷蜀径吴楚行万里，至是灏溔渺莽，与海合会。山川控引，界绝华戎。天地之所设险，王公以是慎固，古今豪杰志士之所睥睨而筹也。昔阮籍遭晋室之乱，作《咏怀诗》以见志。登广武山，叹悼时之无人。今余与莼斋幸值兹世，寇乱殄息，区内无事，蕃夷绝域，约结坚明，中外以恬熙相庆。深忧长计，复奚以为？

余又益槁枯朽钝，为时屏弃。独思遗外身世，捐去万事，徜徉于兹山之上，荫茂树而撷涧芳，临望山海，慨然凭吊千载之兴亡。左挟书册，右持酒杯，啸歌偃仰，以终其身。人世是非理乱，天地四时变移，眇若坠叶与飘风，于先生乎何有哉？归书而为之记。

光绪二年（1876 年），张裕钊的挚友、儿女亲家黎庶昌在通州（今江苏南通市）为官。而张裕钊此时正在南京凤池书院任教。他于同年八月前往通州，与黎庶昌同游了狼山，饱览了狼山风光如画的胜景，感慨颇多，归来后便写下了这篇为学人传颂的《游狼山记》。狼山，在江苏南通县之南，与常熟县的福山对峙，为海防重地。文章描绘狼山雄奇的景色和险要的地理形势，简明扼要，由近及远，层次分明，历历在目。在张裕钊的笔下，山青涛白，声色兼备，生动细腻，瑰丽如画。接着从景物折入形势，由游览之乐转为哀时之叹：国家多难，朝中无人；而那些有才匡时之人，又多屈抑不伸，只能徜徉于山水之间，带着壮志未酬的遗憾，终老其身。作者将写景、议论、抒情三者结合起来，有机地融为一体。最后，又借反语和故作旷达之语来表达其愤激之情，增强了文章的思想深度和感人效果。

其他如《游虞山记》《愚园雅集图记》《俟轩记》《代湘乡曾相国重修金山江天寺记》《金陵曾文正公祠修葺记》《祭杨慰农先生文》《外舅黄君墓表》《黄孺人墓志铭》《方府君家传》等，也都是人们称颂的写景、记事佳篇。

正是因为张裕钊的散文思力精深，写的是真情实感，又别具一格，故一直得到文界的推崇。张裕钊的挚友、古文大师吴汝纶推崇裕钊能“变而后大”，“独得于《史记》之谲怪”，虽“文气雄俊不及曾（国藩），而意思之恢诡，辞句之廉劲，亦能自成一家”①。

其挚友、外交家、古文家黎庶昌在其所编选的《续古文辞类纂》中亦认为，裕钊之文“渊雅超逸”，“论醇辞足，突过姚（鼐）、梅（曾亮）”。《湖北通志·人物志》中则称：“同光间，海内言古文者，并称张、吴，谓裕钊及桐城吴汝纶也。”②现当代著名学者张舜徽先生也指出：“裕钊与吴汝纶，并以能为古文辞，雄于晚清。吴之才健，而裕钊则以意度胜。文章尔雅，训辞深厚，非偶然也。”③故而，“裕钊之文，亦实足以传世行远”④。

第四节 张裕钊的诗歌创作

熟悉晚清文化史的人都知道，张裕钊既是曾国藩的得意门生（即“曾门四弟子”之一），为桐城—湘乡派的代表作家之一，是晚清文坛一位受人尊敬的古文大师；又是一位著名教育家，教书育人数十年，弟子遍天下，为社会培养了一大批栋梁之才；也是一位独具风格的书法大师，受到海内外书坛的一致推崇。但是，知道张裕钊还是一位颇有成就的诗人的人却很少。这是因为其诗作的数量相对较少，尤其是其诗名为其古文、教育和书法的名声所掩。

我们今天所能见到的张裕钊的诗歌作品，都收在王达敏先生校点的《张裕钊诗文集》（上海古籍出版社 2007 年版）中。张裕钊诗歌的最早刊本是他去世后的第二年，由他的挚友、亲家、“曾门四弟子”之一、曾两任驻日外交大臣的黎庶昌编刊的《濂亭遗诗》；后来又有武昌陶子麟的宣统二年庚戌（1910 年）刻本和文海出版社 1982 年出版的手稿影印本。诗集中共收录有张氏的诗歌作品 229 题计 275 首，是张氏自 31 岁至 71 岁 40 年间的作品。而 31 岁之前不见有作品存留，可见现存诗歌并不是张氏诗歌创作的全部。

张裕钊平时以教授学生、创作古文为主，感于某事或闲暇之时亦为诗。其论诗，“五律推施闰章，七律推姚鼐，七古推郑珍”，“唐、宋兼采，与

① 吴汝纶：《与姚仲实》，《中国近代文论选》，人民文学出版社 1959 年版，第 307 页。

② 《湖北通志》，民国十年（1921 年）版。

③ 张舜徽：《清人文集别录》卷十九，中华书局 1963 年版，第 528 页。

④ 孙雄：《廉亭文集八卷》（海宁查氏木渐斋刻本），《续修四库全书总目》第十二册，齐鲁书社 1996 年版，第 483 页。

乾（隆）、嘉（庆）间桐城古文家作诗专尚格调者不同”[①]；而他“于诗致力甚深”，且“自为诗，绝无率意之作”[②]。

就影响而言，张裕钊的诗歌远非其文可比；就其数量而言，也相对较少；但就其风格而言，张裕钊的诗歌与其散文则颇有相似之处。就其风格可将其诗歌作品分为两大类，其中一大类是那些写得沉郁悲愤的作品，按内容可分为以下几个方面。

其一，反对外来侵略，忧虑国事。张裕钊生活在中国社会发生剧烈变化的晚清时代，当时的清政府政治腐败，官场黑暗，其政权已经风雨飘摇，朝不保夕；而东、西方帝国主义列强凭借其坚船利炮，不断发动侵略战争，占领中国的领土，掠夺中国的财物，蹂躏中国的人民，中国已面临着亡国灭种的危险。像大多数正直的知识分子一样，在中华民族的存亡之际，张裕钊亦表现出强烈的爱国情感。请看他的诗：

> 一国真槐梦，孤怀共杞忧。惊心问朔徼，举目望神州。长夜何时旦，浮云忽变秋。山中芳杜若，岁暮可淹留。
>
> ——《奉酬姚慕庭丈（濬昌）见怀原韵二首》之二

> 昆仑高万一千里，旁开四百四十门。百怪蹲踌候指使，群仙出入看乾坤。西北辟启通扃钥，日月光明相吐吞。何物东方小竖子，偷从织锦问天孙。
>
> ——《昆仑》

从诗的字里行间，读者可明显地感受到诗人对当时边关有变、举国惊心，浮云蔽日、长夜难明，而朝野内外、文武百官却皆“槐梦”的社会现状十分忧虑，对处于水深火热、生死攸关的普通老百姓深表同情，而对那些胆敢前来侵犯我神圣国土（昆仑）的入侵者（小竖子）则表示了极大的愤慨和谴责。再如其《弱水》云：

> 弱水终难渡，神山不可求。熊螭多隐雾，蛟鳄尽乘秋。来日忧方大，诸公善自谋。独令阊阖上，旰食问共球。

早在19世纪80年代初，诗人就预见中国将会出现更大的危难，对未来的局势表现出深深的忧虑，并告诫那些居于“阊阖”中的“诸公”，一定要“旰

---

① 袁行云：《濂亭遗诗二卷》（光绪二十一年黎氏刻本），《清人诗集叙录》卷七十四，文化艺术出版社1994年版，第2576～2577页。

② 孙雄：《濂亭遗诗二卷》（光绪乙未秋遵义黎氏刊本），《续修四库全书总目》第十二册，齐鲁书社1996年版，第484页。

食问共球”而“善自谋”，早做准备，以免“来日忧”到来之时措手不及。我们再看其《秋夜》曰：

高秋霜气入岩扃，独坐深宵酒半醒。萧飒寒风鸣败叶，凄清微月度中庭。壮怀早读范滂传，晚学今耽小戴经。犹有忧时心未减，步檐遥看上台星。

诗人像其他许多仁人志士一样，自青壮年时期就心怀救国救民的抱负，只是造化弄人，愿望未能实现；每当想到此，心里就有说不出的辛酸和痛苦。如今虽已步入晚年，但忧时爱国之心犹未消减。吟咏至此，我们不能不对诗人表示由衷的赞叹。诗人这类的诗作在诗集中可说是俯拾皆是。

其二，对腐朽政治的不满，对黑暗官场的抨击。在帝国主义列强肆意掠夺和瓜分中国的时候，腐朽的清朝统治者对内残酷镇压黎民百姓的起义反抗，对外却腐败无能，屈膝投降，签订了一系列割地赔款、丧权辱国的不平等条约，致使国家积贫积弱，民不聊生。耳闻目睹这种衰败耻辱的现实，诗人激起满腔愤怒。如其《书感》曰：

诸公稔祸宁堪说，四十年来岁月迁。尽解藏身三窟固，岂知厝火一朝然。万事已逐江东逝，孤愤欲回天左旋。梗概书生今已矣，扁舟梦去五湖天。

诗人目睹在朝诸公对外敌不敢抵抗，对内乱无能解决，以致酿成清王朝由盛转衰、江河日下的灾祸；而在朝诸公都像狡兔经营三窟一样，采取各种方法来保全自己，殊不知放在柴堆下的火将是一个大隐患！自己虽然有一片孤忠，却无回天之力；无奈，只有幻想着像范蠡一样，泛游五湖而去。字里行间流露出极大的不满和无比的愤怒之情。再看其《孤愤》云：

议和议战国如狂，目论纷纷实可伤。万事总为浮伪败，一言无过得人强。尽焚刍狗收真效，宁要束蠡列众芳。独把《罪言》欹枕读，一声白雁泪千行。

中法战争爆发时，张裕钊已经进入老年。他对个人的显隐出处已看得很淡，而对自强运动的失败和国势的愈趋危急却越来越关心，因而，对国事的忧愤也就更加深重。在他看来，中国之败，是满朝文武虚应故事、办事缺乏实效所致；因为自己没有实力，所以是战是和都无法摆脱危局。每当看到如此情形，诗人就会内心悲痛，泪如雨下。于是，他特别希望当权者头脑清醒，“尽焚刍狗”、遍求“众芳”以“收真效”，使国家迅速强盛起来。真可谓是恨铁不成钢！再看其《罪言》写道：

竟触鲸牙捋虎须，咄哉此举谓良图。积薪不解先移突，发弩能禁后脱弧。岂有疗饥餐毒药，可怜从瞽问迷途。噬脐它日宁堪说，十万横磨一掷输。

1885年4—6月，中国军队在越南大败法军、节节胜利的情况下，李鸿章却代表清政府与法国驻华公使先后签订了《中法停战条件》与《中法会订越南条约十款》，不仅新增了一些特权，而且重申法国原来在中国所享有的各种特权继续有效。消息传来，张裕钊感慨万端，立即写了此诗，一连化用了曲突徙薪、问道于盲、噬脐莫及等几个成语，含蓄地批评、谴责清政府坚持妥协投降的主张，将全国将士用鲜血和生命换来的抗法胜利成果轻易断送；并强调指出，当权者只顾眼前利益，不从根本图治，无异于“疗饥餐毒药”和“从瞽问迷途”，必将招致帝国主义列强的更多欺凌。

其三，鄙视奸佞，厌恶小人。每当朝中有圣主出现，政治就清明，国力就强盛，社会就发达，百官就廉洁勤政，黎民百姓就安居乐业；而每当朝中出现昏君，政治就腐败，国力就衰弱，社会就黑暗，奸佞小人就得势当道，正直官员就遭受排挤，黎民百姓就会流离失所，历朝历代，无不如此。诗人生活的时代，也正是一个人妖颠倒的时代。请看他的《遣兴》：

奸雄恶少皆封侯，乡里小儿貂鼠裘。志士掉头颍水去，可怜浊酒涴清流。

在这首诗里，诗人揭露了晚清时期社会上的一种突出现象：那些游手好闲的“奸雄恶少”和“乡里小儿”都得到重用，身居要职；可那些勤于“王事”的仁人志士却遭到排挤，困厄下僚；每当此时，诗人就会为仁人志士的困苦遭遇而感叹。再看他的《崇秩》：

崇秩冠三辅，强宗压五陵。风雷生謦欬，燕雀尽迁腾。流水门前骑，明珠海外琛。一朝身死后，吊客有青蝇。

诗中叙述了那些居住在“三辅”地区（西汉时，将京都直辖的地区划分为三大块，分别由左内史、右内史和都尉治理）的高官显贵和那些围住在“五陵”（汉朝时，曾将豪门贵戚迁到五个皇帝陵墓的周围居住）的豪门贵族，“燕雀尽迁腾”，位居要津；他们在世时，声名显赫，趋奉者车水马龙，络绎不绝，家中收敛的海外的奇珍异宝无数；平时就是咳嗽一声，也会风雷震动。但他们一朝死去，就树倒猢狲散，只有那些绿头苍蝇前来作“吊客”了。诗中对那些位高权重、财大气粗的封建官僚的揭露可说是淋漓尽致、入木三分，其讽刺亦十分辛辣。

张裕钊去世前一年的冬天，也就是中日甲午战争的前夕，诗人期盼多年的统治者卧薪尝胆的局面仍然没有出现，国家仍然是“砥柱无人”，致使举国“士气孤”；朝堂之上仍然是小人得志，奸佞当道，致使举国“贪污成俗”，浮伪成风；当“国维”惊破，百官却束手无策；而且中华民族的更大灾难也将来临……看到这一切，诗人彻底失望了，只好伫立在傍晚的寒风里悲叹（《冬暝》，见《濂亭遗诗》卷二）：

晚风萧飒动寒芜，倚杖庭前一慨吁。屋角斜阳喧冻雀，枝头残雪立饥乌。贪污成俗国维破，砥柱无人士气孤。世事久经归袖手，年除聊复醉屠苏。

其四，感叹怀才不遇，呼吁爱惜人才。人才是国家兴旺发达的根本，凡是明君必重视人才，爱惜人才；凡是昏君必忽视人才，糟蹋人才。张裕钊深知人才对于国家的重要性，经常在诗中吟咏。如其《登高有感》写道：

兴亡历历阅千年，眼底青青六代山。南北推移随世重，安危盘错惜才难。钟幽寂寞栖何点，江左崎岖要谢安。一片斜阳下平楚，海云无际暮江寒。

诗中以东晋政治家谢安为例：他出身士族，少有才华，为王导赏识，辞官隐居东山（在浙江上虞），日与名士来往交游，屡召不出。年逾四十后，经大将军桓温推荐始出仕。他才华卓异，一心辅晋，不断升迁，至孝武帝时，官至宰相。时前秦强盛，攻陷梁、益、樊、邓等地（今陕西、四川、鄂西北一带）。为加强防御，他任命弟弟谢石和侄儿谢玄为将统军。太元八年（383 年），前秦军大举南下，朝野震恐。他让弟弟与侄儿出兵力拒，又出奇制胜，取得了淝水大捷；继又挥师北伐，挺进中原，收复洛阳及青、兖、徐、豫等州。他着重说明的是，六朝的兴盛和衰落，南北势力范围的推移和转换，都有赖人才，故发出了“惜才难”的感叹。再看他的《漂母祠》：

一饭淮阴市，千秋漂母祠。风尘余邂逅，容易识英奇。屠钓原多异，艰屯殊未涯。吁嗟市儿眼，尚不辨袁丝。

诗中用西汉“漂母进食”的典故，高度赞扬了漂母的异于常人、独具慧眼，能识“英奇”于潦倒困顿之时；感叹世道艰难，而无漂母那样的识英之人，致使人才被埋没；最后大声呼吁，当道者不要用“市儿眼”“不辨袁丝”，而要明白“屠钓原多异”的道理，善于识别和尊重人才。他是这样要求当道者的，他自己也是这样去做的：对于那些有才能的人，他都给予关爱，寄予厚望。如他的《赠刘生兆兰》写道：

积羽虽折轴，颗颐空而为。威凤露一毛，百鸟失光仪。刘生后来秀，卓荦压群儿。才锋剸貙虎，心胸蟠蛟螭。历历一千年，如身亲见之。淩纸光怪发，山海随奔驰。走也才日尽，读书困管窥。有如亡镞矢，欲射安所施。得子张一军，亦足起吾衰。吁嗟眼中人，悠悠谁与期。

刘兆兰，湖北武昌人，张裕钊的学生，家贫力学，于《史记》《汉书》特别用功，作文深得司马迁、班固义法。从诗中可以看出，张裕钊对他评价很高。诗的最后甚至说：如果得到刘生，可以张设一军，以振奋士气；在悠悠众生中，除了他之外，还能期望谁呢？语言诚挚，感情深厚，可见对他的期望之高。可惜的是，刘生因苦读致疾，三十二卒。再看其《赠方子白翊元》云：

嘉祐文章盛，苏曾并绝伦。瓌才冠宋代，奇宝出欧门。顾我真樗散，如君亦爨薪。感怀知己者，今古共酸辛。

诗的意思是说：苏轼和曾巩都出自欧阳修的门下，他俩才华“绝伦”“冠宋代”，使嘉祐的文坛大放异彩；可是，他们俩人都不被朝廷重用。再回过头来看看好友和自己，虽然也都出自曾国藩之门，但朝廷只是将他们当成臭椿树丢弃，当成薪材用来烧饭，使两个相同命运的人常常黯然神伤，感到有愧于“知己者”（曾国藩）。诗人用沉重的笔触，抒写了自己和好友怀才不遇的隐痛，这实际上也是对封建社会里统治阶级戕害人才的深刻揭露和批判。

其五，吟咏历史事件和人物，总结古今盛衰成败经验。张裕钊是一位忠君爱国的学者，博学多闻，常常将历史人物和历史事件入诗，以借古喻今，借史抒怀，希望能唤起当权者的觉醒，引以为戒。如其《宋徽宗画鹰》云：

老槎劲翮森崚嶒，缟素便作风棱棱。神锋俊爽何乃尔，知是宣和御画之雪鹰。生绡一幅悬粉壁，杉鸡竹兔俱凌兢。千年流传此遗物，我为摩挲喟且凭。忆昔琼林开广宴，龙翔池上水如练。承平终日洒宸翰，珍羽奇毛来四面。文禽天鹿鸑鷟雏，从臣环观叹且羡。一声白雁野鹰来，通津门外骑如雷。举族北行须臾事，三馆图籍如飞灰。五国城中风雪饕，平沙大漠苍鹰高。二十五载宫中乐，纥干山头冻杀雀。

诗中叙述宋徽宗赵佶擅长书画，尤工花鸟画。他即帝位后，昏庸无能，罢黜司马光、文彦博、章惇等新旧干臣，自己不理朝政，而将朝政委托给奸佞之臣蔡京、童贯等“六贼”主持。他和“六贼”滥增捐税，搜刮民脂民膏，供自己享用；又广收天下古物古画，奇石异宝，供自己鉴赏，致使国家破败不堪，民不聊生，终于激起方腊、宋江等人的起义。宣和七年（1125

年），女真贵族发动大规模的灭宋战争，他惧祸，匆匆将帝位传给儿子赵桓（即钦宗）。靖康二年（1127 年），汴京（今河南开封市）城破，他和钦宗赵桓及后妃、大臣被金兵所俘，驱赶押送至五国城（今黑龙江省依兰县），被折磨而死。徽宗的兴亡，可谓典型的荒淫误国。再如其《楚襄王》云：

大王风竟不能雄，嗽获真看一旦中。不见蜻蛉与黄雀，坐看鶀雁复鸧鹙。萧茅粪壤充帏用，纂组琦璜结饰工。愁绝他年江水上，皋兰被径落青枫。

诗中谓楚襄王是一位没有雄才大略的君王，可他又偏偏自以为了不起。在楚国兵弱财匮、民不聊生之际，他不听忠心耿耿、具有远见卓识的大臣庄辛的忠告，而是听信佞臣的妄说，欲重振合纵雄风，倡行“合纵伐秦”之策。随后，他又带着自己所宠的封君到处游说，高谈阔论，寻欢作乐，似乎“纵长”的位子已经唾手可得，哪知各诸侯国的反应冷淡。当他沉浸在合纵美梦中尚未醒来之时，秦国却已经开始调兵遣将，挥师郢都（楚国都城，在今湖北江陵北）了。此诗写于光绪八年壬午（1882 年），正是“中法战争”的前夕，其寓意颇深。再看其《读史》云：

摧秦首事独重瞳，未让龙髯仗狗功。遗庙千秋偏见毁，可怜成败论英雄。

诗中写秦朝末年先起事破秦的人是项羽，而不是刘邦；刘邦没有特异的才干，却依靠那些“功人”“功狗”的相助而成就了霸业；将项羽与刘邦相比较，项羽比刘邦功高业伟，留项羽遗庙于千秋，是适宜的；但是，自古以来，以成败论英雄，最终项羽的遗庙还是被毁了。这最后的“可怜成败论英雄”一句，可说是对失败的英雄项羽表示的极大肯定和同情，其中深意，颇耐人寻味。

张裕钊诗歌创作的另一大类是那些写得清新质朴的作品。每当诗人忘掉尘世的忧虑和烦恼，或投身于大自然的怀抱，或畅游在书海之中，或神思飞回故乡之时，诗歌的风格就为之一变。这一类作品主要表现了以下内容。

第一是吟咏山水田园，表现自然之美。诗人的这类作品，往往匠心独运，寓情于景，情景交融，美不胜收，使人耳目一新。请看他的《游北山》写道：

寻山不觉远，细路踏莓苔。流水一曲转，桃花无数开。淡烟何点宅，深树志公台。遥想幽岩际，高真傥可陪。

据光绪十一年乙酉（1885 年）重修之《武昌县志》记载，武昌县境内“宋以来就有金牛、马迹诸乡”，而马迹乡之得名是因为其境有马迹山——马迹山之得名则是因为其山“石上有双马迹”。马迹山中有寺庙，诗人少年时曾在这里读书学习；朝夕遥望山峰，只是没有登临过。清光绪二年丙子（1876 年）春天，诗人正在老家休假，难得有此闲暇，路程亦不太远，便决定在返回江宁凤池书院之前去游览北山，以了数十年之心愿。这一天，诗人沿着一条长满莓苔的小径，转过一弯清溪，穿过一片桃林，绕山而上，一路上风景优美，心情畅快。当登临山顶放眼四望，首先映入眼帘的，是那散落在山间的几户人家，竹树阴笼，轻烟袅袅，清幽寂静，好不惬意；这情形不禁让诗人联想起那位南朝齐、梁间著名隐士何点的住处来。再看它处，在深树丛林之中，寺宇隐约可见，想必那就是那位出尘脱俗的名僧志公和尚诵经修炼的去处了。最后诗人发出感叹：如果有机缘，自己也能来此陪志公和尚修身养性，享受自然之乐，那该多好啊！游览结束后，诗人抑制不住内心的激动，写了这首诗。诗中虽然也表现了诗人已不欲浮沉宦海，只求向学致知，做一个博学多才的学者的志趣；但全诗写得清新淡雅，质朴自然，有如一幅优美的风景画。

再看他的《樊港道中》写道：

泽国霜清农事稀，菰芦深处水禽飞。几家田舍溪头住，寒柳毵毵静掩扉。

这可说是诗人家乡（水乡）的一幅冬日风景图：泽国水乡，霜重风寒，农事稀少；茭白、芦苇深处，水鸟在那里自由飞栖；溪头水边居住着几家农户，长长的柳枝在寒风中飞舞，将静静的农舍门扉遮掩。诗人以素描的手法，寥寥几笔，就将家乡农舍的静谧之美和如花风光勾勒出来。从中既可看出诗人对家乡的挚爱之情，亦可见出他高超的写作技巧。再看其《雨霁》：

小雨霏微映落晖，桑阴罨霭麦苗肥。先生食饱倚门久，闲看村童骑犊归。

这也是一幅描绘雨后夕阳下的田园画：小雨霏霏，夕阳残照，桑树浓荫蔽日，渔网暮霭相映，麦苗青翠欲滴；先生饭后无事，长时间倚门而望，只见那些村童相继骑着牛犊从野外归来。诗人终日为国事、家事忧愁，难得有机会寻觅到故乡的这种闲适与散淡，从中亦可体会到诗人对家乡那种深深的依恋。

再看其《晚兴》写道：

夕照微明薄暮天，榜歌迢递起渔船。溪头宿鹭忽惊起，飞破平湖十里烟。

这是一首由衷赞美家乡美丽风光的小诗。虽然它只有短短四句，却用了“照”“薄”“迢递”“起”“宿”“惊起”“飞”“破”等八个动词来描绘平湖黄昏时候的动人景色，将夕阳、渔船、宿鹭和烟霭有机地编织成一幅秀美的平湖夕照图。诗人的高明之处更在于能将湖中的静景写得极其具有动感，动景中又有静景，动静结合；而景色中既有远景，又有近景，且能将远景与近景有机地融合在一起。整首诗写得十分欢快，语言既清新活泼，又质朴感人。

此外，张裕钊在南京生活了十多年，对古都的山水胜景非常喜爱，闲暇之时常去登临游赏，留下了不少诗篇，如《春日上谢公墩》《秋日江宁城临望》《台城》《登燕子矶》《晓发燕子矶》等，大多蕴含着诗人对金陵古城兴盛衰亡、岁月沧桑的思索与感叹。

第二是回忆故乡，表达思乡之情。诗人自青年时期始离开家乡，奔走四方，到处飘泊，达数十年之久，最后还客死西安，其间很少回故乡。但诗人无论走到哪里，无时无刻不在眷念着故乡，写有大量的思念故乡的诗歌。这些诗作，或描形，或写意，或轻描淡写，或浓墨重彩，充分地表达了游子对故乡的挚爱真情。如其《日日》云：

> 日日庭前数暮鸦，年年江上听秋笳。山风落后时过寺，篱菊开时最忆家。果熟欢声喧鸟雀，香残烟篆袅龙蛇。曲肱一觉藤床上，梦去樊溪挥钓车。

诗人远离亲人，独处异乡，孤寂苦闷，只好每天到房前去数那天黑归巢的乌鸦，年年去江边聆听那悲戚的“秋笳”之声。尤其是到了每年的秋天以后，当漫山的树叶纷纷飘落，瓜果飘香、菊花盛开之时，则是最思念家乡的时候。诗人思念故乡，却又有家难回，只好“梦去樊溪挥钓车”了。诗人采用烘托的写作手法，将思乡之情表现得十分强烈，读来感人肺腑，催人泪下。再如其《归思》云：

> 浩荡江湖送落晖，回头五十六年非。焦桐入爨丝弦绝，敝席悬门车辙稀。白眼瞻相万事改，青山迢递几时归。遥怜此日家园里，翠稻烟稠紫笋肥。

望着天际徐徐下沉的夕阳，回首五十六年来的是是非非，诗人无限感慨。他用“焦桐入爨”“敝席悬门”这样生动形象的比喻，准确地说明了游子在异乡闯荡拼搏的艰难处境。诗人生长在农村，熟悉田园，关心农事，每当此时此刻，最盼望的就是“青山迢递几时归”；而且仿佛已经看到了“家园里”“翠稻烟稠紫笋肥”的欢愉、美好景象。吟咏至此，怎不令读者心酸，并潸然泪下。

再看他的《夜霁》写道：

晚雨过高城，青天万里晴。端居恒不乐，骋望若为情？海气缠秋杀，乡心悬月明。清砧与画角，一并作秋声。

在一个寒气袭人的秋夜里，一场秋雨过后，又是晴空万里；而“端居”在异乡的诗人却“恒不乐”、坐卧不安，长久地眺望远方。这是为何呢？原来，秋天是最容易触动人乡情的季节，君可记得大诗人杜甫那句“万里悲秋常作客”的诗，可谓道尽了游子客居异乡的悲苦心情。随即，诗人用乡心、明月与海气、清砧、画角和秋声，也为我们勾画出了一幅“深秋望乡图”。尤其是“乡心悬月明”一句，平白如话，告诉人们：游子之心正如明月一样皎洁。此诗可说是充分地表达了游子对故乡的那种深深的依恋和热爱。

说到游子思乡，不能不提到张裕钊《春感》中“何处春风叫紫鹃，深宵愁剧不成眠。乡心与月同千里，客舍看花又一年”的这几句诗。诗中采用寓情于景、借景抒情的方法，运用“春风”“紫鹃”“深宵”“明月”“客舍”“鲜花”等景物的烘托，意境超脱，表现出强烈的思乡之情。尤其是“乡心与月同千里，客舍看花又一年”两句，语言洗炼，写得既含蓄、隽永，又深沉、平淡，堪称游子思乡诗中的名句。

第三是记录闲适生活，表明处世态度。张裕钊早年亦有功名，并走上了仕途；但很快就厌恶了官场那种整天无所事事、迎来送往、勾心斗角、尔虞我诈的生活，退出政界，走入书斋，从事学术研究、古文创作和教书授徒，并很快就成为闻名全国的学者、古文大家和教育家。尽管他远离故乡，长年客居异乡，到处奔波，但生活上还是比较安定闲适的，这从他自己所写的一些诗中也可以看出。如其《端居》云：

端居无一事，出户信悠悠。东去喜平旷，稻畦间芋畴。园丁引清淮，汇此澄塘幽。一泓虽无多，豁然清远眸。野人资灌溉，朝夕得所求。幽事抒情话，真朴难为侔。为我说种物，获芽及薭头。滕薛笋争长，子母瓜相钩。昨来一雨足，菌茁如浮沤。今朝乍放晴，鸣鸠复钩辀。闻此惬所遇，顿释心烦忧。我生故坦荡，畏从簪绂俦。多仪困缠缚，貌语强咿嚘。一曙解天弢，兹晨信有瘳。古来贤达人，往往沉林丘。跌荡从野老，傥遇东陵侯。

此诗作于同治十三年甲戌（1874 年），时诗人正在江宁的凤池书院任教。自从诗人摆脱了官场的那种迎来送往、装腔作势、人云亦云、阿谀奉承等令人头疼的生活之后，便决意效法那些具有真才实学的“古来贤达”，任其坦荡的个性，不问世事，隐居“林丘”，过一种自由自在、闲云野鹤式的生活。这首五言古体诗就充满了田园之乐。又如其《无题》云：

农家夏日最奔忙，偶趁清风追晚凉。夜月柳阴人未寝，村翁荒渺说隋唐。

此诗为诗人《无题》组诗五首中的第四首，写于光绪八年（1882年），时诗人已由南京回到家乡。在诗中，诗人为读者描绘了一幅农家安定闲适的生活画面：忙碌了一天的村民，吃过晚饭，拿着小板凳，踏着月光，汇集在柳树下，一边乘凉，一边听老翁演说隋唐故事。这是多么惬意的图景！再看其《即景》云：

即景少尘事，幽居日课然。惜花除毒蠚，芟竹纳凉蟾。雨过春治圃，香添昼卷帘。戒门谢车马，更欲数书签。

此诗亦作于同治十三年甲戌（1874年）。门前没有了喧闹的车马，居室里也没有了人来人往的尘事烦扰，每天有的只是琅琅的读书声，师生倾心的讨论、交流；课余时间则去园圃种种菜，除除草，浇浇花，修修枝。可以看出，诗人在这里过的完全是一种闲适恬淡的教学生活。

当然，诗人“幽居”期间并没有虚度光阴，每天除了教授学生之外，那就是自己“夜夜”苦读，或者奋笔著述。请看他的《遣意》（二首之一）写道：

此老身如一叶闲，萧然蓬户对青山。书声夜夜青灯里，帽影秋原落照间。更肯寻方乌白发，有时得酒赭苍颜。惜哉生后渊明叟，不及披衣共往还。

此诗作于光绪七年辛巳（1881年），也是诗人在江宁凤池书院教学的最后一年。这一年诗人58岁，已是满头白发、面容苍老之人，仍然是“书声夜夜青灯里”，可见多么勤奋刻苦。只是让他感到惋惜的是自己晚出生于陶渊明一千多年，没有机缘与其交往、饮酒唱和。由此看来，诗人一直是将陶渊明当作自己的楷模的。再看他的《偶题》：

渊明五言贫更澹，放翁七绝老逾清。闲来试取一编读，何异鱼山听梵音。

诗人非常喜欢陶渊明的五言古体诗和陆游的七言绝句，并认为它们逾到后来逾臻炉火纯青之境；每当闲暇之时，捧读其诗，就像是在鱼山聆听那清纯淡远的梵音。从这里一方面可以看到诗人闲适的生活状态，另一方面也可以看出陶渊明、陆游对诗人的影响。

不过，我们也应看到，除了这种闲适、平淡和安宁的生活之外，诗人亦颇多凄凉孤苦和寂寞的时候。如其《野望》写道：

落木千山夕照边，高秋广野正萧然。苍鹰可是无拘束，快意孤飞上九天。

诗人虽写了苍鹰的高飞，然而其背景却是：辽阔的荒野，无边的落木，远沉的夕阳，满目的萧杀之气；苍鹰高飞，看似无拘无束，但却是“孤飞”，因而，这种“快意”只能是无可奈何的了。再如其《夜》云：

风吹庭树飒萧萧，深夜谁同伴寂寥？一点青灯闲凭几，静听残雨滴芭蕉。

这里展现在读者面前的是一幅凄清的画面：夜深了，庭院里狂风呼啸，树枝飞舞；室内一盏青灯跳跃不停，一位老人呆呆地坐在书桌旁，静静地听着窗外的残雨滴落在芭蕉上的声音。这是多么孤苦凄凉的境况啊！反映诗人类似境况的诗作尚有《深夜对月作》《饮酒》《晚步》《偶书》《月夜江行》等。

第五节　张裕钊诗歌的艺术特点

张裕钊诗歌创作的内容如前所述。从张裕钊诗歌创作的整体情况来看，在艺术上表现出如下一些突出特点。

首先是诗体丰富多彩。张裕钊留给后人的诗歌作品共有229题计275首，其中有五言古体诗68首，七言古体诗24首，五言律诗45首，七言律诗75首，五言绝句17首，七言绝句46首。考察中国古代的诗人，一般只擅长某一种诗体，多的也就三四种，像张裕钊这样众体皆善的诗人，不太多见。而在各种诗体中，诗人用力较多、数量亦较多的是五言、七言古体诗和五言、七言律诗。这是因为这些诗体的篇幅相对较长，容量较大，便于表现那些内容丰富的事件、人物以及复杂的思想感情。像五言、七言绝句体，尤其是五言绝句体相对较短，容量有限，选择运用也就相对较少。不过，诗人在实际创作过程中，往往是根据所要表达的内容来选择诗体的，达到了充分发挥各种诗体长处的目的。有些时候，为表达作品内容和思想感情的需要，诗人还对诗体进行探索改造，将多种诗体有机地融合起来，如其《放歌行》：

今日忽不乐，杖策登南山。灌木翳广谷，荆榛蔽平原。羲轩尧禹尽尘土，伯翳庭坚不可攀。翘首东南西北望，但见昔时丘与坟。前有万万古，后有千亿年，我生胡独于此间？苍天苍天高高上无极，使我心悲抑塞侘傺不能言。

此诗每句既有五言，又有七言；既有九言，又有十一言。就诗体而言，既有五古，又有七古，还有杂言体。诗人将这几种诗体有机地融合在一起，使得诗的句式长短错落，富于变化，生动活泼，形成了一种雄奇奔放的风格。

其次是主导风格突出。张裕钊诗歌作品的数量虽不算多，但其风格可谓各种各样，丰富多彩：有的雄奇奔放，有的高古直率，有的沉健悲愤，有的清新秀丽，有的闲适恬静，有的澹远凄苦。尽管如此，其整体创作还是以沉郁悲愤的风格为主导，而以清新质朴的风格为辅，这在张氏的诗歌创作中是非常明显的。出现这种情况，是与张裕钊个人的人生经历和思想发展历程分不开的：入仕前，张裕钊像中国封建社会里那些正直知识分子一样，具有远大的理想和抱负，希望凭着自己的才华，走上仕途，并一步步迁升，出将入相，干出一番大事业，以“兼济天下”；入仕后，置身官场，发现现实与理想的差距竟是如此之大，他感到矛盾、彷徨、痛苦；退出官场走进书斋后，生计艰难，他又心中不平、不满，甚至愤怒，感慨颇多；经过几十年的磨砺，他终于取得了多方面的突出成就，成为当时著名的学者、古文家、教育家和书法家，受到社会各界的尊重，也受到当权者的重视，家庭生活也比较富裕、安定、闲适，自然可以“独善其身”了。这些人生经历和思想发展历程在诗人的作品中都有反映，前文已有专门论述，这里不再赘述。

再次是以文入诗。以文入诗始于西晋的傅咸，他曾经将《论语》《孝经》《左传》《毛诗》等经典中的成句集录成诗，开集文为诗的先河。至唐代的韩愈，对这种做法进行了创造性的发展，集以文入诗之大成。此后历朝历代的诗人多有继承，并形成了一种传统和方法。这种方法的长处在于使诗歌的内容浅显易懂，晓畅明白。张裕钊善于继承前人的优良传统，在不少诗作中采用了这种方法。如前举之《罪言》一诗中就一连化用了曲突徙薪、问道于盲、噬脐莫及等几个成语。成语一经化用，其诗形象更加鲜明，语言更加含蓄，感情更加强烈。又如其《拟古五首》（五首之五）中的“西方尽白马，东方青駹马，北方乌骊马，南方尽骍马”，就连用了《汉书·匈奴传》中的成句。采用这种写作方法，不仅使诗句通俗流畅，而且能使诗的内容浅近明白。再如前举之《放歌行》中的“今日忽不乐，杖策登南山”和“翘首东南西北望，但见昔时丘与坟。前有万万古，后有千亿年，我生胡独于此间”等诗句，可谓明白如话。将这些诗句写进诗中，无疑给原诗增加了亮色，使本来古奥艰涩的古体诗出现了生动活泼的气象。

此外是用典工巧。用典是诗文的写作技巧之一，用典巧妙，可以丰富作品的内涵，触发读者的联想，增强作品的表达效果。所以，中国的古代作家、诗人都喜欢在自己的作品中运用典故。张裕钊是一位学者，精通经史，学识渊博，又博闻强记，对史事典故如数家珍，遇事感触，便信手拈来，贴切自然。张裕钊写作诗文不仅喜欢用典，也善于用典，且用典的数量较多、频率较高。请看他的《子房》：

垓下归来万户封，子房奇伟孰追踪。少游圯上逢黄石，晚弃人间慕赤松。堪叹韩彭空走狗，可能潜见测神龙。功成不退徒遗恨，徒跣犹怜相国恭。

这首七言律诗，八句诗就用了七个典故：其中的“垓下”（今安徽省灵璧县南）是指秦末刘邦与项羽的最后决战，终于大败项羽。“万户侯”是指汉朝建立后，刘邦大封功臣，张良被封为留侯。“黄石”是指秦朝末年，秦灭韩后，张良（韩国贵族）结交刺客，在博浪沙（今河南省原阳县东南）谋刺秦始皇未遂，乃改名换姓，亡匿下邳（今江苏省邳县西南），遇黄石公，得《太公兵法》；公元前 208 年，聚众归刘邦，成为刘邦的重要谋士；楚汉战争时，刘邦用其计，连接英布、彭越、韩信，最终打败项羽。“赤松”（又称“赤松子”）是神话传说中的仙人，为神农的雨师，居于昆仑山；张良功成后，愿意放弃人间事，而从赤松子游。“韩彭”是指韩信和彭越，他俩都是帮助刘邦兴汉灭楚的有功之臣，最终被刘邦杀害；韩信临死之时感叹道：“果如人言，‘狡兔死，走狗烹。高鸟尽，良弓藏。敌国破，谋臣亡。’天下已定，我固当烹。”“神龙”是指刘邦，《史记·本纪》曾说他是感神龙而生。“徒跣”即赤脚步行，一般表示敬意；《史记·萧相国世家》载：“是日，使使持节赦出萧相国。相国年老，素恭谨，徒跣谢。”这首诗运用一系列典故，十分妥贴、自然地表现了张良在灭楚兴汉中的功绩和他颇识时务、功成身退的明智之举，意蕴深长。

再如他的《读史》：“摧秦首事独重瞳，未让龙髯仗狗功。遗庙千秋偏见毁，可怜成败论英雄。”这首七绝在短短的四句诗中就用了“重瞳”“狗功”“遗庙”等三个典故，通过这些典故将项羽和刘邦进行比较，说明了一个颠扑不破的真理——自古以来的中国历史，并不看谁的功劳大，而是以成败论英雄。字里行间对失败的英雄项羽表示了极大的肯定和同情，其中深意，颇耐人寻味。又如其《百年》：

百年伊洛此其戎，辛有谁今擅达聪？万事悠悠无可说，一心耿耿有谁同。乾坤不奈天胡醉，今古宁闻日再中。千载乘除尽如此，湘累枉用悲回风。

此诗写于光绪八年壬午（1882 年）。诗人已于去年秋天辞去江宁凤池书院讲席，回到鄂省，与杨守敬、范肯堂编撰《湖北通志》。诗中的大意是说：只要皇帝昏庸不纳忠贤之谏，国家就不可能兴盛，必然走向灭亡，千百年来的王朝更迭都是这样；屈原写下《悲回风》，然后投江自沉也是枉然；我张裕钊还有什么可说的呢，但耿耿忠心则与屈原是一样的。诗中用屈原的典故来表达自己的愤慨，生动形象，感人至深。诗人写作此诗之时，正值“中法战争”的前夕，其寓意颇深。其他诗篇用典较多的尚有《游北山》《咏史》《步李佛生见赠原韵》《雪夜课经图为方生宝彝题》《赠朱生铭盘》《拟古五首》《读鬼谷子》等，此处不再多说。

总之，张裕钊的诗歌创作，虽然数量不多，但内容比较丰富，题材比较广泛，而且形式多样，众体兼备，风格突出，成就颇高，故学人称赞其诗“风格遒上，合唐宋而兼容，要不失诗家正轨”①。因此，张裕钊的诗歌创作及其成就，应该受到学界与学人的重视，也应该在文学史上尤其是在中国近代文学史上占据应有的位置。

① 徐世昌:《晚晴簃诗汇》卷一四七，天津徐世昌退耕堂民国十八年（1929 年）刊本，第 23 页。

第四章　中晚唐诗派的代表诗人——樊增祥

清末重臣、洋务派主要领袖之一张之洞出任湖广总督期间（1889—1894年，1896—1902年），在武昌创办了两湖书院，一大批文人学士聚集麾下，并受其政治思想与文学思想的影响，教学、议政之余，常常相互切磋，唱和赠答，逐渐形成了一个以张之洞为领袖的影响颇大的近代拟古诗歌流派——中晚唐诗派（亦称“晚唐诗派”或“唐宋兼采派”）。在这个诗派中，影响最大、最有代表性的诗人无疑是樊增祥。

第一节　樊增祥的生平与著述

樊增祥（1846—1931），原名樊嘉，又名樊增；字嘉父，一字云山；号云门，亦号樊山，又号天琴、茗楼；别署天琴居士、身云居士、樊山居士、东溪居士、武威樊嘉等；晚号鲽翁，自署天琴老人、天琴道人、鹅溪老渔等。室名“东溪草堂”“身云阁”“晚晴轩”“琴天阁”“五十麝斋”等。湖北省恩施市六角亭西正街梓潼巷人。

樊氏源出四川三台县（今绵阳市三台县），后迁至甘肃武威（别称“雍州”“凉州”“侠州”“雍都”），高祖东麓公樊继祖，清军副将。嘉庆元年丙辰（1796年）奉调至鄂西镇压白莲教起义军。事平，调任施南协副将。他见恩施山清水秀，而居民淳朴，决意落籍恩施。于是，其子孙遂入恩施县籍。樊氏祖上七世皆因武功而显名。其父樊燮（1813—1881），字子重，号鉴亭，承袭一等轻车都尉，累官至湖南永州镇总兵，署理常德提督。

樊增祥天资聪慧颖悟，美姿容，四岁时即由母亲徐氏自课启蒙，七岁诵唐诗、能作对，九岁始入塾，入塾前已能诵诗词千首。平日又勤奋好学，精思博览，十一岁就通声律、能填词，十三岁明经义，十六岁则擅诗能文，名满乡里，乡人称为“神童”。

樊燮虽然是一位地位颇高的总兵官（正二品官阶），读书却不多，又嗜酒贪财。咸丰八年戊午（1858年），因嗜酒误事，湖南巡抚骆秉章将弹劾他；樊燮立即前往长沙活动、疏通，无意中得罪了骆巡抚的师爷、大名鼎鼎的举人左宗棠，竟遭到羞辱谩骂，最终还被弹劾丢官归家。樊燮耿耿于怀，告诫两个儿子说：“一举人尚如此，武将且可为耶？汝不发愤得科第，非吾子也！”随后在庭院中建了一座两层的读书楼，并在楼前立了一块特制的“洗辱牌”，上写着昔日左宗棠骂他的“王八蛋，滚出去”六个大字，将两个儿子关在楼里，聘名师教读，不准下楼嬉戏玩耍；他则坐在斋中督课。他又让儿子穿上女人的衣服，并立下家规：“考秀才进学，脱外女服；乡试中举，脱内女服；考取进士，焚洗辱牌，告先人以无罪。”每月初一、十五必带其二子跪拜祖先神位，在洗辱牌前发誓。此事对小增祥刺激很大，曾在读书楼的墙壁上写下“左宗棠可杀”五个稚嫩的大字。增祥的兄长增褀“学问切实，高于樊山”，时人皆惜其早逝（1870 年卒）；他则不负父亲所望，将对左宗棠的刻骨仇恨埋藏在心底，发奋苦读，学业日益精进，后来终于如愿以偿，鱼跃龙门，中进士，点翰林，走上仕途，成就了一番事业①。

樊燮丢了饭碗，没有了经济来源，一大家人坐吃山空，原来的一些积蓄慢慢都补贴光了，家里生活越来越困窘，靠典当维持生计。为了一家人的生计，全家人不得不于咸丰十一年辛酉（1861 年）迁徙到宜昌（樊燮曾担任过宜昌府中营游击），投靠亲友。

同治六年丁卯（1867 年），樊增祥第二次赴省城武昌参加乡试，被录取为举人，给贫困的家庭带来了一线希望。樊增祥非常懂事，他一边在家准备赴京考试，还一边“为人司书记，博菽水资”②，以补贴家用。

同治九年庚午（1870 年），时任湖北学政的张之洞视学宜昌，奇其诗文，便将其招致幕府办理文案。不久又推荐他为潜江传经书院山长。

樊增祥在潜江三年，跟学生建立了深厚的感情。他爱书成癖，但又无钱购买，便经常去城里万家（曹禺的叔高祖万芾）借书；城西还有一处私人读书之所，是道光十九年己亥（1839 年）举人吴述洵所建的“丛桂山房”，樊增祥则是这里的常客。在教学、读书之余，他又时常游览境内山川名胜，对潜江的民俗风情、文化等情况十分谙熟；有时也与学生对弈、品茶、相互唱和。生活上则十分清贫、节俭，“每日薪蔬不过三十钱，性不食肉，食或不托数枚，或汤饼一器，取诸市肆，并爨火省焉”，其余全部交给母亲

---

① 事见刘成禺著，钱实甫点校：《左宗棠与樊云门》，《世载堂杂忆》，中华书局 1960 年版，第 44～46 页。

② 余诚格：《樊樊山集·叙》，《樊樊山诗集》附录二，上海古籍出版社 2004 年版。

安排家用。

此后，他又转主江陵讲席，继续过着边教书、边入京应试的生活；仍然“日夕肆力于古，所为诗文草稿，岁尝逾寸”；而“自汉及今名篇俊句，手所甄录者，不下数十卷”①。

光绪三年丁丑（1877 年），32 岁的樊增祥再次参加会试，终于考中进士，并被考选为庶吉士②。樊家曾在恩施、宜昌两地迎宾宴客 3 天，并当众烧毁了洗辱牌。樊增祥在翰林院为庶吉士期间，同时至张之洞家教馆。张之洞成为其官场导师和后台；不仅为他指点治学门径，又劝导他不要专攻辞章之学，要做经世之学；教导他如何在社会中立足，并引导他走上仕途。在此期间，因张之洞的关系（张氏曾于 1867 年典试浙江，选拔到一批俊彦），樊增祥结识了不少浙江的名流，对李慈铭、谭献甚为佩服，遂拜他们为师；又与皇室宗亲盛昱、宝廷等文坛名流往来密切；还时常与张之洞、李慈铭、陶子珍、袁爽秋等师友应酬唱和。

光绪五年己卯（1879 年）冬散馆③，樊增祥以知县分发至陕西，并历任陕西宜川、咸宁（今西安）、富平、长安、渭南等县知县。执政期间，劳形案牍，掌笺幕府，身先群吏，“于民事悉心体验”（《二家词钞·跋》，见《樊樊山诗集》第 1753 页），颇有政声；并以其作风果断、才能出众受到各方面的好评。而其“所为判辞，庄谐并茂，敏妙中窍，远近争传诵，脍炙人口。其公牍尤有名，法家咸奉为圭臬”④。闲暇时间，亦结兴篇章，怡情书画。

光绪二十五年己亥（1899 年）二月，因朝野大臣交章荐举，樊增祥应召赴京，命其以道府衔参武卫军荣禄幕府，甚受荣禄倚重。次年五月，八国联军在大沽口登陆，进逼津京，形势危急；樊增祥经荣禄密奏慈禧，力请移避长安。随即奉密旨赶回长安与端方等筹划“迎銮”，此后的仕途也一帆风顺。因护驾有功，于同年十二月擢升皖北兵备道，着留“行在”办事，充

① 余诚格:《樊樊山集·叙》,《樊樊山诗集》附录二,上海古籍出版社 2004 年版。

② 庶吉士:通称“庶常”。按明清代科举制度,国家为储备人才,在翰林院设“庶常馆”,每科会试结束,选进士之优于文学、书法者若干,入馆学习(三年),称为“庶吉士”。

③ 庶吉士在翰林院庶常馆学习三年期满,经统一考试,成绩优良者分别授以翰林院编修、检讨等官职,其余分授各部主事等职,或以知县优先委用,称为“散馆”。

④ 王森然:《樊增祥先生评传》,《近代名家评传》(二集),生活·读书·新知三联书店 1998 年版,第 1 页。

政务处提调，负责处理军机政务，得近中枢。其时的不少诏书，如《罪己》《变法》等，皆出其手。光绪二十七年辛丑（1901 年）六月，升任陕西按察使，仍兼任政务处提调；同年八月，慈禧太后回京前又调署陕西布政使。两年后（1903 年）调任浙江按察使，赴任途中仍改任陕西按察使、署理陕西布政使。

光绪三十年甲辰（1904 年）十一月，朝廷实授樊增祥为陕西布政使。光绪三十二年丙午（1906 年）十月，因为陕甘总督升允的弹劾，樊增祥被朝廷免职。

光绪三十四年戊申（1908 年）六月，因查办“贻谷案”有功，又经鹿传霖、张之洞、端方等朝野重臣、疆吏的极力荐举，而慈禧太后对樊增祥还印象颇深，故樊增祥得以重新起用，开复江宁布政使。

宣统二年庚戌（1910 年），原两江总督端方移督直隶，朝命樊增祥护理（即“代理”）两江总督。

宣统三年辛亥（1911 年）九月，樊增祥见大势已去，遂弃官逃居沪上，以遗老自居，专心著述。曾与陈三立、沈瑜庆、沈曾植、缪荃孙、吴庆坻、周树模、左绍佐、王仁东、吴士鉴等遗老们组织诗社——“超社”（即“超然吟社”），诗酒唱和。湖北军政府曾邀请他回鄂担任民政长，固辞不就。

袁世凯窃取中华民国大总统职位后，樊难耐寂寞与诱惑，于 1914 年底应邀北上，寓居北京，出任总统府顾问、参政院参政、清史馆总纂等职，“日从袁克文赋诗征歌，或偕易顺鼎等观剧”，往来密切①。黎元洪继任，樊职务被解除，闲居北京，与周树模、左绍佐过从甚密，以诗酒自娱，号“楚中三老”。徐世昌任大总统后，以文友之谊，每月向樊致送津贴。

晚年，樊增祥失去经济来源，生计困窘，时常依靠鬻书、出卖书画或友朋周济为生。其间，曾为京剧表演艺术家梅兰芳演出的《霸王别姬》《贵妃醉酒》《洛神》等京剧修改、润色，使其道白与唱词颇富文采，为梅兰芳形成自己独特的艺术风格助了一臂之力。

樊增祥喜欢收藏，数十年不辍，建藏书楼名“樊园”“天琴楼”，藏书 20 余万卷；又收藏有书画、碑帖十余巨簏，“关内目为收藏家”②。

---

① 王森然：《樊增祥先生评传》，《近代名家评传》（二集），生活·读书·新知三联书店 1998 年版，第 2 页。

② 余诚格：《樊樊山集·叙》，《樊樊山诗集》附录二，上海古籍出版社 2004 年版。

樊增祥自幼聪慧刻苦，博学强识，擅长诗、词、古文、骈体；犹工诗，其师张之洞就说过：樊增祥的文学创作，“诗第一，文次之，词又次之”①。其诗早年与李慈铭、陶子珍齐名，时称“李樊”“陶樊”；中年又与袁昶齐名，时称“袁樊”。而在清末民初的诗坛上，樊增祥与易顺鼎并角两雄，世称“樊易”，为中晚唐诗派的代表诗人。王森然在《樊增祥先生评传》中说：“其诗清妙宛达，无不尽之怀；骈文足窥四杰，散文才气充沛。文采风流，照耀天下，为近代最富盛名之文人。”②其创作数量之巨，今已难确定，大约骈体、古文在百万字以上，诗词则在二万首以上，生前即有“诗翁”之誉③；以致去世后，好友欲整理其遗著，不得不感叹：“（其诗）多至二万首，无法整理，可为太息。”④

樊增祥亦擅书法，且造诣颇深，而以楷书和行书最为人称道，“楷书笔道丰实，用笔沉稳，结字颀长妍美，其表现风格可归于道美一类”⑤。

樊增祥平生勤奋，笔耕不辍，且高产，著述丰富，有诗集《云门初集》《北游集》《东归集》《涉江集》《金台集》《西征集》《关中集》等50余种，另有词集《东溪草堂词》二卷、《双红豆馆词赓》一卷、《弄珠词》一卷、《五十麝斋词赓》三卷、《樊山公牍》三卷、《樊山批判》十四卷等，皆收入《樊山全集》。今人编校有《樊樊山诗集》⑥。

第二节　樊增祥早、中期的诗歌创作

樊增祥早年即有文名，游京师，拜张之洞、李慈铭为师，甚为其师所赏识。为诗初学袁枚与赵翼，后学中晚唐，宗尚温庭筠、李商隐，继而上溯刘禹锡、白居易，晚年则趋向宋诗。用他自己的话来说就是：“余三十以前颇嗜温、李，下逮《西昆》，即《凝雨集》《香草笺》亦所不薄。闲情绮

---

① 钱海岳:《樊樊山方伯事状》引张之洞语,《樊樊山诗集》附录二《序跋传记资料选辑》,上海古籍出版社2004年版,第2053页。

② 王森然:《近代名家评传》,生活·读书·新知三联书店1998年版,第2页。

③ 王森然:《近代名家评传》,生活·读书·新知三联书店1998年版,第11页。

④ 张寅彭等:《民国诗话丛编》(第2册),上海书店2002年版,第268页。

⑤ 王新迎:《浅析民国时期晚清遗民在京社交活动——从樊增祥晚年的一件书法作品说起》,《博物院》2019年第2期;又见章用秀《民国书法鉴藏录》,上海远东出版社2013年版,第86页。

⑥ 涂晓马、陈宇俊校点:《樊樊山诗集》(上、中、下),上海古籍出版社2004年版。

语，传唱旗亭，化身亿千，寓言什九，别为一册，如古人外集之例，附于诸集之后，曰《染香集》，殿焉。此《樊山诗集》初刻也。”①

樊氏“论诗以清新博丽为主，工于隶事，巧于裁对”，“尤自负其艳体之作，谓可方驾冬郎（韩偓）”②。他明确指出：“人所处之境，有台阁，有山林，有愉乐，有忧愤”；而应于“古人千百家之作，浓淡、平奇、洪纤、华朴、庄谐、敛肆、夷险、巧拙，一一兼收并蓄”，“合千百人之诗以成吾一家之诗”③；强调不拘于一家，必须博采众长，转益多师，而后自成面目。又主张“略取蜀姜生辣意，定须越纸熟槌功。今当万事求新日，故纸陈言要扫空”④，写诗不仅要清新，而且要随着时代的发展而变化。诗人认为，诗歌创作必须“有功夫，有阅历，无是非”，以致“于吏事文艺，皆由深思力学以底于熟，故能以吟啸自娱，而不妨公事”，要求写诗要熟悉所写对象，“作吏一如作文，不为高奇深刻，但取行吾之意，亦能如乎人人之意而止。其大要不过一熟字”⑤，从而做到水到渠成，自然清切。

樊山酷爱诗歌，又非常勤奋，“生平以诗为茶饭，无日不作，无地不作”⑥，诗作多至二万余首，而七律居其七八。其中以吟咏风雨山石、歌赋春花秋月为主，以对仗用事为能，内容贫乏，可取者不是太多。

对于樊增祥的诗歌成就，清末民初时就颇有争议；尤其是新中国建立以后，对其评价一直不是太高。虽然樊增祥中后期尤其是后期写过很多次韵、叠韵诗和艳体诗，颇有些卖弄才学、游戏人生的味道，为不少进步诗人所诟病，但是在他的早中期，由于家庭的变故、个人的丰富阅历、官场恶习侵入较少、民族危机逐渐加深以及时代进步思潮的影响，他也写过不少现实性较强、较有价值的作品。像他的少数送友惜别的诗就写得颇有特色。如《八月六日过灞桥口占》（亦题作《灞桥旅店题壁》，见《樊樊山诗集》第180页）：

---

① 樊增祥：《樊山诗集·自叙》，光绪十九年（1893年）恩施樊氏渭南县署刻本。

② 陈衍：《石遗室诗话》卷一，辽宁教育出版社1998年版，第11页。

③ 樊增祥：《天放楼诗续钞·序》，转引自涂晓马、陈宇俊：《樊樊山诗集·前言》，上海古籍出版社2004年版，第8页。

④ 樊增祥：《余论诗专取清新，以为近作者虽多，于诗道固未尽也，赋此示皶传午诒》，转引自涂晓马、陈宇俊：《樊樊山诗集·前言》，上海古籍出版社2004年版，第10页。

⑤ 樊增祥：《二家诗钞·跋》，转引自涂晓马、陈宇俊：《樊樊山诗集·前言》，上海古籍出版社2004年版，第10页。

⑥ 陈衍：《近代诗钞·樊增祥》，商务印书馆1923年排印本。

柳色黄于陌上尘，秋来长是翠眉颦。一弯月更黄于柳，愁煞桥南系马人。

灞桥，在今西安市东二十里）（合1千米），横跨灞水之上。唐时送客，多至此折柳赠别。此诗大约作于诗人为官陕西期间。它叙写于北方风沙避空、月光暗淡的深秋之夜与友惜别的情景：尘黄、柳黄、月也黄，柳愁、月愁、人更愁，刻画尽情，形象自然；而全诗通过摹写眼前的景色，抒发了其悲秋的感伤情怀，可谓韵味深长，给人一种苍凉悠远的感觉。难怪谭嗣同在《论艺绝句》的自注中要说：“新乐府，工者代不数篇。盖取声繁促而情易径直，命意深曲而辞或啴缓，二难莫并，何以称世……往见灞桥旅壁，尘封俨然，若有墨迹，拂拭谛辨，其辞云云。读竟狂喜，以为新见新乐府，斯为第一，而末未署名，不知谁氏，至今恨恨。”①此诗实出于《樊山集》中。再看他的《八月朔日送客天宁寺晚归有作》云：

送客城南寺，嘉辰此盍簪。傍花寻井脉，酌酒对藤阴。紫翠诸峰色，阑干万里心。残阳和晚磬，天际互光音。

天宁寺，在今北京宣武区广安门外，始建于北魏，今寺为清代重修。这里所写的是一首于农历八月初一日在北京天宁寺送别的五言律诗。全诗色彩瑰丽，不仅远近画面错落有致，而且声色互动，傍晚之景与送别心情水乳交融，自成意境，可称得上是送别诗中的佳作。

诗人在潜江传经书院曾教过三年书，同那里的学生建立了深厚的感情。他曾写过一首《潜江讲舍题壁》：“废院经时长绿苔，两斋寂寞野花开。琴书草草成流寓，词赋寥寥想异才。板屋秋风人独痦，草堂春雨燕重来。依然郢树青如荠，一日离肠定几回。”诗中描写了他在潜江传经书院艰苦的教书生活，并表达了他对学生们今后能学有所成、成人成才的殷切希望。临别之际，他写下了一组五言古体诗《别甘生索生》（四首），表达了师生间难舍难分的离别之情。甘生和索生是诗人在传经书院的两位得意弟子。甘生（即甘树椿）“长我几五岁，相从问奇字”，因“好读书”，特别珍惜学习机会，也十分勤奋刻苦，故“万事坐捐弃”，希望能够获得功名；樊增祥对他的举子之业也寄予厚望：“鞲鹰息六翮，岂忘凌霄志？”但甘生最终并没有取得功名，而让他获得科举荣耀的，是十几年后他的次子甘云鹏中举人、成进士，他则因子贵父荣，被朝廷诏封为“通议大夫”——这是后话。

① 谭嗣同:《论艺绝句六篇》自注，舒芜等编:《中国近代文论选》(上)，人民文学出版社1981年版，第168页。

索生（即索云舫）家中贫苦，生活清贫，却志向高洁，不务虚名，刻苦向学，常常陪伴樊增祥学习讨论至深夜，樊增祥曾写有《秋夜同索生品茶》一诗，可见一斑。而现在即将分别，因而对他非常挂念："今兹舍汝归，我思将焉置。"临别的前夜，樊增祥与甘生和索生"炳烛黯相对，无言坐达晨"。临别之时："临当渡河水，一再为鼓琴。琴心一何悲，流水一何深！庶几千里违，犹闻弦上音。"在这里，诗人将师生之间那种依依惜别时的感伤，可说是表达得淋漓尽致。

樊增祥有些描写人物的小诗也极有特色。如其《采茶词二首》：

云鬓金钗出左家，清明随分看桃花。谁知螺钿溪边女，一月蓬头自采茶。

分龙雨小不成丝，晏坐斋中试茗旗。虞燕出巢蚕上簇，山家又过炒青时。

这两首小诗所写内容其实很简单、很单一，但诗人的写作方法却很高明：对人物只是轻描淡写地带过，而重在描写盛开的桃花、潺潺的流水、丝丝的细雨、叽叽喳喳飞进飞出的乳燕、农家屋里满架的蚕簇等自然景观和作坊里茶农正在忙碌着炒茶、茶楼里有人正在那里品着新茶等人文景观，并将所写人物与早春的自然风光融合在一起，使两种情态相互对应，吟咏起来就感到特别的清新雅丽。另如《潜江杂诗》（十六首之六）云：

女儿垂发采雕胡，爱弄轻舟引白凫。闻说石城工荡桨，一时凝望莫愁湖。

这首小诗与上面的两首小诗可说是具有异曲同工之妙：既写了石城的"垂发""女儿"，亦写了石城女儿的"弄轻舟""荡桨""采雕胡"，以致引来成群的"白凫"环绕飞翔，这两者又自然地交织在一起，构成一幅美丽的风景图画，读来分外的清新雅丽。

再如其《冬日山行绝句》（八首之四）写道：

牧儿生小住山家，冬学闲时乐事赊。雪后不知溪路断，倒骑牛背看梅花。

这首诗简直就是一幅《牧童（学童）雪中骑牛赏梅图》：群山怀抱中有几户人家，山村前有一条小溪伸向远方，满眼都是银装素裹；山村旁边的山坡上开满梅花，雪后初晴，显得分外妖娆；只见一位牧童（学童）倒骑牛背，神情专注地在那里欣赏着梅花。虽然只有短短四句诗，语言也明白如话，读来却清新自然，意境深远。

樊增祥有一些反映普通老百姓生活的小诗亦很有特点。如其《潜江杂诗》(十六首之三、之十三)写道:

十亩回塘岁有租,闲时留客饭秋菰。湖田姜蔗年来薄,更课山童种紫苏。

薄薄城南二顷田,青章白鹭镜中天。一年一度桃花水,苦累儿家买钓船。

前一首写农民的赋税太重,把赋税一交就所剩无几,平时即使来了客人,饭中都要参杂一些菰菜(即"茭白");而近些年来湖田里种的姜、蔗收成不好,就只好让孩子们常年在山上种植紫苏,用作平时的补充,或灾荒时以充饥。后一首则写潜江年年有水患,故此地居民几乎家家都置备有小船:如遇水患,全家人都可上船避灾;如水患长时间不退,家人则可出船打捞鱼虾,维持生计。两诗所写之事本来很凄苦,但诗人却用欢愉之辞道出,冲淡了凄苦之情,使其不再显得那么凄苦。其《由沙头至丫角庙即事》(二首之二)反映的也是湖区渔家生活的疾苦:

曳缆遵春渚,开帆带晚霞。杳然望中沚,三两住渔家。岁俭炊菰米,田荒长蕨芽。女儿浣纱去,愁对白苹花。

此诗与前两首小诗一样,本是写极穷愁伤感之事,而诗句却多出以欢愉之辞。近代诗评家陈衍曾经指出:"樊山诗才华富有,欢娱能工,不为愁苦之易好。"①读这些小诗,信其言。

此外,樊山有些描写景物的小诗亦颇有特色。如其《即事》:

打枣黄竿袅袅轻,草头蝴蝶晒霜晴。秋兴只合村中看,不许行縢载入城。

此诗描写山村秋天的景色和旷野的情态,采用虚实相生的笔法,画面简约而又传神,满眼都是生机勃勃的气象。其《过辛兴滩数十里,夹路皆山桃花,孝达师抚晋时所重也,感赋二诗》亦(选一)写道:

东风融雪水明沙,到此行人不忆家。七十二滩等闲度,夕阳如火看桃花。

辛兴滩,延绵数十里,在今山西省平定县西北。张之洞于光绪七年(1881年)至光绪十年(1884年)任山西巡抚时,沿路遍植桃树。每当春风吹拂、冰雪融化、水清沙白、桃花盛开之时,十分美丽壮观,成为一道亮丽的

① 陈衍:《石遗室诗话》卷一,辽宁教育出版社1998年版,第11页。

风景线。行人陶醉其中，以至于“不忆家”了。虽语言明白如话，却蕴含着不尽之意，文笔优美自然。又如其《旧关道中》（四首之二）：

石壁烟岚返照浓，清秋人在画图中。片时娘子关头雨，一树斜阳枣样红。

旧关，即指娘子关，在今山西省平定县城东北 90 里（合 4500 米）处，是长城上的著名关隘，也是出入山西的咽喉。这是一首描写长城娘子关秋天景色的诗：一阵秋雨过后，阳光斜照，石壁烟岚甚浓，那些劳作的山民，星星点点洒落在山中，有如镶嵌在画中；漫山的树木映着斜阳，就像成熟后的红枣那般红。整首诗画面清亮苍幽，意境空蒙。再如其《潼关》：

秦关百二号繁雄，第一金汤莫我攻。山压崤函全在下，河将潼渭欲俱东。严城鼓角晴天上，大将牙旂紫气中。总为神京征戍急，更劳板屋咏秦风。

潼关，在今陕西省潼关县。诗人担任陕西渭南知县期间，进出都必须经过潼关。此诗写于光绪十年（1884 年）八九月间。诗中着重描写了潼关的雄奇险峻：关下黄河与渭河浩浩荡荡向东奔流，关上大军驻守，旌旗招展，鼓角相闻，真可谓“一夫当关，万夫莫开”，固若金汤！据诗人在诗末的自注，诗人入关时，正“遇甘军过境”，这就自然而然地使诗人立即联想到南方边关正在酣战的中法战事。可见诗人时时都在关注、忧虑着边关的战事。全诗寓情于景，清俊雄浑，含义深远。

第三节　樊增祥的反帝爱国诗篇

樊增祥不仅早、中期一些反映日常生活的小诗写得清新雅丽，较有生活气息，而且非常关注国家所发生的重大历史事件和民族命运的变化。

稍作浏览，我们就会发现，从中法战争始，尤其是中日甲午战争以及戊戌变法和庚子事变等重大的历史事件，都在其诗歌中作了反映，表现了诗人反对侵略、反对投降、关切时局、感伤时事、悲叹民生疾苦的比较鲜明的忧国忧民的爱国主义情怀。如《都门杂感》（八首）、《咏史》（四首）、《感事》（二首）、《春兴》（八首）、《过函关为薛君解嘲》、《大同》、《有感》、《重有感》（四首）、《书愤》、《陆沉》、《马关》（二首）、《再阅邸钞》（四首）、《书台南事》、《春兴一首呈吉帅》、《庚子五月都门纪事》（八首）、《入雁门》、《闻都门消息》（五首）、《二十四日日本攻旅顺毁俄舰三》、《俄据奉天金银火药二库》、《中立》、《营州》（二首）、《早秋雨中》等等皆是。他的这类诗歌，一洗其清新博丽的“艳体之作”的面容，大多写得平实质朴，沉郁苍凉。请看其《甲申元旦试笔》：

景阳楼殿晓钟清，隐隐朝元佩玉鸣。五色云开鳷鹊观，九枝灯满凤凰城。近闻兵气销炎海，屡见儒臣对迩英。辛苦女尧端冕日，小儒何术答升平。

光绪九年癸未（1883 年）八月，法国强迫越南签订《顺化条约》，私自将越南变成自己的“保护国”。为了让清政府承认其对越南的殖民统治，法帝国主义进而侵入中国的西南地区。而面对法帝国主义的嚣张气焰，清政府不仅内部是战是和争论不休，束手无策，就是对海疆的边防亦缺乏部署。十二月中旬，法军突然向应邀驻防在越南红河三角洲的清朝军队发起进攻；清军败退，中法战争爆发。闻知消息，诗人甚为愤慨，于翌年（即甲申年）元旦写了这首诗。从“辛苦女尧端冕日，小儒何术答升平”诗句中可看出诗人对最高统治集团的不满。

清光绪二十年甲午（1894 年），爆发了中国人民反对日本帝国主义吞并朝鲜、侵略中国的战争，史称“中日甲午战争”。战前，以慈禧太后、李鸿章为代表的一派人极力主张妥协，乞求英、美、俄等帝国主义国家调停，不作战守准备；开战后，李鸿章仍然坚持避战静守的方针，致使清军陷入处处被动挨打的境地，大片国土遭到日本帝国主义的践踏、蹂躏，最终不得不与日本签订空前丧权辱国的《马关条约》。消息传来，樊增祥悲愤交加，接连写了《书愤》《陆沉》《马关》等诗篇。如其《书愤》写道：

庙堂强半利和戎，大计安危属相公。九节度师俱战北，七防倭镇尽朝东。密输情款中行说，断送河山左企弓。辽沈旧京天下重，园陵佳气夕阳中。

诗中揭露了以慈禧太后、李鸿章为代表的投降派不顾国家、民族利益，向日本帝国主义摇尾乞怜、屈膝投降的卖国行为，愤怒地抨击了清政府的腐败无能。

在这一时期内，樊诗中亦有少量赞颂古代忠臣良将，表达他报国之志的作品，如《比干墓》《汤阴谒岳庙》《再题岳王庙壁》《涿州谒张桓侯祠》等。其《再题岳王庙壁》（二首之二）云：

三字沉冤郁未伸，风波亭事剧悲辛。灰中缚虎添公案，湖上骑驴有故人。君是钱镠终覆宋，人非项籍孰亡秦？东窗事发雷霆在，老桧分尸是后身。

此诗大约写于光绪二十三年（1897 年）八九月间。在民族危机日益深重的情况下，诗人迫切盼望君王能够恢复“雷霆”之威，平反冤狱，任用忠臣良将；远离奸佞，惩处投降卖国之臣。诗人坚信，只要坚持这样做，就一定能够“缚虎”“亡秦”。

樊增祥的诗作中虽然没有正面描写戊戌变法的诗篇，但也有侧面的反映。如其《读八月十三日邸钞恭纪》（二首）：

邪说支离煽五羊，横行辇下剧披猖。四夷待以穷奇御，两观争看正卯亡。妖乱罪浮张守一，逋逃名捕皦生光。尔曹身与名俱灭，万古尼山圣学昌。

吞舟网漏亦何言，碌碌诸君枉丧元。吠影徒为嗥日犬，代僵不少据沙鼋。疏狂那及金人瑞，学术犹惭吕晚村。如雪蜉蝣成底事，林清故辙可同论。

光绪二十四年戊戌四月二十三日（1898 年 6 月 11 日），光绪皇帝终于接受了康有为、梁启超等资产阶级维新派的改革方案，毅然颁布“明定国是”诏书，宣布变法开始，推行新政，并大量引用维新人士。此举引起封建顽固派的强烈反对和极大忌恨。八月初六日（9 月 21 日），慈禧太后终于举起屠刀，镇压了维新变法运动，将光绪皇帝幽禁于中南海的瀛台，捕杀谭嗣同、杨锐、刘光第、林旭、杨深秀、康广仁等维新志士，发布诏书废除所有新法，再一次临朝“训政”，变法运动失败，这就是历史上所谓的“百日维新”（或称“戊戌维新”）。这两首诗就写于“戊戌政变”后的第七天。诗写得比较含蓄、委婉，诗人像大多数封建正统文人一样，是站在朝廷的立场来表达其思想的。对“维新变法”和康、梁等人主要是批评和否定。但从字里行间亦可以看出，他对康、梁等人也是比较同情的。

再看他的《闻都门消息》：

上林秋燕忽西翔，凝碧池头孰举觞？市有醉人称异瑞，巢无完卵亦奇殃。犬衔朱邸焚馀骨，乌啄黄骢战后疮。满目蓬蒿人迹少，向来多是管弦场。

京师赫赫陷鲸牙，十国纵横万户嗟。旧宅不归王谢燕，新亭分守楚梁瓜。蛾眉身世惟青冢，貂珥门庭但落花。龙武诸军谁宿卫，孤儿一一委虫沙。

百年乔木委秋风，三月铜街火尚红。崇恺珊瑚兵子手，宋元书画冷摊中。金华学士羁僧寺，玉雪儿郎杂酒佣。闻得圆明双鹤语，庚申庚子再相逢。

岛人列檄罪诸王，玉牒瑶潢绝可伤。待取血誉殇福鹿，谁将眼箸谜贪狼？伯霜仲雪俱危苦，宋劭殷辛僭比方。公法每宽亲贵议，可须函首越重洋。

繁华非复凤城春，玉辂于今隔陇秦。金雀觚棱虚御仗，铜驼荆棘泣孤臣。朱门白屋多新鬼，卜肆僧寮几故人。莫问北池旧烟月，雨霖铃夜一沾巾。

《闻都门消息》组诗共五首，是诗人在陕西任按察使时所作。中日甲午战争以后，帝国主义列强加紧了对中国的掠夺和瓜分，民族危机进一步加深，终于激发了中国人民声势浩大的反帝斗争——义和团运动。而帝国主义列强竟以此为借口，英、法、俄、美、德、日、奥、意八国组成二千余人的侵略联军，由天津出发，进犯北京，一路劫掠、杀戮、奸淫，犯下种种罪行；随后又陆续增兵至十万，向北京周边地区进攻。最后，在八国联军的残酷镇压下，义和团运动失败。消息传来，诗人寝食难安，感慨万千，写下了这一组诗。组诗完整地记录了光绪二十六年（1900 年）五六月间八国联军攻占北京的历史事变。诗中叙写了八国联军攻陷京师后，残暴屠杀民众，肆意抢掠财物，并立即瓜分北京城区，分别派兵驻守；致使京师百姓死伤无数，流离失所，无家可归的一片凄凉败落的景象；其描摹淋漓尽致，如在眼前。因这一组诗是有感而发，感情真挚，沉郁悲愤，无论是在内容上，还是在艺术上，都具有较高价值。钱仲联先生就认为："庚子八国联军之役，为中华振古未有之奇殃。当时诗人感事之作甚夥。就七律论，有为组诗达三十首者。黄公度、丘沧海所作，感慨最深，用典最贴切。若论艺术之工，殆无逾樊山《闻都门消息》数首者。"①

反映庚子事变、京师陷落后，到处都是一片凄凉衰败景象的诗作尚有《庚子五月都门纪事》（八首之七）：

都市萧条俨被兵，繁华非复旧神京。不虞建业金瓯缺，更比澶渊瓦注轻。鳌禁月明闻鬼哭，凤城白日断人行。宫奴不念家山破，犹道如今是太平。

光绪二十九年癸卯（1903 年）十二月，日本与沙俄两个帝国主义国家为重新分割我东北和朝鲜，就在我国东北的领土上进行了一场侵略战争。次年（1904 年）正月，日军败俄军于鸭绿江，攻占九连城、凤凰城。四月，日军于奉天的大孤山登陆，占据金州以围困旅顺。十一月，俄国波罗的海舰队东来。十二月，俄国旅顺守将向日军乞降。诗人在《二十四日日本攻旅顺毁俄舰三》中写道：

---

① 钱仲联:《梦苕庵诗话》,齐鲁书社 1986 年版。

惊起骊龙卧榻眠，排云战舰出仁川。毡裘久僦弦歌地，炮火横飞雨雪天。铁鹿沉沙船带甲，金蛇绕屋药无烟。山东豪杰今何在？野哭千家过小年。

诗中描写了日俄战争给中国东北的黎民百姓所带来的深重灾难。然而，面对帝国主义的猖狂行径和嚣张气焰，腐败透顶的清政府不仅视若无睹，而且还无耻地宣布自己保持局外“中立”。诗人闻知消息，义愤填膺，立即写了《中立》一诗，对那些卖国求荣的投降派进行了猛烈的抨击，表现出强烈的爱国主义精神：

眈眈两虎薄庭除，画我辽阳作阵图。争辘未知谁得者，斗龙何取我观乎？鼎形早失三分二，博局曾徼一注孤。三十五条中立例，春王正月出皇都。

樊增祥在诗中一方面无情地嘲讽和揭露了清政府以国土换取苟安的腐朽无能；另一方面则在《营州》（二首）中写道：“举世清明争上冢，四陵松柏日凋疏”，“辛苦沈阳诸父老，五年一再被干戈”，对战争给黎民百姓带来的灾难表现出无限的同情和怜悯。

再看他的《中秋夜无月》：

亘古清光彻九州，只今烟雾锁琼楼。莫愁遮断山河影，照出山河影更愁。

此诗写于光绪三十一年乙巳（1905）秋，全诗共四首，此为其中的第二首。诗中借中秋夜天阴无月来寄情，表达了诗人对帝国主义入侵所造成的领土被割、山河破碎的感慨和忧虑，抒发了他鲜明的爱国主义情感，写得情文并茂。

第四节　樊增祥的后期诗歌创作

樊增祥平生为诗贪多贪巧，且次韵、叠韵之作甚多，并世难寻对手；最多的次韵、叠韵，有叠到三四十次的，欲从艰难之中见其奇巧，见其功力，显示其才气，近于文字游戏，因而，常失之浮艳俗滥。又集中多红梅诗，与善为白梅诗的释敬安并称为“红梅布政，白梅和尚”。晚年居京师，与一批清朝遗老诗酒唱和，影响甚大，故“京中贩夫、走卒、妇人、稚子，类能道其名字，是以一稿初就，争相颂，或记事，或状物，无不哀艳澈骨，动人心肺”[1]。如其《儿辈初学属对，余出云：“墨竹换诗诗换蟹”，皆不能属，戏赋一诗》云：

近来闽粤竞诗钟，未许儿曹学步工。墨竹换诗诗换蟹，画松如篆篆如龙。天衣巧制须无缝，玉合精求必可逢。自古文章珍偶丽，南彭北纪勉相从。

这是一首表达诗人诗学主张的作品。此诗颔联的对仗已经十分工巧了，可诗人仍觉得意犹未尽，就又写了一首《再示儿辈》，以求腹联的工巧：

对属天然雀雁侔，可知锁锁俪钩钩。万言每受单词窘，新意须从故实求。墨竹换诗诗换蟹，黄金偿剑剑偿牛。雅人深致循良事，都被先生古锦收。

像这类着意求取巧对的作品在樊诗中还有很多。这类作品展示的只是诗人写诗的一种“手艺”，内容空洞，诗味寡淡，意境全无，充满“匠气”，可取之处甚少。

当然，樊诗中亦有一些既讲究写作手法而又写得极好的诗篇。如《海上》：

神马飙轮世岂无？楼船飞渡散樯乌。亦知方丈神仙远，坐觉中天日月孤。龙伯几闻膏玉斧，鲛人空遣泣明珠。平生忧患多于海，未觉沧溟是畏途。

此诗的境界就十分雄阔苍凉，而寓意凄清深远，流美之中见其厚重，沉郁之中不失其秾丽，代表了樊诗的另外一面。再如其《都门七夕》：

可是神仙王子乔，夜游燕市紫骝骄。天边玉女年年泪，地上银河处处桥。夫妇有情如此水，古今无价可怜宵。上京歌舞人如海，胜看钱塘八月潮。

樊增祥一生勤学博览，学识渊博，为诗喜欢用典，犹喜用僻典，且辑裁巧密，往往使读者不易理解。而此诗既构思精巧，气象雄阔，又用的是明典，且写得轻松俊爽，这在其作品中实在是不太多见的。

樊增祥曾写有七言古体长篇叙事诗《彩云曲》及《后彩云曲》并序，记叙清末民初名妓傅彩云（赛金花）的传奇故事，反映庚子事变前后的史实。请看其前《彩云曲》（有序，序略）：

姑苏男子多美人，姑苏女子如琼英。水上桃花知性格，湖中秋藕比

---

① 王森然:《樊增祥先生评传》,《近代名家评传》(二集),生活·读书·新知三联书店 1998 年版,第 3 页。

聪明。自从西子湖船住，女贞尽化垂杨树。可怜宰相尚吴棉，何论红红兼素素。山塘女伴访春申，名字偷来五色云。楼上玉人吹玉管，渡头桃叶倚桃根。约略鸦鬟十三四，未遣金刀破瓜字。歌舞常先菊部头，钗梳早入妆楼记。北门学士素衣人，暂踏毬场访玉真。直为丽华轻故剑，况兼苏小是乡亲。海棠聘后寒梅喜，待年居外明诗礼。两见泷冈墓草青，鸳鸯弦上春风起。画鹢东乘海上潮，凤凰城里并吹箫。安排银鹿娱迟暮，打叠金貂护早朝。深宫欲得皇华使，才地容斋最清异。梦入天骄帐殿游，阏氏含笑听和议。博望仙槎万里通，霓旌难得彩鸾同。词赋环球知绣虎，钗钿横海照惊鸿。女君维亚乔松寿，夫人城阙花如绣。河上蛟龙尽外孙，虏中鹦鹉称天后。使节西来屡奉春，锦车冯嫽亦倾城。冕旒七毳瞻繁露，盘敦双龙赠宝星。双成雅得西王意，出入椒庭整环珮。妃主青禽时往来，初三下九同游戏。装束潜随夷俗更，语言总爱吴娃媚。侍食偏能餍海鲜，报书亦解翻英字。凤纸宣来镜殿寒，玻璃取影御床宽。谁知坤媪山河貌，只与杨枝一例看。三年海外双飞俊，还朝未几相如病。香息常教韩寿闻，花头每与秦宫并。春光漏泄柳条轻，郎主空嗔梁玉清。只许大夫驱便了，不教琴客别宜城。从此罗帏怨离索，云蓝小袖知谁托。红闺何日放金鸡，玉貌一春锁铜雀。云雨巫山枉见猜，楚襄无意近阳台。拥衾总怨金龟婿，连臂犹歌赤凤来。玉棺昼下新宫启，转尘王郎长已矣。春风肯坠绿珠楼，香径还思苎萝水。一点奴星照玉台，樵青婉娈渔僮美。穗帷尚挂郁金堂，飞去玳梁双燕子。那知薄命不犹人，御叔子南后先死。蓬巷难栽北里花，明珠忍换长安米。身是轻云再出山，琼枝又落平康里。绮罗丛里脱青衣，翡翠巢边梦朱邸。章台依旧柳毵毵，琴操禅心未许参。杏子衫痕学宫样，枇杷门榜换冰衔。吁嗟乎！情天从古多缘业，旧事烟台那可说。微时菅蒯得恩怜，贵后萱芳成弃掷。怨曲争传紫玉钗，春游未遇黄衫客。君既负人人负君，散灰扃户知何益。歌曲休歌金缕衣，买花休买马塍枝。彩云易散琉璃脆，此是香山悟道诗。

此诗写于1899年，叙述晚清状元洪钧与名妓傅彩云（赛金花）情事，对当时那些封建士大夫生活的腐化和虚伪揭露颇多，意旨在规讽劝诫。全诗以才情见长，想象丰富奇特，故事哀婉感人，叙事委婉细腻，辞藻精工雅丽，将诗笔、史才与议论有机地结合起来。此后敷演赛金花故事的小说、戏曲、诗歌，没有不受它影响的。诗中有部分描写不符合史实，如洪钧出使，并未至英国；诗中亦多渲染因果报应，这是值得读者在阅读时注意的。

尽管如此，这也不影响全诗的艺术价值。

五年后，即1903年，诗人入觐时，根据友朋的建议和傅彩云故事的新进展，又写了《后彩云曲》（有序，序略）：

纳兰昔御仪鸾殿，曾以宰官三召见。画栋珠帘霭御香，金床玉几开宫扇。明年西幸万人哀，桂观蜚廉委劫灰。虏骑乱穿驿道走，汉宫重见柏梁灾。白头宫监逢人说，庚子灾年秋七月。六龙一去万马来，柏灵旧帅称魁杰。红巾蚁附端郡王，擅杀德使董福祥。愤兵入城肆淫掠，董逃不获池鱼殃。瓦酋入据仪鸾座，凤城十家九家破。武夫好色胜贪财，桂殿清秋少眠卧。闻道平康有丽人，能操德语工德文。状元紫诰曾相假，英后殊施并写真。柏灵当日人争看，依稀记得芙蓉面。隔越蓬山十二年，琼华岛畔邀相见。隔水疑通银汉槎，催妆还用天山箭。彩云此际泥秋衾，云雨巫山何处寻？忽报将军亲折简，自来花下问青禽。徐娘虽老犹风致，巧换西妆称人意。百环螺髻满簪花，全匹鲛绡长拂地。鸦娘催上七香车，豹尾银枪两行侍。细马遥遵辇路来，袜罗果踏金莲至。历乱宫帷飞野鸡，荒唐御座拥狐狸。将军携手瑶阶下，未上迷楼意已迷。骂贼翻嗤毛惜惜，入宫自诩李师师。言和言战纷纭久，乱杀平人及鸡狗。彩云一点菩提心，操纵夷獠在纤手。胠箧休探赤侧钱，操刀莫逼红颜妇。始信倾城哲妇言，强于辩士仪秦口。后来虐婢如虺蝮，此日能言赛鹦鹉。较量功罪相折除，侥幸他年免缳首。将军七十虬髯白，四十秋娘盛钗泽。普法战罢又今年，枕席行师老无力。女闾中有女登徒，笑捋虎须亲虎额。不随盘瓠卧花单，那得驯狐集金阙？谁知九庙神灵怒，夜半瑶台生紫雾。火马飞驰过凤楼，金蛇䶵䶵燔鸡树。此时锦帐双鸳鸯，皓躯惊起无襦裤。小家女记入抱时，夜度娘寻凿坏处。撞破烟楼闪电窗，釜鱼笼鸟求生路。一霎秦灰楚炬空，依然别馆离宫住。朝云暮雨秋复春，坐见珠盘和议成。一闻红海班师诏，可有青楼惜别情？从此茫茫隔云海，将军也有连波悔。君王神武不可欺，遥识军中妇人在。有罪无功损国威，金符铁券趣销毁。太息联邦虎将才，终为旧院蛾眉累。蛾眉重落教坊司，已是琵琶弹破时。白门沦落归乡里，绿草依稀具狱词。世人有情多不达，明明祸水褰裳涉。玉堂鹓鹭愆羽仪，碧海鲸鱼丧鳞甲。何限人间将相家，墙茨不扫伤门阀。乐府休歌杨柳枝，星家最忌桃花煞。今者株林一老妇，青裙来往春申浦。北门学士最关渠，西幸丛谈亦及汝。古人诗贵达事情，事有阙遗须拾补。不然落溷退红花，白发摩登何足数。

《后彩云曲》通过傅彩云的传奇故事着重记述了义和团与八国联军的斗争。它既暴露了清政府的腐朽无能，也抨击了帝国主义列强的侵略罪行，其华艳凄恻更胜于前曲，也更具有诗史意义。它和前《彩云曲》一起，成为《樊山全集》中非常有特色的作品，学人以为“可以觇国势之不竞，世变之凌夷焉”①。

前、后《彩云曲》属姊妹篇，它们不仅辞藻华美，音韵铿锵，哀感顽艳；而且工于设色，巧于隶对，文字畅达，雅俗争赏，广为传颂。一时纸贵洛阳，时人比之为白居易的《长恨歌》和吴梅村的《圆圆曲》，以致“上自绂冕簪笏，下至闺秀村童、教坊女闾，皆知樊山先生，所作不翼不胫飞走，亦几户有其章。骚坛推为主盟，声誉出文襄、慈铭上矣”②。由此可见其诗在当时的影响之大，亦可见出樊增祥才华之卓异，诗笔之雄健。

樊增祥生活的时代，正是西方文化大量涌入中国之时，因此其诗歌作品中亦反映了诗人对西方文化的认识过程。其《秋兴八首》（八首之七）云：

> 自南至北杜鹃声，渐见关西景教行。时有戎人伊水祭，岂殊突厥渭桥盟。牧师尚访唐宫阙，夷女都从汉姓名。（原注：西国游历女士有名邓金莲、李翠娥者。）九曲昆仑皆浊水，且沿清渭濯冠缨。

此诗写于光绪二十二年丙申（1896年）。樊增祥受中日甲午战争失败低落情绪的影响，对洋人充满敌对态度。诗中对洋人“入侵”汉人生活圈表现出非常不满的态度，对洋人妇女为融入中国文化而有意改用汉名的做法进行了嘲讽，并用“杜鹃啼血”的典故来隐喻自己对中国传统礼义沦丧的悲痛心情。但随着中外文化交流的进一步深入，诗人对西方文化的态度也在逐渐发生着变化。如其《赋得女学堂十四韵》中就写道：

> ……治外法权操女手，自由婚嫁顺人情。虢姨骑马羞前辈，韦母称师畏后生。成就国民四百兆，中分一半是娥英。

此诗写于光绪三十一年乙巳（1905年）。其时，诗人正在陕西布政使任上，在给陕西新开设的女子学堂所题写的这首诗中，诗人明确承认西方“自由婚嫁”的合理性，并将女学生比之为中国历史上唐朝的虢国夫人、东晋时韦逞的母亲宋氏和古代传说中的娥皇、女英，表现出对西方礼俗的积极支持。当然，我们也应该看到：樊增祥虽然在一些诗歌作品中表示了对西方传入的女权平等思想的肯定，但这并不等于他就完全接受了西方现代的女权

① 钱基博：《现代中国文学史》，岳麓书社1986年版，第210页。

② 钱海岳：《樊樊山方伯事状》，《樊樊山诗集》附录二，上海古籍出版社2004年版。

思想；从其他不少作品中亦可看出，他对女权兴起的接受更多的是迫于形势，是一种被动的接受。

在清朝末年与民国前期的文坛（诗坛）上，对樊增祥诗歌的评价颇有分歧。张佩纶称赞说：樊增祥“学识英博，倜傥有奇气，诗则调采葱蒨，音韵铿锵，使人味之不倦”①。其弟子余诚格也称颂道：其师“精思博学，手熟心虚，故其所作称心而出，如人人意中所欲言，而实人人所不能言”②。王森然亦对其赞赏有加，说：樊增祥的“骈文足窥四杰，散文才气充沛”，而其“诗才犹俊逸，瑰奇鲜丽，陆离光怪，芒彩万丈”，可谓“文采风流，照耀天下，为近代最富盛名之文人”③。樊增祥的恩师张之洞更强调说：“读樊云门诗，队仗层出，熔裁丽密，无不达意之句，而又善于达曲折难状之意，令人散朗多隽怀。”④

樊增祥的挚友陶在铭则通过引述樊氏之师张之洞、李慈铭的评价，简要评述了樊增祥在当时诗坛的地位：“昔南皮师尝曰：‘洞庭南北得二诗人，壬秋歌行、云门今体，皆绝作也。’又尝评其集云：‘诗第一，词亦第一，骈文第二。’而李会稽亦云：‘今世学人能诗者，皆幽邃要窈，取有别趣。若精深华妙，八面受敌而为大家者，老夫与云门，不敢多让。’此皆二十年前长老评骘之言也。云门才气儁逸，不可一世，而虚中善受，世鲜知者。自以弱冠以前，未尝学问，深用自惜。及从南皮师游，得其指授，乃沉思锐进，无闲寒暑，同辈中高才博学者皆兄事之。”⑤

但也有一些学者认为：“今观所作，隶事稳称，风华掩映；而骨力未遒，意境欠深，媚而不遒，与文同蹊；性情所关，非可勉强。”⑥陈子展指出：樊（增祥）、易（顺鼎）的“长处在才气奔溢，他们的短处也就在欢喜卖弄他们的天才”。不过，“做诗而至于仅仅在隶事裁对上用功夫，想要因难见巧，这种技巧的可贵，也不过像能够由钱孔倒油，像用一个核桃刻东

① 张佩纶：《樊山诗集·叙》，《樊樊山诗集》附录二，上海古籍出版社2004年版。

② 余诚格：《樊樊山集·叙》，《樊樊山诗集》附录二，上海古籍出版社2004年版，第2028页。

③ 王森然：《樊增祥先生评传》，《近代名家评传》（二集），生活·读书·新知三联书店1998年版，第2页。

④ 张之洞：《小沤巢日记》，《广雅碎金》卷四后附，光绪二十三年（1897年）刻本。

⑤ 陶在铭：《樊山续集·序》，《樊樊山诗集》附录二，上海古籍出版社2004年版，第2033页。

⑥ 钱基博：《现代中国文学史》，岳麓书社1986年版，第208页。

坡游赤壁一样”①。胡适也认为：“樊增祥的诗，比较的最聪明，最清切，可惜没有内容，也算不得大家。”②钱仲联亦说：“樊山诗取径随园（袁枚），瓯北（赵翼），上及梅村（吴伟业），长丁才调，风格不高。庚子事变时所为七律则较工……古诗前、后《彩云曲》，实不逮王甲荣所作能得香山遗轨。鼎革以后所为益庸滥，大都属文字游戏。诗道至此，可称一厄。”③到南社时，民主革命诗人甚至斥责说：“樊（增祥）易（顺鼎）淫哇乱正声。”④

在当时以及后来众多的评论者中，给予樊增祥诗歌创作比较全面、也比较中肯评价的是汪辟疆。他指出：“樊山生平论诗，以清新博丽为主，工于隶事，巧于裁对。作诗万首而七律居其八九，次韵、叠韵之作尤多，无非欲因难见巧也。近代诗人隶事之精，致力之久，益以过人之天才，盖无逾于樊山者。晚年与易顺鼎并角两雄，二家在湖湘为别派，故诗名反在湘派诸家之上。盖以专学汉魏六朝三唐，至诸家已尽，不得不别辟蹊径为安身立命之所；转益多师，声光并茂，则二家别有过人者也。”⑤

第五节　樊增祥的词

樊增祥不仅是清末民初著名的诗人，也是这个时期颇有影响的词人。其师李慈铭就认为：“今世词家，独吾与子珍、云门耳。”⑥子珍即陶方琦，云门即樊樊山，他俩都是李慈铭的高足。这一提法自然有师弟自我标榜之嫌；事实上，在近代众多的词人中，他们师弟虽也是名家，但并不是那么杰出，是很难负其自誉的。

今天我们所能见到的樊增祥收在《樊樊山诗集》（上、中、下）中的词，计有《东溪草堂词》二卷、《双红豆馆词赓》一卷、《弄珠词》一卷（见《樊山续集卷二十八 · 二家词赓（下）》）、《五十麝斋词赓》三卷、《樊山集外卷六（诗余）》一卷，共约 780 多首词。这个数目对一般的诗人

---

① 陈子展：《中国近代文学之变迁》，中华书局 1931 年版，第 42～44 页。

② 胡适：《五十年来中国之文学》，《论中国近世文学》，海南出版社 1994 年版，第 54 页。

③ 钱仲联：《论近代诗四十家》，《梦苕庵清代文学论集》，齐鲁书社 1983 年版，第 149 页。

④ 柳亚子：《磨剑室诗词集 · 论诗六绝句》，人民文学出版社 1985 年版，第 215 页。

⑤ 汪辟疆：《近代诗人小传稿 · 樊增祥》，《汪辟疆说近代诗》，上海古籍出版社 2001 年版，第 130 页。

⑥ 樊增祥：《二家词钞 · 序》引李慈铭语，《樊樊山诗集》，上海古籍出版社 2004 年版，第 1628 页。

或词人来说，是一个很大的数目；而对樊山来说，与其诗相比，则是一个很小的数目。也正因如此，樊山的词名一直为其诗名所掩。事实上，樊山词的成就也无法与其诗和文的成就相比。其师张之洞就说过：樊增祥的文学创作，“诗第一，文次之，词又次之”①。

樊增祥为词“始学苏（轼）、辛（弃疾）、龙洲（刘过），继乃专意南唐二主（李璟、李煜）及清真（周邦彦）、白石（姜夔）”；“五十以后，不名一家，多师为师，取屈曲尽意而止”。其词主要创作于中、晚年。尤其是晚年，樊增祥才名富有，又以清遗老寓居京师，为“楚中三老”之一，与友朋文酒唱和极盛，且又“侘傺无聊，端忧多暇”②，遂填了不少词。其词多绮语，引来非议颇多，有损其格。但就其词的整体创作来说，尤其是他早、中期创作的词，由于个人的为官、为学、交友以及生活经历等原因，不少赠答题咏之作，却写得清娓动人，饶有情致。请看其《满庭芳》：

明刊《薛涛集》，为乙庵题。

万里桥边，枇杷花底，闭门销尽炉香。孤鸾一世，无福学鸳鸯。十一西川节度，谁能舍、女校书郎。门前井，碧桐一树，七十五年霜。

琳琅，词半卷，元明枣本，佳语如簧。自微之吟玩，持付东阳。恨不红笺小字，桃花色，自写斜行。碑铭事，昌黎不用，还用段文昌。

乙庵即沈曾植（1851—1922）。曾植字子培，号乙庵，又号巽斋，晚号寐叟，别署乙公。浙江嘉兴人。光绪六年（1880 年）进士，历官刑部主事、郎中、安徽提学使，后署安徽布政使。清亡后以遗老自居。学识渊博，为同光体的代表诗人之一。这是樊增祥为好友沈曾植获藏的一部明刊本《薛涛集》题赠的一首词。这本《薛涛集》现藏北京图书馆善本室。提到薛涛，学人们都熟悉，她是唐代著名歌妓，极富才艺，与刘采春、李治、鱼玄机并称为“唐朝四大女诗人”，又与卓文君、花蕊夫人、黄娥并称为“蜀中四大才女”。她与元稹、白居易、刘禹锡、杜牧等著名诗人都有唱和。词的上阕简述薛涛生平，慨叹她一生清苦，到 75 岁时凄凉死去；下阕则具体描写明刊本《薛涛集》，揭示题意，进一步赞美薛涛的多才多艺。全词述事有如白描，委婉曲折，分寸亦把握颇好。再看其《齐天乐》：

---

① 钱海岳:《樊樊山方伯事状》引张之洞语,《樊樊山诗集》附录二《序跋传记资料选辑》,上海古籍出版社 2004 年版,第 2053 页。

② 以上引文见樊增祥:《五十麝斋词赓叙》,《樊樊山诗集》,上海古籍出版社 2004 年版,第 1629、1630 页。

己卯春初，寄子珍都门。

雕轮试碾瀛洲路，萋萋又生芳草。锦树垂灯，冰河试艇，约略春回琼岛。花砖步早，看袖拂宫黄，御烟微袅。苑柳依依，认君犹是旧时貌。　　离人江上望极，倩青禽寄与，芳绪多少。解玉烟皋，传梅水驿，别是新来怀抱。风情渐老，自小别吴江，便疏歌笑。回首瑶京，碧天云缥缈。

子珍即陶方琦（1845—1884）。方琦字子缜，一作子珍，号湘湄，一号兰当，浙江会稽（今绍兴市）人。光绪二年（1876 年）进士，选庶吉士，授翰林院编修，督学湖北、湖南，号称得士。喜书画，工诗古文词。樊、陶二人都是李慈铭的高足。光绪二年是光绪登极恩科，樊、陶二人都参加了此科会试。结果，子珍鱼跃龙门，入翰林院学习；樊山则名落孙山。他们都住在李慈铭的官邸，朝夕相处，切磋唱和，成为挚友。第二年会试，樊山终于如愿以偿，高中进士，亦入翰林院学习。于是二人关系更为密切。散馆后，两人分开，虽天各一方，却常有信函往还。此词作于光绪五年（1879 年）。词中述写两人之间的深厚交谊和分开后浓烈的思念之情，委婉曲折，自然真切，不愧词场老手。又如其《金缕曲》：

为爱伯师题《秋江菱榜晚霞图》。

照影情波里，映秋汀、菱花一翦，晚霞明丽。镜里春人红裳薄，刚似芙蓉并蒂。有无限、夕阳诗思。蘸取明珠多少泪，染情天、一抹鲛绡紫。浑未隔，绛河水。　　潇湘旧爱牵芳芷，甚新来、凉苹罢采，玉珰双系。侧帽花间填词客，只合香吟粉醉。早料理、双鬟钗费。一舸霞川寻梦去，唤杨枝、作姊桃根妹。谁会得，五湖意。

《秋江菱榜晚霞图》乃晚清学者、文学家李慈铭所绘制。李慈铭（1830—1894），初名模，字式侯；后改名慈铭，字爱伯，号莼客，别号孟学斋、花隐生、霞川花隐，晚号越缦老人，室名越缦堂、湖林馆、白华绛跗阁等。浙江会稽（今绍兴市）人。仕途不顺，入赀为户部郎中。生平学识渊博，通经史百家，尤长于史学、小学，工诗词、骈文，又善书画，名满朝野，被大学士周祖培、兵部尚书潘祖荫奉为上客。光绪六年（1880 年）中进士，官至山西道监察御史。目睹朝政日非，不避权要，大胆抨击时政，表现出忧国忧时之心。樊山应乃师之请，为《秋江菱榜晚霞图》题写了这首词。词中摹写越缦老人徜徉山水湖林之间的意趣与生活，细腻真切，文词清丽动人，甚得乃师欢心。

其《长亭怨慢》也是为人称赞的此类词作：

题张樵野廉使《琴台秋禊图》，即送之山左。

听江笛、烟中悽语，唤起汀洲，断鸿无数。渺渺晴川，暮帆摇曳、向前浦。月痕娟楚，刚照入、牙台去。除却酒樽时，只载得、焦琴玉尘。　　凝伫。把山公高致，写入淡烟轻素。黄骢去也，又相送、晚枫江路。蕙带结、满握愁红，柳枝怨、明湖秋雨。算剩有琴边，一叶残云无主。

张樵野即张荫桓（1837—1900），字皓峦，号樵野，广东南海（今佛山市）人。出身世宦之家，纳资为知县，累为朝中重臣荐举至道员，并累官至户部左侍郎。光绪十一年（1885 年）后，曾两次走出国门，担任多国的出使大臣。戊戌变法期间，受命管理京师矿务、铁路总局，支持康有为变法。政变后，被慈禧太后革职，遣戍新疆，后被杀。他既是晚清有名的外交家，又是颇负文誉的文学家。工诗文，善绘画，喜收藏，同樊增祥交谊甚密。这首词就是在张荫桓即将启程赴山东就任、樊增祥前往为之送行并见其所绘《琴台秋禊图》感兴而作。词的上阕写《琴台秋禊图》，重在表达两人之间的深厚友谊；下阕写送行，重在表达离愁别绪。整首词写得委婉含蓄，情真意切；词中多处用典，却自然妥帖，了无痕迹。

樊山早年所写的一些吟咏农村景色和个人感受的词，亦颇有特色。如其《虞美人》：

余昔旅食潜江，往来于三湖四湖间者凡五六年，率常以夏令过此，则荷叶如云，朱华绮望，舟行其间，左右皆花枝萦带也。比以九月再至，风香露粉，零落俱尽，但见疏柳成行，湖水净绿而已。抚舷怅然，遂有斯制。湖滨儿女有能歌者，固将受之云。

年年来去明湖路，打桨依花步。女郎家住水香村，一路低荷软柳似青墩。　　今年重泛明湖曲，秋水莹寒玉。荷花浑不似当年，只有断桥垂柳尚依然。

樊增祥早年曾在潜江、江陵等地书院教书多年。这一带都是富饶的鱼米之乡。每当夏天往来其间，只见堤岸上杨柳依依，草绿花红；湖中则荷叶一望无际，清香弥漫，鸥鹭飞翔；不少渔船穿行湖中撒网捕鱼，不时传来阵阵歌声。舟行其间，颇为惬意。但多年后的深秋再来此地，岸上只有疏柳在寒风中摇曳，湖中则是一望无边的绿波，荷叶花粉早已零落。前后对照比较，不禁让人感慨无端。又如其《倦寻芳》：

积雨初晴，春暄极美，独步至绿萝溪上，归赋此词。

紫桐细乳，黄鸟轻飞，春丽如画。约略溪桥，总有倩红相亚。细柳腰身轻似燕，小桃颜色娇如马。更东来，问经过多少，曲台花榭。

已负了、南园佳约，西竺香期，芳事都罢。甚处惊鸿，也似浣纱娴雅。照影羞临春水曲，避人遥在垂杨下。谢东风，那边来，暗飘衣麝。

阳春三月，积雨初晴，阳光普照，分外温暖。迎着明媚的春光，独自来到郊外溪流堤畔，放眼四望，只见流水潺潺，杨柳轻飘，桃李争妍，百花竞放，姹紫嫣红。置身其中，好不心旷神怡！然而，面对如此美景，却不能与亲人友朋共赏，又不免让人感到一丝淡淡的伤感。全词写得清丽澹远。再如其《双调望江南》：

甲申秋九月过灞桥尝赋此调，比以暮春再至，红亭碧柳，依依有情，用前调写之。

关中柳，殊有故人情。二月青丝堪络马，一春金缕不离莺。流水带红亭。　　三年别，车骑此重经。好是南山与君眼，春来不改旧时青。认得弃繻生。

光绪十年甲申（1884 年），樊增祥被朝廷任命为宜川县令。在赴任途中，樊增祥于九月七日到达西安近郊的灞桥。站立桥头，只见“秋柳数株，摇落可念，枨触既久”，颇有些感伤，便写了一首题为《双调望江南》的词。几年后的一个秋天，词人又一次来到灞桥，并留下了一首脍炙人口的《灞桥旅店题壁》（亦题作《八月六日过灞桥口占》）。此次来灞桥正值暮春，满眼的“红亭碧柳”，草木葱茏，花艳叶绿，鸟飞蝉鸣，一派生机勃勃的景象，心情分外舒畅，不禁想起甲申年过此所填的《双调望江南》词。于是，仍用前调写了这首词。全词写得颇为清丽别致，与其《灞桥旅店题壁》可说是具有异曲同工之妙。

樊增祥早、中期所写的一些怀人之作，亦颇有特色。如其《凤凰台上忆吹箫》：

六月既望，为亡妇忌日。自丁卯及今，逾十三寒暑矣。是月方移居横街圆通道院，窗外修柏一树，月明风细，如闻秋声。永夕彷徨，写以商调。

粉镜全抛，衣香尽灭，更无梦到楼西。为道潘郎文采，渐减当时。惟有年年今夜，多情月、长照虚帷。尘封处，犹余锦瑟，长与人齐。

天涯又逢肠断，正晚花庭榭，萤点罗衣。香篆里、初温玉茗，小蔫红栀。惆怅十三年事，无人觉、鬓已成丝。绳河转，移灯别谱秋词。

由词前的小序可知，此词大约作于光绪六年庚辰（1880 年）的六月间。十三年前（即 1867 年）的六月既望（农历每月的十六日），樊增祥的妻子离他而去——这对经济上本来就极其困难的樊家来说，无疑是雪上加霜。这些年来，樊增祥虽然为了个人的功名、仕途和全家人的生计四处奔波，但一直都没有忘记亡妻。每到其忌日，无论自己人在何地，不是写诗追念，就是填词缅怀；不管是诗，还是词，都写得情真意切。更值得一提的是，在妻子去世后，樊增祥坚守17年不续弦，时人都感到不可理解；而这件事对一个封建士大夫来说，亦实在难得。樊增祥的同僚涂少卿就曾对樊氏弟子田某称赞道："子之师，奇男子也。自弱冠至四十，不御内者十七年，此岂易到耶？"①

再看其《莺啼序》：

十余年来，爱师、子珍寄余诗札多至盈尺。暇日展视，春明旧事恍在目前。于是子珍怛化忽已三载，爱师浮沉郎署，音讯亦疏。余薄宦秦中，了无佳兴。以畴昔亲爱之人，一旦有死生离别之感，徒持其生平手迹，慨想前尘，亦可悲矣。爰制此阕寄爱师都门，并告子珍之灵，使知故人之心不隔幽显也。光绪十三年五月八日。

春明梦痕渐远，怅流光电逝。写心素、多在瑶笺，忍教花叶轻弃。探怀袖、芳香未灭，书中历历开元事。怕珍珠，密字经年，化为红泪。

十载京华，夜雨翦韭，度东风廿四。听新曲、传唱旗亭，旧纱犹护萧寺。数风流、香山洛下，论清望、欧公颍尾。更相逢，学士煎茶，赋情浓至。　　红兰易萎，粉絮轻飘，剩扬云老矣。别后忆、翦灯深院，坠策闲坊，澹月成烟，软尘如水。黄垆咫尺，深深埋玉，人间犹有邹枚在。甚相如、忍为琴痟死。元亭书掩，无人与注玄文，老怀几许凄戾。

兰成此日，郁郁关中，叹一官如寄。莫更诩、灵和风貌，横海功名，览镜萧然，鬓丝如此。鱼书望断，琅玕重把，平生师友无多在，愿黄金、牢铸江东蠡。还期子晋归来，白鹤云中，玉笙月里。

从词前的小序可知，这首词是光绪十三年丁亥五月八日（1887年6月28日）词人为思念恩师李慈铭和缅怀挚友陶方琦而作的。樊增祥与子珍都是慈铭的高足，以前联系频繁，交往甚密，诗词、函札不断。可眼下，为了生计和前程，自己远在秦中为宦；挚友子珍则已于三年前（1884年）就作古了；恩师爱伯虽在京城为官，但因耿直敢言，得罪权要，致使仕途困顿，"浮沉郎署"十几年，"音讯亦疏"。每当自己闲暇之时，吟诵、展观师友以前的诗词、函札手迹，就会感慨万端，悲从中来。为了更好地表达自己

① 钱基博:《现代中国文学史》,岳麓书社1986年版,第211页。

的真挚情感，词人采用了词人们一般不太常用的特长调词牌《莺啼序》，叙事抒情，一咏四叠，十分别致，且炼字精妙，辞彩纷呈，把自己思念和缅怀师友的那种委婉曲折、绯恻缠绵之情表达得淋漓尽致。

总之，樊增祥早、中期所作之词，能“合南唐二主（即李璟、李煜）及清真（周邦彦）、白石（姜夔）之长，力矫粗旷填砌，亦取屈曲尽意而止”①。正如其挚友陶方琦所说：樊增祥词“靓深淡雅，而亦自变其秾丽之习”②。虽不能与其诗文的成就相比，但亦能以其清新别致的风格，自成一家，在清末民初的词坛上产生过一定的影响，为清末民初词的创作繁荣作出过积极的贡献。

第六节　樊增祥的文

樊增祥不仅是公认的清末民初的诗坛巨擘，被尊称为“诗翁”③，而且是这个时期公认的文坛大家。其师张之洞就说过：樊增祥的文学创作，“诗第一，文次之，词又次之”④。当时有学者曾指出：樊增祥的“骈文足窥四杰，散文才气充沛”；可谓“文采风流，照耀天下，为近代最富盛名之文人”⑤。因此，时人“上自绂冕簪笏，下至闺秀村童、教坊女闾，皆知樊山先生”，“题序得其片纸，珍若拱璧”⑥。

樊增祥文章的数量甚多，为便于后面的介绍以及论述过程中各文体之间举例的均衡，我们按其体裁粗略地分为书疏、骈体、古文和判牍、札启等几个大类。

樊增祥的书疏包括给朝廷的奏书、疏议、论说和给上官的上书以及给友

---

① 钱海岳：《樊樊山方伯事状》，《樊樊山诗集》附录二《序跋传记资料选辑》，上海古籍出版社2004年版，第2053页。

② 樊增祥：《二家词赓·序》引陶方琦语，《樊樊山诗集》，上海古籍出版社2004年版，第1495页。

③ 王森然：《樊增祥先生评传》，《近代名家评传》（二集），生活·读书·新知三联书店1998年版，第11页。

④ 钱海岳：《樊樊山方伯事状》引张之洞语，《樊樊山诗集》附录二《序跋传记资料选辑》，上海古籍出版社2004年版，第2053页。

⑤ 王森然：《樊增祥先生评传》，《近代名家评传》（二集），生活·读书·新知三联书店1998年版，第2页。

⑥ 钱海岳：《樊樊山方伯事状》，《樊樊山诗集》附录二《序跋传记资料选辑》，上海古籍出版社2004年版，第2054页。

朋论事的书信。它们不仅大都篇幅较长，能根据不同的内容采用不同的方法，而且论点突出，论据充足，感情强烈，论说透辟，因此结论稳妥，无可辩驳，让人信服。

如其《奏督臣挟嫌诬陷奴视使司恳派大臣查办疏》就是此类文章的代表。因樊增祥平时办事干练，又极富诗名文才，故敢作敢为，自视甚高，颇看不起那些无才无德之辈，得罪了不少亲贵权要。光绪三十二年丙午（1906 年），樊增祥时在陕西布政使任上，遭到上司陕甘总督升允的弹劾，并曾因此而去职。于是，他向朝廷递交了这篇为自己辩诬的名文。这篇奏疏洋洋三千余言，采用驳论的形式，用大量的事实，逐一驳斥了升允奏章中的说法，以证明自己的“捐躯图报，誓竭愚忠”和无罪；并根据光绪皇帝“督抚有过，准两司据实纠参”的上谕旨意，用充足的证据说明升允的弹劾是“自怙强权”“挟嫌诬陷”；请求“钦派大员，秉公查办”，以“辩诬罔，明是非”，使“疆臣知天下尚有不恋官职、不畏强御之藩司，或亦尊朝廷、抑跋扈之一助”。可谓义正词严，刚正不阿，有胆有识。下面是截取的其中一小段：

> 至其积怒之深，由来已久。曩在陕共事，抚臣喜谀恶直，而臣好直言，已生嫌忌矣。其人本不学无术，而自负颇高，偏谬性成，专为不可为之事，用不中用之人。及至偾事，仍一味饰非文过。其办官运也，臣力言不可而不听，已而果致激变。其办屯田也，岁发收十万有余，收粮变价，不及十之一；臣力言其与原奏不符而不听。迨其去任，始为裁并，而已縻款数十万矣。其办磁窑也，在巡抚任内，掷金逾万，烧而不成；去任后复委之潘道，又掷金逾万，仍无所成。因臣屡次议停，深为恚恨。其奏开旗屯也，户部议驳云旗兵本有自响，又加一分屯响，又予以官地，犹恐不请恳辟，夺他旗之熟地以畀之，无此办法。督臣专恣已惯，虽奉驳而办如故，至今旗屯岁縻万余金，所获亦不及十之一。当其在陕也，臣言学堂当改章而不听，新军当改练而不听，新政无一举办者。及其去也，抚臣夏时在任三月，已觉改观。抚臣曹鸿勋到任不及二年，师范、高等两学堂，鸿规大启矣，教员齐而科学备矣，选送学生出洋矣，工艺兴矣，新军两标成矣，巡警学堂立矣，北山车路通矣，石油工师至矣，西潼铁路局集款十万矣，工师已勘定路线矣。一切新政，无不毕举。而督臣到甘，一事不办。所用尚荫、严全清，皆老而悖谬；李显诚、王荣缓，或盗贼遗种，或市井奸侩。喜其顺己，遂任其虐民。甘人语曰：“昔盼升之来，今转惜崧之去。”

在这一段文字中，作者采用排比的句式和对比的方法，既充分地说明了升允为什么要弹劾自己的原因——“积怒之深，由来已久”，又有力地证明了升允“喜谀恶直”“不学无术”，又“而自负颇高，偏谬性成，专为不可为之事，用不中用之人”的品行。事实摆在眼前，人证物证俱在，让人不能不相信，极具说服力与感染力。

其他如《上南皮夫子第二书》，论述选拔人才的途径和方法以及如何用人的问题，《与分修诸子论志书事》一文，论说修纂志书最应该注意的几个问题，也都是为时人称道的书疏方面的好文章。

樊增祥的骈体文，不拘文体，其篇幅的长短亦无所限，皆根据内容的需要而定。所为骈体的题材丰富，手法灵活，句式齐整，文辞华美，对仗精切，音律谐和。有的规模宏大，洋洋数千言，多方铺陈，事理曲畅，典雅流丽；有的篇幅颇短，区区数百字，小巧玲珑，清新俊逸，情味婉笃。广为流传的名篇有《西溪泛舟记》《蚌湖探梅记》《倪公子所藏山水画记》《萝溪老屋图记》《花菡庵记》《秋灯课诗图记》《东溪草堂词选自叙》《荆州城西晓行诗叙》《秋江菱榜晚霞图叙》《澹香斋诗叙》《草窗诗叙》《樊园休禊叙》《关中湖广会馆纪略叙》《谭仲修填词图叙》《吴柳堂先生遗像遗墨长卷书后》《先考墓碑》等。如其《萝溪老屋图记》：

> 余家宜昌东郭门内，出郭二里许，为绿萝溪。宜之山水，多奇险峭仄。此独平远幽旷，有隐秀之致。先曾王父母遗柩，常厝于此。五六岁时，清明上塚，辄一至焉。
>
> 及辛酉岁还宜昌，与先切斋兄读书里门。弄翰之暇，时出游眺。每至溪上，流连忘归。先兄爱其幽胜，取绿萝字以颜所居，隐然有卜筑之志。盖其林屋萧闲，水泉甘美。过溪一览，悉是渔庄，环流而居。半多茶户，桑楠错植，荇藻交横，春桃破萼，红满一村；暑荷弄风，香闻数里；右襟萧寺，北带垂虹，明漪若镜；偶见红鱼，芳草平堤，最肥乌牸。居人和乐，风景清妍，山童倚笛，能唱竹枝；溪女临流，自矜斜领，诚辋川之胜居，麻源之奇秀也。溪山无改，人事不恒。十余年来，饥驱远出，鸰原宿草，怒焉自伤。
>
> 过也不才，斜川未卜。顷居京师，秦丈勉锄，贻我画纸，水木明瑟，有似故山，因名之曰“萝溪老屋图”，犹先兄之志也。异日者，卯桥置宅，以名其诗，下噀求田，以供吾饮。树芝菊为疆界，写鸥鹭于券书。请以斯图，为之左契。

这篇《萝溪老屋图记》只有三百余字，不仅写得短小精悍，句式齐整、文辞华丽，对仗精切、清新俊逸，有如一幅优美的风景图画，而且字里行间充满了作者对其（第二）故乡深深的怀念之情。读完此文，不能不令人产生桃源之想。难怪时人要说：其“骈文清新俊逸，上追初唐王（勃）、杨（炯）、卢（照邻）、骆（宾王）四子”①。

至其篇幅宏大者，如其代鹿传霖《祝荣禄五旬晋九生日并送还朝祝嘏叙》等骈体，则“体赡而律调，志尽而文畅，应物掣巧，随变生趣，执辔有余，故能缓急应节矣”②。

樊增祥的古文颇类似其骈体文，亦不拘文体，篇幅长短不一，俱因内容而定。所为古文不仅题材丰富，形式灵活，风格多样；而且叙事简洁，条理清晰，语词典雅，文字精炼，句式富于变化，骈散相间，琅琅上口。像《樊山诗钞自序》《樊山批判牍自序》《王文敏公遗集序》《泊园中丞遣怀诗序》《题陶元晖中丞遗集诗序》《湖北书征叙》《张文襄公诗集跋》《沈观斋诗集跋》《跋汧上录》《兰楼余题辞》《徐景文博士补牙记》《寄子廉儿中儿书》《清故吉安守许君家传》等，都是为人传颂的名篇。请看其《张文襄公诗集跋》：

> 公自光绪丙子冬，由蜀返京，作诗甚少。自己卯至壬午，殚心国事，有封奏四十余件，更无余力为诗。壬午秋出抚晋疆，明年夏移督两广，荏苒八年，吟事都废。在粤时，仅有贺子青宫相子入学诗二首。督鄂十八年，自庚寅至癸巳，中间惟赠俄太子及希腊世子二律。然系幕僚拟作，公稍润饰之。直至乙未自两江还鄂，始壹意为诗，如《忆蜀游十首》《忆岭南草木诗十四首》，皆督楚时作；即挽彭刚直诗，亦在鄂补作也。
>
> 盖公于词章之学最深。四十以后，内赞訏谟，外修新政，公忠体国，不遑暇食，诗学捐弃，几二十年。六十以后，吏民相安，新政毕举，乃复以理咏自娱；而识益练，气益苍，力益厚，境地亦愈高愈深。以五北将诗与四生哀较，以连珠诗与学署草木诗较，划然如出两手。至光绪癸卯朝天以后诸作，则杜陵徙夔，坡仙渡海，有神无迹，纯任自然，技也神乎，叹观止矣。
>
> 弟子增祥敬跋。

---

① 钱海岳:《樊樊山方伯事状》,《樊樊山诗集》附录二《序跋传记资料选辑》,上海古籍出版社 2004 年版,第 2053 页。

② 钱基博:《现代中国文学史》,岳麓书社 1986 年版,第 207 页。

这是樊增祥为其恩师张之洞诗集所写的一篇跋文。张之洞既是震动晚清政坛的风云人物，又是中晚唐诗派的领袖人物。他不仅诗文创作的经历非常丰富，而且作品甚多，成就亦颇高。而樊山仅用了300字，就将张之洞平生为诗的整个经历以及对恩师前、后期诗歌成就的总体评价，写得清清楚楚、明明白白。真可谓构思精巧，叙事简明扼要，文字精练准确，用典自然贴切。更值得一提的是，全文的句式颇富于变化，既有短语，又有长句，既有骈言，又有白话，长短、骈散相间，有机结合，既有利于内容的表达，又使文章的语言抑扬顿挫，琅琅上口，富有音乐感和节奏感。

樊增祥早年做过十多年的县令，且“聪明天赋，五官并用，笔舌所至，颠倒英豪，雕绘万象”[①]；又“贫贱日久，阅历世故三十余年，其于物态诡随、情伪百变，无不揣摩已熟”，至于“上自节镇，下至令长，出入宾幕，更事最多，故尤达于吏治”，“每听讼，千人聚观，遇朴讷者，代白其意，适得其所所欲言。其桀黠善辩以讼累人者，一经抉摘，洞中窾要，皆骇汗俯伏，不得尽其词。乃从容判决，使人人快意而止”[②]。尤其是“所为判辞，庄谐并茂，敏妙中窍……脍炙人口”[③]，“海内传诵”[④]。

批答、状赞、札启、表策等类文属于公牍文（严格地说，前面已谈过的奏书、奏议、论说等文体亦属于公牍文），也就是我们今天所说的应用文体。写得好的公牍文，照样可流传后世，如苏轼《赐太师文彦博乞致仕不允批答》《乞赐州学书版状》《杭州乞度牒开西湖状》《教战守策》，欧阳修《道服赞》《论按察官吏札子》，王安石《本朝百年无事札子》，韩愈《上郑尚书启》，杜牧《谢周相公启》，诸葛亮《出师表》，李密《陈情表》，贾让《奏治河三策》等就是传颂至今的名篇。由于樊增祥所为批判等公牍文不仅“能抉摘纰漏，动中窾要”，而且“切情入理，雅俗共喻”，

① 陶在铭：《樊山续集·序》，《樊樊山诗集》附录二《序跋传记资料选辑》，上海古籍出版社2004年版，第2034页。

② 余诚格：《樊樊山集·叙》，《樊樊山诗集》附录二《序跋传记资料选辑》，上海古籍出版社2004年版，第2029页。

③ 王森然：《樊增祥先生评传》，《近代名家评传》（二集），生活·读书·新知三联书店1998年版，第1页。

④ 钱海岳：《樊樊山方伯事状》，《樊樊山诗集》附录二《序跋传记资料选辑》，上海古籍出版社2004年版，第2052页。

"别是人间一种文字"①，因此风行一时，被地方官员奉为范文。如其《代洋务局批盩厔县禀》：

> 民教之事，全系于地方官之一心。无事时中外一家，有事时持平办理。中国今日被人欺压至此，皆由从前一味自尊自大、自枯自是所致。至于各处教案，亦多因激变而生成。激变不过两途：媚洋者，民不平；袒民者，教不服。如果州县真有是非曲直，案案②持平，有何教案可办？该令此禀谓盩厔教士胡定邦纵容教民欺压百姓，请本局转至高陵总教堂将胡教士另调他处等语。查盩厔曾前令因到任之始，张贴告示，有意刻待教民，至滋龃龉，不克久于其任。该令初到，与教堂毫无意见，冀得彼此相安，乃到任既有此禀，深非上游所望。夫公事不可无据，对外国人言尤不可以无据。该令来禀但曰"纵容"、曰"欺压"、曰"下乡时，约保纷纷赴愬"，且作危词曰"其患将不可测"，究竟教士所纵容者何事，教民所欺压者何人，纷纷赴愬者有何巨创沉冤，得何真凭确据？一概不能指实。如果即据来禀，达之高陵教堂，该堂函索纵容欺压之实据，本局何以应之？是此禀不惟冒昧，而且胡涂。在该署令之意不过欲于莅位之初先将教士撤换，借以讨好于百姓，示威于教民，仍是二十年前混沌未凿之习气。殊未知我欲撤换，主教未必听从。即使听从，能保后来者必胜于前乎？万一另换之人，其纵容更甚于胡定邦，该令又将如何？本局非畏而庇之，特事贵平情，不可空言无据。该令接曾令下手，与教士无怨无德，正好趁此时开诚布公，与之订约，各除袒护之私，一以持平为主。教士固不可偏信教民一面之词，县令亦岂可偏信百姓一面之词。彼此胸次空空洞洞，百姓是，则伸民而抑教；教民是，则伸教而抑民，有何难了之案乎？如果该教士理谕不能，情感不可，在该令任内实有纵容、欺压之案据，然后就案上禀，本局方可据以相争。若该令自觉才不胜任，日抱不测之忧，尽可禀请交卸……大凡讼师作呈词空空无据，专以危言恐吓者，不惟自取驳斥，抑且惹人憎怒。不意该令作禀亦染陕西不通讼师之恶习，深可愤诧。缴。

这是指导地方官员关于如何处理民教冲突案的一篇判牍文。盩厔县令刚到

① 樊增祥:《樊山批判牍自序》,《湖北文征》第十一卷,湖北人民出版社 2000 年版,第576 页。

② 该文选自《樊山政书》卷十，中华书局 2006 年版，第 272 页。

任便呈文请求洋务局与天主教的郊区主教交涉，撤换本县教堂教士（神父），理由是教士（神父）纵容教民欺压乡民。樊增祥在调查核实后，严辞驳回呈文，批评县令“不惟冒昧，而且胡涂”。因为呈文（指控书）中没有真实可靠的罪状证据，只是空泛的指责。这就颇类似于那些“专以危言恐吓者，不惟自取驳斥，抑且惹人憎怒”的陕西“不通讼师”。樊增祥分析说，盩厔县令要求撤换教士，并不是以实事求是的态度来为民伸冤，而是想“于莅位之初先将教士撤换，藉以讨好于百姓，示威于教民”，为自己站稳脚跟捞取政治资本。并强调指出：办理“民教冲突”案的关键“全系于地方官之一心”；而且“事贵平情”，“开诚布公，与之订约，各除袒护之私，一以持平为主”。只有“实事求是”，谨慎行事，公正判罚，才会缓和紧张的民教关系，将矛盾真正化解，使各方满意；而不是单方面地去激化矛盾，使矛盾的双方越来越紧张、越来越对立。在晚清的地方官员中，有如此识见和能力者，实在是少见。也正因如此，樊增祥才被时人称之为“听讼决狱”的一代名宦。

这篇判牍不仅是一篇研究“民教冲突”案的十分珍贵的历史文献，而且还是一篇观点鲜明、说理透辟、对策具体、结论稳妥、文字简洁、短小精悍的说理文。樊增祥其他的一些应用文体亦写得很有特点。如其《劝募鄂省水灾振款公启》：

窃以越禽虽北，仍恋南枝；天马虽东，不忘西极。物各返其本根，人各爱其故乡。其在平时，姻旧尚分河润；矧逢灾殄，孑遗忍听流亡。今年吾鄂武、汉、黄、德、安、襄、荆州七郡二十四厅州县同时被水，蛟鼍游于屋上，鸡犬入于河中；田宅波平，苍黎水葬，死亡之惨，漂溺之哀，屡见报章，无烦缕覙。鄂中自程大公祖以下，莫不乃心民瘼，急筹振需。虽鱼龙寂寞以归洪，奈鸿雁哀鸣而载路。言念乡邦之众，鬻其儿女，救其爹娘；转徙沟壑之民，非其父兄，即其子弟。天灾代有，恻隐谁无？吾乡旅宁诸君，阴德耳鸣，捐章手写，以祥忝居左辖，俾作先河。伏念自冬徂春，来日有大难之势；以吴济楚，同心筹小补之方。明知官况艰难，旅囊羞涩，然虽云诗瘦，或肥于桑下之饿人；虽曰官贫，究富于雪中之流丐。减官厨一筵之费，不止活十人；停画船两日之游，可以救十户。夫伶人且以歌舞助振，而况士夫？妇女或撤环瑱济贫，而况男子？今由鄙人捐廉三千金，为同乡诸公之倡。伏望关怀井里，广募泉刀，慨轮刘宠之钱。伏乞平原之米，荆国人人尚义，故有取于众擎。

梓乡户户皆饥，复何心于独饱！三楚古来贵仕，凡荐绅敢不争先。四民今日重商，即阛阓何能自外。嗟乎，罗雀掘鼠，感台司竭蹶以施仁；救蚁埋蛇，识荆鄂从来之好善。义取官绅之共济，情同昆弟之相关。天有报施，本公修而公得；事无勉强，期我尽夫我心。源源而来，多多益善！谨启。

这是樊增祥担任江宁布政使期间为湖北遭受水灾而发表的一篇募灾公启。启文的构思颇为巧妙：先从游子对待家乡的一般心态入手，再介绍家乡遭受水灾的严重情况；随即以身作则，表明自己的态度；接下来从不同的方面、不同的角度号召旅宁乡人为受灾的家乡捐资；最后说明此次捐资的方式，层层深入，以情感人，以情动人。句式富于变化，文辞典雅，对仗工整，感情真挚，感染力强，是一篇文情并茂的、不可多得的启文。难怪时人会说："其公牍尤有名，法家咸奉为圭臬。"①

第七节　樊增祥的小说创作

今天一般的学人都知道，樊增祥是清末民初文坛上的一位诗（词）文大家，著作等身；而知道他还写过小说的人，则为数不多。樊增祥一生中仅写过一篇小说——《琴楼梦》，而且是短篇。但就是这篇短篇小说，却在一段时间内非常受读者的欢迎，曾经一版再版，在当时的文学界产生过颇大的影响，使樊增祥在中国20世纪初期的短篇小说史上占有了一席之地。直到五四新文化运动期间，其被新文学主将刘半农斥之为"烂污"之作，才逐渐沉寂。

1913年春，湖南才子易顺鼎告别亲友，只身离沪赴京。挚友分别，樊增祥颇感惆怅。他深知易顺鼎此去京城，难免又将沉迷花丛。樊增祥和易顺鼎都是清末民初的文坛名宿，诗界才子，且为同门手足，相交莫逆，诗风相近，被誉之为"诗坛双雄"。辛亥革命后，二人皆寓居上海，没落失意，日以唱和宴饮、观剧征歌为乐，尤喜结交戏子，吹捧名伶，写有很多风流香艳的诗词，为时人广泛传诵。其诗词，"虽多滑稽，实亦多有为而言，惟樊

① 王森然：《樊增祥先生评传》，《近代名家评传》（二集），生活·读书·新知三联书店1998年版，第1页。

山之作，非实甫不解，实之言，舍樊翁莫辨也”[①]。

当时的上海，不仅是大都市，异常繁华，而且是清朝遗老居住最集中的城市之一。京津地区的戏剧名伶，纷纷争相赴沪演出。易顺鼎就最迷恋当时红得发紫的津籍坤伶王克琴（樊增祥曾为其改名为“王琴客”）[②]。樊、易二人虽都沉迷欢场，性格却迥异：樊增祥持身谨重，只酷爱文学，无其他嗜好，虽频繁出入欢场，却不为情色所动；易顺鼎则为人豪爽，狂放不羁，诗词之外，又酷爱名伶，荒于酒色，沉迷情欲而不能自拔。因此，樊增祥不仅自己经常在诗文往来和日常生活中对易氏进行规讽、劝谏：“使君莫恋长安乐，蕙锦文琴为可抛”[③]，而且还多次代易顺鼎之妾花翠琴[④]致函易氏，倾诉思念牵挂之情。樊增祥的《琴楼梦》就写于这一时期。

陈灨一曾在《新语林》卷八之“惑溺”篇中说：“易哭庵于辛、壬间居沪，悦女优王克琴，排日听歌，追逐不疲。樊樊山撰《琴楼梦》小说以讽之。”[⑤]

现代著名学者王森然在其《易顺鼎先生评传》中亦说：“革命起，（易顺鼎）遁居上海，日从樊增祥等观剧征歌。悦女伶王克琴，日伺其室，终不得当。樊增祥为撰《琴楼梦》以讥之。”[⑥]

由此可知，《琴楼梦》小说所写乃为实名实姓，实有其人，实有其事，丝毫没有避讳。易顺鼎自己曾在《数斗血歌为诸女伶作》中写道：“去年

---

① 王森然：《易顺鼎先生评传》，《近代名家评传》，生活·读书·新知三联书店 1998 年版，第 138 页。

② 王克琴(1894—1925)，字者香，出身于天津一个旗籍世家。幼时父母双亡，随姨母生活；后因家贫，遂进入梨园。先攻京剧，后习河北梆子，为中国第一代女伶。专攻花旦，端庄大方，身段优美，嗓音甜润清脆，扮相艳丽，唱、念、做兼工，是美貌和才情的完美结合。后辗转演出于津、京、沪、汉等地，许多达官贵胄、文人墨客为之倾倒，写了不少诗词来赞美她。辛亥革命后，曾为段祺瑞的外妾，段芝贵的小妾，后为张勋的四姨太。1925 年病逝于上海，年仅 32 岁。代表剧目有《双上坟》《拾玉镯》等。

③ 樊增祥：《得石甫京邸书却寄》，《樊樊山诗集》，上海古籍出版社 2004 年版，第 1836 页。

④ 花翠琴：又名琴姬，即《琴楼梦》小说中之“玉颀夫人”。初为名妓，1903 年脱籍归易氏为妾，并拜樊增祥为师。樊增祥曾为其赠字“玉颀”。

⑤ 陈灨一：《新语林》，上海书店出版社 1997 年版，第 143 页。

⑥ 王森然：《易顺鼎先生评传》，《近代名家评传》，生活·读书·新知三联书店 1998 年版，第 93 页。

我见王克琴，使我动魄兼惊魂，樊山曾作小说传其真。”易顺鼎本人坦言《琴楼梦》就是描写的自己追慕王克琴一事。樊增祥嘲讽易顺鼎追捧伶人的风流韵事，几近污毁名声；而易顺鼎不仅没有反对、抗议，反而对其颇为嘉许，这既表明易顺鼎对王克琴的爱慕之深，亦表明易、樊交谊的不同一般。

樊增祥在其《琴楼梦》篇末所附“跋语”中亦说：“余与石甫为莫逆交，老有童心，日以嬉笑为乐。自君北行，日日有遍插茱萸之感。饭余灯下，偶然作此狡狯，虽曰滑稽，实亦有为而言。非吾石甫，莫能解也。珩孙以底稿付襄池，书此一笑。”

在这里，我们不仅知道了樊增祥创作《琴楼梦》的缘由，而且明白了其创作的目的。无论“以讽之”也好，还是“有为而言”也好，其目的都非常明确，那就是要劝谕易顺鼎脱离迷情，珍惜家庭。

樊增祥的《琴楼梦》，是一篇约八千字的短篇滑稽小说。它以浅近的文言和实名的方式叙写了湖南神童才子易顺鼎痴迷戏曲名伶王克琴以至于梦寐颠倒的风流韵事：

易五郎（即易顺鼎）恍恍惚惚走进一间装饰精致的房间，竟发现室内挂着自己题赞王琴客（即王克琴）诗句的画幅，甚感惊异。正在狐疑，忽然看见他朝思暮想的王琴客从里面走了出来。易五郎顿时就像是被推选为大总统一样，激动的说不出话来。他立即跪倒在地，磕头如捣葱，向王琴客哭诉自己的爱慕与相思之情。王琴客亦为易郎的深情所打动。于是，两情融洽，既谐鱼水之情，复又词曲酬唱，互诉衷肠。就在两人柔情蜜意、万般旖旎之时，老鸨婆子突然从外面冲了进来，对着易五郎破口大骂，逼迫其交出六千两银子方能了事。见此时的易五郎一钱不名，那老鸨婆子便迁怒于王琴客，抓住她的头发，又用力去掮王琴客的耳光。易五郎情急之间，猛然伸过脖子，去挡住王琴客的脸，正好被老鸨一巴掌打在脸腮上，一时金星乱迸。于是，他便大哭大喊起来。这易五郎的哭喊之声，可吓坏了正在床前灯下做女红的花玉颀（即花翠琴）。玉颀赶紧丢下手中的针线，将易五郎从睡梦中唤醒——原来，这一天易五郎与梅兰芳、贾碧云等名伶一起在大舞台观看王琴客演出的《卖胭脂》。演出结束后，又一起去岭南楼宴集，带醉晚归；适易五郎的脱肛之病复发，异常难受，玉颀好不容易才将他服侍入睡。岂料刚一合上眼，就做了这场称心如意的春梦。被惊醒的易五郎犹以其梦为真，叫喊着要去济良所控告那老鸨婆子，将王琴客从火坑中救出来。在玉颀的耐心开导、抚慰下，易五郎才渐渐清醒过来，并将梦中情景详详细细地向玉颀说了一遍。玉颀听罢，又好气，又好笑，便含嗔带怒地劝慰五郎，晓之以理，动之以情，颇费了一番口舌。易五郎一方面被玉颀所讲的道理说得无言以对，另一方面又仔细回想这十年来玉颀对他困窘相守、无怨无悔的挚爱深情，终于幡然醒悟过来。易五郎深感自己对玉颀有愧，于是甜言蜜语、多方抚慰玉颀，并发誓要与她长相厮守。

整篇小说采用滑稽诙谐的语言，生动形象地将易五郎（即易顺鼎）爱慕戏曲坤伶王克琴的痴迷情状刻画得入木三分，淋漓尽致。

这篇短篇滑稽小说最初署东溪居士[①]撰，于民国二年（1913 年）附录在由上海广益书局铅印发行的《樊山滑稽诗文集（初编）后附琴楼梦小说》中。其后则直接署名樊增祥撰，且版本甚多，目前能见到的就有：单行本，民国三年（1914 年）上海国学书室石印本和上海广益书局铅印本以及未注明出版时间的上海震亚书局影印本《樊樊山先生手书琴楼梦》；合订本，民国四年（1915 年）上海广益书局铅印本《评点四大名家小说》。此外，以丛书形式出版的则有民国五年（1916 年）上海文明书局《小说名画大观》石印本，该版本无作者跋，后附诗 1 首，另增插图 2 幅。上海广益书局还分别于民国十四年（1925 年）和民国二十五年（1936 年）出版《樊山戏著滑稽诗文集（初编）》和《樊樊山戏著滑稽诗文集》铅印本。

樊增祥的《琴楼梦》可说是一篇自觉地、多方面地师仿曹雪芹《红楼梦》的作品。小说写成后，易顺鼎曾作有《樊山戏作〈琴楼梦〉小说讽余，赋谢一首》[②]云：

> 真宜一字一香薰，仙占三分佛七分。怜我楚襄圆好梦，替他苏蕙写回文。才论奇艳超云李，情演深微敌雪芹。稗史红楼吾敢比，青楼差压杜司勋。

收到好友的赠诗后，樊增祥则写有《余戏为虞初之言，石甫以诗见奖，戏答》[③]曰：

> 故素新缣比较难，野言聊当寓卮看。三挑玉瑱来端木，一梦红楼感

① 东溪居士：樊增祥的别号之一。

② 易顺鼎：《樊山戏作〈琴楼梦〉小说讽余，赋谢一首》，《易顺鼎诗文集》，湖南人民出版社 2010 年版，第 1119 页。

③ 樊增祥：《余戏为虞初之言，石甫以诗见奖，戏答》，《樊樊山戏著滑稽诗文集》，上海广益书局 1936 年版，第 67 页。

纳兰。海样啼痕双袖满，潮般心绪五更寒。龙门史笔今何用？且可闲情托稗官。

我们从易顺鼎和樊增祥两人关于《琴楼梦》的唱和诗就比较明确地看出，《琴楼梦》的写作，确实是在自觉地师仿曹雪芹的《红楼梦》。

如果我们仔细研读樊增祥的小说，就不难发现，《琴楼梦》对《红楼梦》的自觉师仿，主要体现在以下几个方面：

第一，对《红楼梦》小说名称的模仿。小说作者与小说中的易五郎、王琴客、花翠琴这三位主要人物的名字里都含有一个“琴”字。易五郎即易顺鼎，他曾在庐山建造别墅，其中一室就名“琴志楼”。因此，樊增祥在《乙庵以五绝句赠石甫，仆继作》五首诗的第二首诗末的附注中就说：“余号天琴，君号琴志，君姬人曰花琴，近复醉心琴客。”[①]四“琴”相集，不能说是巧合。而且，小说故事情节又是围绕“琴志楼”里易五郎的一场春梦展开的。所以，小说以《琴楼梦》命名，与《红楼梦》仅一字之差，其方式明显因袭《红楼梦》，可谓用心良苦。

第二，对《红楼梦》小说意旨的师法。弗洛伊德曾说：“梦的实质是欲望的满足。”[②]熟悉《红楼梦》的学人们都知道，《红楼梦》是以大观园中痴男怨女的感情生活为主要情节的，它寄托了作者对天地真爱和人间至情的美好愿望与追求。而《琴楼梦》主要写的是易五郎的迷情一梦，其目的是要表达“比较桃花千尺水，情深还是眼前人”[③]的美好愿望，寄予了作者希望易顺鼎走出虚妄迷情、珍爱家室的讽谕规劝之情。易顺鼎在《樊山戏作〈琴楼梦〉小说讽余，赋谢一首》中所说的“才论奇艳超云李，情演深微敌雪芹”，就是用《琴楼梦》的“演情”旨意来比《红楼梦》，用樊增祥的“深微”旨意来比曹雪芹，说明这两部小说在旨意上是一致的。当然，我们更应看到，由于作者创作小说时所处的特殊时代环境，是否可以说，小说也是在“以一种滑稽的、不严肃的方式反映了清末遗老们对梦想难以实现的苦闷，只能长歌当哭的无奈和惆怅”，遂“通过梦的形式展示了遗老们被压

---

① 樊增祥:《乙庵以五绝句赠石甫，仆继作》,《樊樊山诗集》,上海古籍出版社2004年版,第1905页。

② (奥)弗洛伊德:《梦的解析》,北京出版社2008年版,第30页。

③ 樊增祥:《琴楼梦》结尾诗,《樊樊山戏著滑稽诗文集》,上海广益书局1936年版,第66页。

抑的欲望”[①]？

第三，对《红楼梦》小说内容的引用。《琴楼梦》在故事叙述的过程中，曾两次直接引用《红楼梦》中的人物与语句。一处是小说写到易五郎在梦中与王琴客欢娱之后，便坐下来听王琴客为他唱《寄生草》曲子：“五郎此时，似麻木非麻木，似痴呆非痴呆，似乎明白又似乎糊里糊涂，就好像贾宝玉失了通灵玉，有些疯傻的样子。”[②]另一处是，当易五郎梦醒后与玉颀谈论梦境时，玉颀曾含嗔带怨地劝慰五郎说：“倒不如王凤姐说的，和我这‘烧糊的卷子’混混罢了。”[③]从这两处的引用来看，都十分符合小说人物形象的特征和具体情境，有助于小说人物性格的刻画。

第四，对《红楼梦》小说人物的摹拟。《琴楼梦》的主要人物是易五郎。易五郎即易顺鼎。熟悉易顺鼎生平情况的人都知道，他幼时即有“仙童”之誉，少年时便得“才子”之名，聪慧绝伦；又多愁善感，心思敏感纤细，风流多情，为人处事，就颇像《红楼梦》中的贾宝玉。故时人常将他比之贾宝玉，他自己亦常以贾宝玉自诩，并写有很多与《红楼梦》中人物形象或故事情节有关的诗文作品。如其在《忏绮斋铭》中就自称：“怡红公子、惨绿少年”[④]，而在《人天清感楼赋》中也说：“楼中无他物，惟贮《石头记》一册……怡红公子爰请笔而题曰‘人天清感之楼’。”[⑤]他还在诗中写道：“我年十五二十时，人人称我贾宝玉。我年三十四十时，人人称我于忠肃。”[⑥]其师王闿运在《湘绮楼日记》中曾说：“得易仙童书，纯乎贾宝玉议论。”[⑦]陈琰在《艺苑丛话》卷四中亦说：“实甫生而哀艳，人比作《红楼》中之宝玉。”[⑧]挚友樊增祥更是以“《石头记》里有情痴，梦绕红楼觉后疑”来评说易顺鼎[⑨]。著名学者蒋瑞藻在其《小说考证》中亦认为：

---

① 袁子微：《眼底厌看新世界　曲中犹见旧山河——樊增祥〈琴楼梦〉之晚清遗民处境》，《社会科学论坛》2015年第11期。

② 樊增祥：《樊樊山戏著滑稽诗文集》，上海广益书局1936年版，第57页。

③ 樊增祥：《樊樊山戏著滑稽诗文集》，上海广益书局1936年版，第63页。

④ 易顺鼎著，陈松青校点：《易顺鼎诗文集》，湖南人民出版社2010年版，第1263页。

⑤ 易顺鼎著，陈松青校点：《易顺鼎诗文集》，湖南人民出版社2010年版，第1735页。

⑥ 易顺鼎著，陈松青校点：《易顺鼎诗文集》，湖南人民出版社2010年版，第1738页。

⑦ 易顺鼎著，陈松青校点：《易顺鼎诗文集》，湖南人民出版社2010年版，第1924页。

⑧ 易顺鼎著，陈松青校点：《易顺鼎诗文集》，湖南人民出版社2010年版，第1941页。

⑨ 樊增祥：《石甫属题张梦晋山茶梅花卷子，卷为伯熙所赠，以石甫为梦晋后身也》（四首之三），《樊樊山诗集》，上海古籍出版社2004年版，第919页。

易顺鼎“用情肫至，何让怡红？是诚一风流蕴藉士也”①。由此看来，易顺鼎确像一个贾宝玉式的人物。正因如此，樊增祥在《琴楼梦》中就是用“好像贾宝玉失了通灵玉，有些疯傻的样子”来描写易五郎的痴迷状貌的。

第五，对《红楼梦》小说方法的借鉴。《红楼梦》最突出的特点之一，就是以“梦”写情。全书前前后后、大大小小、真真假假、林林总总写了数十个梦。樊增祥就是在认真研究、大胆借鉴《红楼梦》的写梦方法的基础上，来完成他“易五郎梦会王琴客”的这个梦境的。《琴楼梦》开篇即采用倒叙的方法，直接叙写易五郎与王琴客在雅室幽会的情景，几乎用了一半的篇幅，才将笔锋荡开，点明这只是一场春梦。随后才将易五郎做梦的缘由细细补叙出来，最后再写易五郎与花玉颀的谈梦和解梦。作者将荒谬的梦境、虚幻的迷情同易五郎困窘的处境、花玉颀深切的爱恋两相对照，最终让易五郎迷途知返。《琴楼梦》的这样一种写作方法，就与《红楼梦》中的“魂游太虚境”“正照风月鉴”“潇湘惊恶梦”等写梦情节极为相似。

有的学人认为，“《琴楼梦》不仅是叙述一场易顺鼎思慕王克琴的春梦，更是展示处在新旧文化交替时期遗老们对自己生存状态的焦虑和疑惑”；在易五郎和王克琴的春梦中，实际上蕴含着“做官梦”“发财梦”“佳人梦”三个小梦②，甚有道理，对我们进一步深入研究《琴楼梦》颇有帮助。

尽管樊增祥的《琴楼梦》在创作中多方面地师仿了《红楼梦》，但它又不是粗疏简单的模拟与复制，而是在艺术上有其自己的独到之处。也正因如此，才使它能够得到学人们的肯定和推崇。学者蒋瑞藻在《小说考证》一书中就曾说：

> 方伯有《琴楼梦》小说，亦演此事，调侃神童，穷极形相，用笔之灵动跳脱，乃如活龙，如生虎，不可捉摸，洵说部中之别开生面者，哲人之余技，足了千人也。③

在这里，蒋氏给予了《琴楼梦》很高的评价，并明确指出了它在创作艺术上的三个特点：

---

① 蒋瑞藻编，江竹虚标校：《小说考证》，上海古籍出版社1984年版，第414～415页。

② 袁子微：《眼底厌看新世界　曲中犹见旧山河——樊增祥〈琴楼梦〉之晚清遗民处境》，《社会科学论坛》2015年第11期。

③ 蒋瑞藻编，江竹虚标校：《小说考证》，上海古籍出版社1984年版，第414～415页。

其一，小说采用反讽的手法，着力刻画了易五郎既痴情可怜，又虚妄可笑、为情所困的滑稽形象。其活灵活现的状貌描写、细腻入微的心理描绘以及穷形极相的形象描摹，无不让人赞叹。

其二，小说运用倒叙和补叙相结合的叙事模式来结构故事，不仅使情节富于悬念，整个故事的演进自然、妥帖，而且效果亦极富有戏剧性。

其三，语言雅俗共赏，繁简相宜，滑稽诙谐，人物的对话十分符合人物的身份、性格和所处之情景，故而能将易五郎爱慕王克琴的痴迷情状刻画得淋漓尽致。

1915 年，上海广益书局推出了由剑痕评点的铅印本《评点“四大名家小说”》[①]，其弁言中亦曾说：

> 四大家小说者，郑苏龛、康南海、梁任公、樊樊山四先生之作也。四先生以诗文名于海内，偶然兴之所至，寄于稗官，尤为可宝。樊山之《琴楼梦》，久已脍炙人口。任公之《世界末日记》，世亦多见之者。而南海、苏龛两先生之作，知者独少。

由此可见，樊增祥的《琴楼梦》在四者之中，是最受欢迎、最为时人津津乐道者。故而颇受当时读者和学人的推崇和肯定。

1918 年 3 月 15 日，《新青年》第 4 卷 3 号上出现了一场新旧文学之争的论战，即刘半农与钱玄同这两位新文化运动的干将所策划的著名的“双簧戏”。钱玄同（化名迂腐守旧的“王敬轩”）在《给新青年编者的一封信》中极力抵制新文学，而刘半农则以编辑的身份在同期发表《复王敬轩》予以反驳。文中不仅批判了旧文学的代表“桐城谬种”“选学妖孽”，而且将樊增祥和易顺鼎的诗文斥之为“烂污笔墨”，批得“半钱不值”；并将其二人斥之为“丧却人格”的“淫棍”[②]。在这里，我们无法去评介这场“双簧信”论战的功过是非，仅就其效果来说，“双簧戏”作为五四新文化运动时期一场标志性的事件，在当时产生了广泛而深远的影响。因此，它无论是对樊增祥和易顺鼎的人品，还是对他们二人诗文的传播，抑或是对樊增祥《琴楼梦》小说的流传，都带来了极大的负面影响。自此之后，樊增祥的《琴楼梦》便少有人出版，就是明证。

---

① “四大名家小说”指郑孝胥的《南髻记》、康有为的《青娥血泪记》、梁启超的《世界末日记》和樊增祥的《琴楼梦》四家小说的合辑。

② 鲍晶编：《刘半农研究资料》，知识产权出版社 2011 年版，第 119、130 页。

尽管如此，樊增祥的《琴楼梦》对后来中国小说创作的影响还是明显的。1927年，“晚清四大谴责小说”之一《孽海花》[①]的作者曾朴在上海创办《真美善》杂志，陆续刊出其修改过的《孽海花》的第21～25回和新撰写的第26～35回。曾朴以影射的方式，在小说的第32～35回中叙写易顺鼎（小说中名“叶笑庵”）的风流韵事时，于故事情节的发展过程中曾多次提及樊增祥（小说中名“万范水”）的短篇小说《琴楼梦》的名字和《琴楼梦》中的部分内容与相关人物。这既反映了曾朴对樊增祥《琴楼梦》内容的娴熟，又可见出樊增祥《琴楼梦》对《孽海花》创作的具体影响。

① 《孽海花》,共35回。1903年,金松岑(爱自由者)将其所写之《孽海花》的第1、2回,在《江苏》杂志发表,署名麒麟。次年,他因“小说非余所喜”,便将所写的第3～6回原稿交给好友曾朴续写。两人共同商讨了回目,曾朴遂以前几回为基础,重新结构。《孽海花》本拟写60回,包括五个时代,即“旧学时代”“甲午时代”“政变时代”“庚子时代”“革新时代和海外运动”。1905年,经过修改的前6回和续写的4回,作为第1册,由上海小说林社出版,署“爱自由者发起,东亚病夫编述”,称为“历史小说”。次年,接着出版第2册,即小说的第11～20回。1907年,《小说林》月刊连载了小说的第21～25回。此后该书的写作中断,直到1927年,曾朴在上海创办《真美善》杂志,又陆续刊出修改过的第21～25回和新撰写的第26～35回。同时,曾朴又将前20回加以修改,于1928年先后出版初集(第1～10回)、二集(第11～20回),1931年出版三集(第21～30回)。不久,曾朴又将所出三集合并成一册,即社会上通行之30回初刻本。1959年,中华书局上海编辑所出版了在原30回初刻本之外,又附录了第31～35回的增订本。1979年,上海古籍出版社又据此重印了35回增订本。

第五章　国学大师与方志大家——王葆心

鄂东大地，地灵人杰，才人辈出，曾产生过大批享誉全国、甚至享誉世界的著名学者和文学家，王葆心就是其中的一位。他不仅是清末民初著名的教育家，也是清末民初著名的国学大师、地方史志学家，还是清末民初著名的文学家，为我国清末民初的教育、文化和文学的建设与发展作出了重要的贡献，受到学人们的一致推崇。

第一节　王葆心的生平与著述

王葆心（1868—1944），字季芗，号晦堂。晚年居青坨院，别号青坨老人。出生于湖北罗田县城东40里大河岸镇古楼冲村的一个耕读之家。其曾祖父、祖父时，家产“巨万”，乃地方的富有殷实大户①；父亲王皆槐，号培浚，清国子监生，不愿为官，回家边种地边教书，教育子女；因“少年气盛，结客喜任侠，以世乱多财为累，岁散千金”②，家道遂逐渐衰落。母亲黄氏，亦出身书香之家，是闻名乡里的贤妻良母。葆心自幼勤奋好学，与胞兄葆周（字文伯）、葆颐（字清仲）、葆龢（字廉叔）、从兄佑祺一起，跟随叶骥才和父亲、伯父读私塾，学习《三字经》《百家姓》《千家诗》和“四书”“五经”，深受家学熏陶。

光绪十六年庚寅（1890年），王葆心与其胞兄葆周、葆龢和从兄佑祺一同进入由湖广总督张之洞创办的黄州经古书院（在黄州城原河东书院旧址）学习。因受“中学为体，西学为用”思想的影响，王葆心不仅刻苦学习国学知识，而且广泛涉猎西方传入的新学知识，深受居乡翰林、经古书院院长、著名学者周锡恩的赏识。

光绪十八年壬辰（1892年）春，湖北学政孔祥霖赴黄州府主持府试。王葆心与其胞兄葆周、葆龢三人皆为府试优等，一时间，黄州八县传为美

---

① 详见王葆心：《曾大父跃龙王府君墓志铭》，《晦堂文存》第十一册。

② 详见王葆心：《钦旌孝妇敕封七品太孺人先妣黄太孺人事状》，《晦堂文存·附录》。

谈。王葆心则以经学第一取为秀才。不久赴武昌，进入经心书院、两湖书院（亦称“菱湖书院”）继续深造。在周锡恩、邓云岗、易顺鼎、汪康年、梁鼎芬、周树模、邹代钧等名师的指点下，葆心博览经、史、子、集诸书，又对文字学、声韵学、训诂学进行了深入的研读；课余之外，与蕲春的童树棠、潜江的甘鹏云等同学在一起讨论切磋，视野更加开阔，学业大进。

光绪二十年甲午（1894 年），在由学政主持的、每三年考选一次的秀才选拔考试中，王葆心被取为“优贡”（被选拔送至京师国子监学习的优异者）。

由于王葆心文行兼优，学冠诸生，一时蜚声江汉，因此，不少地方书院都前来争相聘请，相继出任湖北博通书院、钟祥传经书院、黄梅调梅书院、罗田义川书院院长和汉阳晴川书院（后改为“汉阳中学堂”）、两湖优级师范学堂教习。王葆心思想开明，在实际教学过程中，既注重教学的内容，亦讲究教学的方法，还精心为学生制订了一个乡塾授书课程计划。他要求学生不仅要“读经义策论文法书”，而且要“观东西政治艺学书”（天算地舆等类署此），启迪学生心智，使学生的视野日渐开阔，深受学生的爱戴。其间，他亦曾多次参加乡试，尽管学富才高，但时运不济，每次都名落孙山，就连主考官们都感到奇怪。

光绪二十九年癸卯（1903 年）秋，王葆心再次走进考场，参加这一年举行的乡试，终于显示出他卓异的才华，以优异的成绩被取为第三名举人。湖广总督张之洞以其博学多才、办学有方，奏请光绪皇帝授予知县职，但王葆心未去赴任，而是回到家乡创办了第一丙等私立小学堂。四邻八乡慕名送子弟前来就学者甚多，学堂生源充足，颇为兴盛。不久，回武汉就任黄德道师范学堂、汉阳府学堂教习。

光绪三十三年丁未（1907 年），为选拔人才，京城举行了举人才有资格参加的每三年一次的“贡考”。王葆心亦前往考试，并名列第一，成为“贡生”。随后，经张之洞、张夔君、曹示寅、梁鼎芬等大臣、名流的举荐，调王葆心就任礼部司务厅行走，并兼任京师书报局总纂。几年后，又经学部保奏，授学部主事职，并兼充礼学馆纂修官和京师大学堂与京师优级师范学堂经学、文学教习。这期间，王葆心目睹清政府腐败无能、外敌凌逼的现实，发愤搜遗辑佚，将宋、明末年楚东人民不畏强暴和抗拒外敌侵略的壮烈故事，撰成《宋季淮西六寨纪事》及《蕲黄四十八寨纪事》（后增订为《明季江淮七十二寨纪事》）两部史著，既用以补充正史之缺失，又用以宣扬民族气节，鼓舞人民抵御外侮的决心和斗志。公、私事之余，又经常与著名学者、文学家王国维、林纾、陈衍等人诗文唱和，交谊甚深。

王葆心生活在京师的这些年，也正是民族民主革命运动蓬勃发展的时期。其间，他与两湖书院同学、从德国留学归来正在外务部任职的同盟会员周泽春相遇，且过从甚密，相处颇为融洽。受周氏革命思想的影响和启迪，葆心的思想也开始发生变化，从一个只专注于教书育人和学术研究的传统知识分子，逐渐转变为一个同情和支持民族民主革命的爱国者。

武昌起义后，周泽春、杨祖谦、殷汉光、林唐辅、李仲韬、廖舒筹等爱国志士鉴于革命党人不断遭到暗杀的现实，在天津成立了革命团体“天民社”。王葆心不仅积极加入天民社，而且还成为其机关报《天民报》的编辑和主要撰稿人（殷汉光为总经理、林唐辅为总编辑、廖舒筹为总发行）。他积极撰写文章，揭露反动势力的阴谋，抨击部分党人的不顾大局和私心杂念，用自己的实际行动来声援、支持和推动民族民主革命运动的发展。

民国元年壬子（1912 年），南京临时政府成立。孙武、蔡济民等辛亥功臣关于成立湖北革命实录馆的建议，得到副总统兼湖北都督黎元洪的批准。王葆心于是年 7 月毅然回到武昌，应邀就任湖北革命实录馆总纂（馆长为谢石钦），编辑《湖北革命实录》，大力弘扬仁人志士的革命功绩。湖北革命实录馆是民国初年成立的一个具有档案馆性质的史料馆，前后仅存在了一年多时间，基本完成了《湖北革命实录长编》（8 册）的编撰工作。

民国二年癸丑（1913 年）8 月，副总统兼湖北都督黎元洪以“从前革命党附和乱党颇多”为由①，下令撤销湖北革命实录馆，即将完成的《湖北革命实录》也只好停止。

民国三年甲寅（1914 年）初夏，王葆心应时任湖南靖武将军兼湖南巡按使、同乡、同年汤芗铭之邀，离开武昌赴长沙，就任湖南省官书报局总纂。一时间，王闿运、吴雁舟、程子大、黄丽泉、易石甫、刘腴深等三湘名宿、社会贤达皆争相与其结交，切磋学问，相互启迪。长沙遭变后②，王葆心离开长沙，又回到罗田继续担任义川书院院长。

1920 年，王葆心应邀再度赴京，就任京师图书馆总纂之职。这为本来就好学博览、勤奋著述的王葆心在学术研究方面提供了便利条件。

1922 年秋，王葆心回武昌先后受聘为国立武昌高等师范学校、国立武

① 转引自刘传吉:《民国初年的湖北革命实录馆》,《兰台世界》2012 年第 4 期。

② 1916 年夏天，湖南民众不满汤芗铭的残酷统治，发动了“驱汤运动”，谭延闿回湘任省长兼督军。

昌师范大学和国立武昌大学教授。同年年底，为了平息湖北教育界新、旧两派之间的激烈争斗，湖北督军肖耀南在武昌设立湖北国学馆，聘请正在国立武昌师范大学任教的王葆心为国学馆馆长之职。主政期间，王葆心要求学生必须中西兼通，学习法政学、经济学、社会学、美术学和外国语；每个学科的学习也应该以中国的材料为经，而以欧人的哲学、科学为纬，成效显著，得徐复观、闻惕生、闻聪等高材生。

1928 年 7 月，国立武汉大学正式组建，王葆心与闻一多（文学院院长）、刘博平（中国文学系主任）、周贞亮、苏雪林、叶圣陶、冯沅君等学者同时被聘为文学院的教授。

1930 年夏，湖北省政府主席夏斗寅在武昌设立“篴湖精舍”，集中鄂中耆旧，编辑元初至清末的《湖北文征》。议定元、明两代由王葆心、甘鹏云主持，清代由龚宝琅主持，最后由王葆心统一审定。惜先生在世时虽基本编辑完成，却因战乱不断、经费无着而未能出版；直到新中国成立后才由政府整理出版。

1932 年，王葆心受聘就任湖北通志馆筹备主任兼总纂，甘鹏云副之。为了搜寻湖北通志所需要的材料，他曾两次北上，居于北平西城背阴胡同的楚学精舍，成天累月地泡在北平图书馆里选抄材料。其时，日寇进逼华北，平津危急，十分危险。尽管如此，王氏仍不忘自己肩负的重任，将个人安危置之度外，继续工作。“七七事变”发生，北平沦陷，他携带着沉重的手抄稿，历尽艰辛，间道返回武汉。

1935 年，伪满洲国皇帝溥仪倾慕王葆心之名，曾通过蕲水（今湖北浠水县）著名诗人陈寿曾给王葆心发出礼聘，诚邀他到伪满洲国出任要职，却遭到王葆心的严辞拒绝。

1938 年 8 月，日寇迫近武汉时，湖北通志馆随省政府迁往恩施。王葆心因年岁已高，身体有病不能随往，遂毅然辞职，携带家中藏书两万余册，回罗田老家避难，被陈桐如县长聘为罗田县志馆馆长。在家乡的几年中，王葆心起早贪黑，披阅各种著作，竭尽全力收辑有关罗田的资料数百万言，为正式撰写《重修罗田县志》作准备。其间，他还完成了《发军初记异同荟笺》等著作，抒发他对日本侵略者的仇恨。

1944 年，为了进一步了解宋朝末年楚东义民抗暴保乡的用兵地理形势，王葆心抱病前往大别山的主峰天堂寨进行实地考察。由于劳累过度，归家半个月便卧床不起。不幸的是，当《重修罗田县志》这部富有特色的县志即将竣工的时候，王葆心却在家乡病逝，享年 77 岁。国民党湖北省政府在恩施举行了盛大的祭奠活动，由王东原主席主祭。重庆各界人士闻知消息，亦举行了隆重的追悼大会。董必武同志还挥毫为他撰写了一副“楚国以为宝，今人失所师”的挽联，高度评价了王葆心的业绩和贡献。

王葆心一生好学不倦，纵览群籍，知识渊博，又博闻强识，笔耕不辍，著作等身。已刊著作有《虞初支志》《明季江淮七十二寨纪事》《续汉口丛谈》《再续汉口丛谈》《重修湖北通志条议》《历朝经学变迁史》《经学研究前后编》《中国教育史》《古文辞通义》等十余种，未刊的有《湖北革命实录》《方志学发微》《增补修志通则》《采访志书条例》《天完志略》《江汉献征录》《湖北诗征长编》《青坨旧闻》，以及《先秦诸子学案长编》（六十卷）、《晚唐诗研究》（三卷）、《宋诗派别考》（二卷）、《青坨文钞》（六十卷）、《晦堂文存》（二十册）、《晦堂诗》（二卷）等百余种。

第二节 王葆心的地方史志成就

王葆心学识渊博，治学严谨，具有广博而又开放的学术视野。他于经、史、子、集，无所不窥，于稗官、野乘、教育、方志、地理、民俗、小学、家言，无一不求。他认为“有棱有脊，方可言学；有本有源，方可言识”，“治学之要，始于条理，终于贯通；始于剖析门户，终于不分门户”①；强调治学的方法在“校刊以审异同，评点以标要旨，荟萃以成谱录，搜辑以补阙失，考证以定折衷”②；主张义理、考据、词章三者并重。平生对经学、史学、文学、哲学、民俗学、教育学、目录学、方志学等均有精深研究，是学术界公认的造诣高深的著名学者和国学大师。晚年在地方史、方志的研究方面用力尤勤，著作甚多，且不乏独到之见，被学术界推为方志学大家和著名史学家。

《湖北革命实录》是王葆心中年时期领衔（总纂）完成的一部湖北地区的民主革命史，也是中国的第一部民主革命史。为了完成好这部具有拓荒性质的著作，王葆心不仅在前期征集和处理革命史料的过程中做了大量基础性工作，解决了不少疑难问题；而且在中、后期的具体撰写过程中也发挥了

① 转引自余彦文编撰:《鄂东著作人物荟萃·王葆心》,湖北科学技术出版社 1990 年版,第 102 页。

② 转引自余彦文编撰:《鄂东著作人物荟萃·王葆心》,湖北科学技术出版社 1990 年版,第 102 页。

关键作用，使这部著作能在较短时间内基本完成，受到学术界的普遍称赞。王葆心担任湖北革命实录馆总纂期间，制定了一整套修史方案，主要包括《湖北革命实录馆布告通启》《修革命史宜先立长编议》《实录馆修书进行要议三篇》《革命史应为生人立传议》《革命史应为生人立传议续议》《再续革命史应为生人立传议》《革命史宜以图画相表里议》《湖北革命志拟目（草案）》等，不仅比较完整地体现了他的革命史观和史学思想，而且反映了其严谨、缜密的治学态度和注重证据、调查研究的求实精神。综观王葆心总纂的这部《湖北革命实录》，可以看出其三个突出特点：

第一，先立长编，制定目录，为正式编撰奠定坚实基础。面对千头万绪、纷繁复杂、良莠不齐的史料，孰真孰假，很难判定。王氏经过反复思考，认为当世人修当世史，唯有先立长编，“略述其进行之次第”，“以作总荟统宗之收采”，才能“网罗凡关于此次之史料，皆期毫发不遗”，“其用意在举散珠之事实，用年经月纬之法……俾零畸之事，皆得贯串。于是取材乃有范围，修润乃可着手”；在长编完成后，再对外来事实进行审查，“以公决其是否公允而确实”；而审查合格后，才“可施秉笔修润之功与条例隐括之法”。长编审查合格后，就应该立即制定目录；而且要求“编修与总纂互商，区定史目，再由编修分门占定”。他将全书设定成纪、表、志、传四门。在史目中，又摒弃“以君主一人为主体，统领历史”的陈腐观念，提出革命事业乃是“以民权代君权”，应创设“民纪”；主张以“一大群人活动”为中心，“以民人全体为本纪之主体”，将“人民”提到了一个很高的地位。这些思想观点既烙上了辛亥革命的鲜明印记，又体现了王葆心进步的修史思想。

第二，打破陈规，为生人立传。几千年来，中国的史学界形成了一个传统，那就是“盖棺而后论定”，即人活着的时候不能为他立传，只能等到他去世后才能立传。即使历史上曾经出现过少量为生人立传的著作，而“自来文家例不公认”。王氏经过对中外史著广泛、认真的考察，根据编纂辛亥革命史的“革命史裁”需要，将中西史学思想融会贯通，革故鼎新，打破陈规，明确提出了“革命史应为生人立传”的主张，强调“政治既有更张，文籍随世递交”；即使被立传人“日后之自改各有隆污，而其过去之陈迹初无改变”。并大胆采用西方史传的编撰方法，为那些参加过辛亥革命并作出过贡献的生人立传，收到了很好的效果。这既是理论的创新，又是方法的创新，可说是王葆心对历史编纂学的突出贡献。

第三，在史著中文字、图画相表里。在通过对古今中外史籍的考察中，王氏发现中国的宋、明时代和法兰西的近世都有以图入史的成例，而且同样能体现史学的精神。于是，他开拓进取，继往开来，“拟于革命史中属事实者，如水陆战争之图等写真影片，属人物者如勋绩卓著之人等影片，依书中叙述所及而缀入”，以“折衷新旧编书之例而循用之”。王氏的这种史学思想和史著编纂方法，不仅与法国年鉴学派新史学的观点不谋而合，而且是编纂革命史体例的一种大胆创新，产生了深远的影响，具有重要的历史意义和现实意义。

《天完志略》（九卷）则是王葆心记载元末湖北农民起义历史的专著。元顺帝至正十一年（1351 年）八月，湖北罗田多云乡布贩徐寿辉（？—1360）与袁州（今江西宜春市）和尚彭莹玉、麻城西乡（今属红安县）铁匠邹普胜、沔阳渔民倪文俊等弥勒教友在蕲黄发动农民起义抗元，与刘福通率领的北方红巾军遥相呼应，亦以红巾为号，建立起南方的“红巾军”。同年十月，义军攻占蕲水（今湖北浠水县），并在蕲水清泉寺拥徐寿辉为帝，国号“天完”，年号“治平”。至正十六年丙申（1356 年），迁都汉阳。经过几年征战，起义军发展迅猛，达百万之众，占领和控制了整个南方的广大地区。至正十九年己亥（1359 年），徐寿辉率师东下，准备迁都江州（今江西九江市）。部将陈友谅发动政变，将其软禁在江州。次年，陈友谅自称“汉王”，并将徐寿辉杀害。从此反元力量逐渐削弱，后终为朱元璋所打败。

王葆心为反对种族压迫，尤其是反抗外族侵略，赞颂草莽英雄和那些勇敢抗击外族侵略的英烈，以弘扬民族精神，广采博征，于民国四年乙卯（1915 年）撰写完成了《天完志略》这部著作。此前，他曾在张继煦主编的《文史杂志》上发表过《天完徐氏国史·天完黄帝本纪》一文，应该是为撰写《天完志略》所做的准备工作。《天完志略》一书，内设有载记、方略、职官志表、治平时之战史、治平天完之际战史、天完诸臣与党派考略等诸目，详细地考察、记述了元末徐寿辉领导的南方红巾军起义与建立天完政权以及失败的经过，为后人研究天完政权积累了宝贵的文献资料。

清朝末年，王葆心在京城为官。其间，目睹清政府腐败无能，而外侮迭至，义愤填膺；又有感于宋明末季志士义民们不畏强暴，扼守山区，反抗侵略，图谋恢复，谱写出坚贞壮烈的篇章，却不见于统治阶级的史籍记载，长期隐没不彰，便编写了《宋季淮西六寨纪事》和《蕲黄四十八寨纪事》（后增订为《明季江淮七十二寨纪事》）两书，以补正史缺失，宣扬民族气节，鼓舞人们抵御外侮的斗志。两书又以后一种的影响为大，并于民国五年丙辰（1916 年）由湖南省官书报局刊行。

《明季江淮七十二寨纪事》（七卷）是在原《蕲黄四十八寨纪事》的基础上增补修订而成的，也是王葆心在广泛采辑史料，悉心阅读私人笔记与家谱，多方访求民间传说，亲自考察战地地理形势的基础上撰写的一部地方史书。全书由《形势篇》《前事篇》《统系篇》《规律篇》《鄂寨篇》《鄂寨续篇》《鄂寨附篇》《附皖寨篇》《山寨列传》《山寨秩官列传》《山寨列女传》等篇目构成。书中详细考察、记载了明末以王鼎、周损、曹石霞等人为首的义民扼守和转战在罗田、黄冈、麻城、黄梅、黄安（今红安县）、蕲水（今浠水县）、蕲州（今蕲春县）、广济（今黄冈市武穴市）等地的 48 座山寨与皖西的 24 座山寨，团结一致，奋勇抗击入侵清兵的壮烈事迹。全书观点鲜明，感情充沛，本末详备，情节生动。它不仅歌颂了人民群众敢于反抗侵略的革命精神，也表现出王氏心忧天下、关心百姓的爱国情怀。因而，《蕲黄四十八寨纪事》由湖南省官书报局印行后，深受读者欢迎，流传甚广。

王葆心在京师为官期间，闲暇之时颇喜欢逛书肆。一日，朋友陈某于黄土坡厂肆间获得《发匪初记》一书，持回赠葆心。葆心阅读后甚为高兴，认为此书颇有意义，便参考有关记载，对书中所述之事，附以考证。《发匪初记》，署名秦小游，后又署江明心道人，作者不知究竟为何人。但从书中所记事实、情节来看，作者完全是站在太平天国的立场上说话的，应该参加过太平军。此书写成于同治庚午（1870 年）。从其书名与作者的署名来看，大概是怕触怒朝廷而故意回避，以便于该书在社会上的流传。抗日战争爆发，王葆心回到罗田，又根据新的材料，将此书的考证进行了修订，并改书名为《发军初记异同荟笺》（四卷）。王葆心在此书中，对太平天国起义的始末、太平军同清军作战的有关情况、清军将领和太平军将领的评价等都有比较客观的叙述，是今天太平天国革命史研究的难得资料。

《续汉口丛谈》（六卷）和《再续汉口丛谈》（四卷），约 26 万字，是王葆心于民国五年丙辰（1916 年）在清人范锴（1765—1844）的《汉口丛谈》基础上写成的叙述汉口城市兴盛发展的乡邦史书。范锴初名音，字声山，号白舫，别号苕溪渔隐，乌程南浔（今浙江吴兴县南浔镇）人。出身书香之家，祖父和父亲都是清朝监生，热心乡土文化的搜集、整理和研究。锴有俊才，工诗善词。中年以后远游四方，长期过着“飘零书剑，清狂诗酒”的生活[①]。寓居汉上多年，留心掌故，随手辑录、征引、记载汉上的趣闻轶事，成《汉口丛谈》一书。汉口镇与河南的朱仙镇、江西的景德镇和广东的佛山镇号称“天下四大镇”，过去很少有专门记载它情况的书籍。《汉口丛谈》是第一部研究汉口城市兴盛发展的乡邦史书，自道光二年壬午（1822 年）刊行问世后，不仅受到热心乡土文化研究尤其是那些热心汉口文化研究者的关注，而且多“为外人重值收去，吾乡人转不易得，得者亦不轻出示人”[②]，可见其影响之一斑。

王氏的《续汉口丛谈》和《再续汉口丛谈》二书，虽仿效范锴《汉口丛谈》的体例，“网集遗闻，钩抉经史，广泛搜集有关汉口地区的史料，并就耳闻目见亲历所得，详加考订，精心整理，分别得六卷和四卷。举凡山川形势、水道变迁、郡县沿革、历史事件、名物街肆、轶文趣事、诗文佳句，作者皆信手拈来，同时又不乏精审深卓的历史洞见，其中对却月、鲁山等城址名实变迁之考证，尤为令人信服”；但在行文上，却“偶涉境外西人之事；在地理范围上，不仅限于汉口地区，而将视野扩至周边许多州县直至湖北全境”。其视野比范氏的《汉口丛谈》要宏阔得多。“它们虽然算不上是精心结撰的史学专著，但却称得上地方文献中妙手偶得的佳篇。”[③]王葆心曾经说：“范君生盛世，意主发抒性情；我生值危乱，意在网罗散失。故范书爱文藻，此作重见闻。”[④]由于种种原因，这两部著作直到民国二十二年癸酉（1933 年）才由汉口利华书局刊印出版，由武昌益善书局发行。后来，王葆心又撰写有《三续汉口丛谈》（六卷）、《拾补》（一卷），一直未刊。

王葆心非常重视对方志理论的研究，并用它来指导自己撰写方志著作。《方志学发微》就是王葆心后期用了 15 年时间撰写的一部颇有价值的方志理论的鸿篇巨制[⑤]。这部鸿篇巨制是王氏在担任湖北通志总纂期间，广泛搜寻、研读全国志书 14000 多卷，并对其内容，尤其是其历史、地理部分作

① 《国朝湖州词录·范锴·鹊桥仙》，陈志平：《续汉口丛谈 再续汉口丛谈·前言》，湖北教育出版社 2002 年版，第 1 页。

② 周贞亮：《汉口丛谈·跋》，陈志平：《续汉口丛谈 再续汉口丛谈·前言》，湖北教育出版社 2002 年版，第 1 页。

③ 陈志平：《续汉口丛谈 再续汉口丛谈·前言》，湖北教育出版社 2002 年版，第 2、1 页。

④ 王葆心：《续汉口丛谈》卷一，湖北教育出版社 2002 年版，第 5 页。

⑤ 这部巨著作者从 1922 年秋季开始撰写，至 1936 年冬季完成。

出详尽考证后，再在“辨抄袭、正谬误、审体例、寻因革”，梳理出其中融会贯通的脉络与体例变革的原因以及切实可行的经验的基础上完成的，也是撰写“湖北通志”的副产品。成书前，为了克服我国宋元以来志书相互抄袭、缺少条理、难以贯通的通病，他先进行了理论性、纲领性、规范性的探讨工作，撰写了《重修湖北通志条议》一卷问世。《重修湖北通志条议》也成为后来《方志学发微》的第一卷和同仁撰修湖北通志的具体实施方案。全书共分为“取材篇、纂校篇、导源篇、派别篇、反变篇、赓续篇、义例篇”等七个篇章，计二十四卷，洋洋五十万言。该书不仅收采宏博，理论精当；而且善于通览古今，吸取各家之长，注重实用，推陈出新。因此，一经问世，便受到国内方志研究名家的高度评价。原国立武昌高等师范学校校长、湖北省通志馆代理馆长、安徽省教育厅厅长、教育部普通司司长、著名藏书家张继煦（1876—1956，字春霆，湖北枝江人）称赞这部著作是“集方志学之大成”。著名方志学家闻惕生则称其为“旧时代方志遗产的总结，新时代方志革新的萌芽”①。可惜的是，这样一部有价值的巨著，却长期未能正式出版。

为了具体指导全省各市、州、县开展地方志的编撰工作，1984 年，由湖北省博物馆复制和由中国方志学会整理，湖北省地方志编纂委员会办公室将《方志学发微》原书稿的“取材”、“纂校”与“导源”三篇，予以点校刊印，作为参考资料发给相关单位和参加培训学习的同志。但这也不过是全部书稿的十分之一二。正如学者们所说：“王氏此项研究是前此三四百年来史志学者所未曾做的工作。”②

王葆心是罗田人，他无论走到哪里，都没有忘记自己的家乡，总想为它的文化建设尽自己的一份力量。他在自己一生数十年的学术生涯中，曾撰写过《重修罗田县志》，记述家乡风土、民间轶话的《窃溪旧闻》（三十卷），接续《窃溪旧闻》的《青坨旧闻》（十卷），考述义川书院历史的《义川书院志》（六卷），反映地方武装对抗太平军的《罗田靖难记》（四卷）、《补遗》（一卷）、《罗田团练始末记》（五卷）等地方文献，它们都是研究罗田历史沿革、社会生产、学校教育、乡土风情、民间轶闻的珍贵资料。

---

① 转引自余彦文:《鄂东著作人物荟萃·王葆心》,湖北科学技术出版社 1990 年版，第 102 页。

② 《方志学发微·出版说明》,湖北省地方志编纂委员会办公室 1984 年刊印。

第三节　王葆心的文学研究和乡邦文献保护

王葆心不仅是一位卓有成就的方志学家和著名史学家，还是一位学人们公认的文学研究专家和学者。他既撰写了不少有影响的学术著作，如《古文辞通义》（二十卷）、《晚唐诗研究》（三卷）、《宋诗派别考》（二卷）、《艺林演雅》（三卷）、《中国文学历朝体派略》（一卷）、《经义策论要法》、《历朝经学变迁史》等，又于搜集、抢救、整理和出版乡邦文献不遗余力，编纂有《湖北文征》《湖北诗征长编》《江汉献珍录》等大型地方文献。

《古文辞通义》是王葆心文学研究的代表作品之一，也是一部集历代古文之学大成的文学理论专著。光绪三十二年丙午（1906 年），王葆心根据教学的需要和自己的研究所得，花费十余年时间，编撰完成了《高等文学讲义》教材。次年（1907 年）3 月，被“学部审定作为中学以上各种学堂参考书”，并由“学部官报”和“审定书目”予以刊布①。河南提学使孔祥霖将其刊印于河南学务处，发行全省各学校；李守一编修则采用于广西省各高等学堂；而京、沪、辽各大学亦纷纷前来求购。

这部旨在为初学古文的学生提供切实可用的入门教材，采集广博，篇目详备，将伦理学、国文典和文学史有机地结合起来，分为“解蔽”“究指”“识途”“总术”“关系”“义例”等六篇，共四册六卷，备载唐宋以降各位文学名家关于文学观、文学批评、阅读方法和写作方法等方面的言论、观点，以启示学习古文辞的途径。王氏对文学的不少精辟见解，就汇集在其中。因此，它面世后，颇受社会的欢迎，认为它是一部“前人所未有，后世不可无”的著作②。它除了“分科大学文科诸君多辗转购求”用作教材外，还得到梁启超、马其昶、姚永朴、陈衍、王先谦等著名古文家和学者的一致好评。梁启超阅后，惊叹为巨著。王先谦对其门人强调说：此书为“今日确不可少之书”。尤其是王氏的好友、古文大家林纾，对这部教材的评介甚高，认为“近百年中无此作”③。民国三年甲寅（1914 年）初夏，王氏应汤芗铭之邀赴长沙就任湖南省官书报局总纂。期间，因工作负担不重，时间充裕，他便对原书进行了大幅度的“重订补充”，将原书的四册六卷（其

① 此教材由湖北浠水人、时任清政府学部郎中的陈曾寿于 1906 年末向学部呈送。

② 李霖语，《古文辞通义》卷六，武汉大学出版社 2008 年版。

③ 以上评语均见《古文辞通义・识语》，武汉大学出版社 2008 年版。

中的第三、四册均分成上、下卷）扩充为十册二十卷。他又接受友人的建议，将书名改为《古文辞通义》，作为《晦堂丛书》的一种，于民国五年丙辰（1916 年）八月由湖南省官书报局再版发行。后来王氏在国立武汉大学教授国文时，用的就是这部教材①。

《古文辞通义》之外，《晚唐诗研究》《宋诗派别考》《艺林演雅》《中国文学历朝体派略》则是王葆心致力中国历代文学研究的著作，颇有学术价值。尤其是他的《艺林演雅》，可说是集思想性和艺术性于一炉的一部“随笔”或读书笔记。其中所征引的中外文学艺术资料十分丰富，颇多雅人、雅事、雅诗和雅联，不仅对我们今天中外文学艺术的研究仍有参考价值，就是对于读者，亦有助涵养性情，增广见闻，提高对于诗联的鉴赏能力。

其《经义策论要法》一书，乃是王葆心 1907 年（光绪三十三年丁未）根据社会的急需而撰写完成的一部重要著作。光绪十五年己丑（1889 年），张之洞由两广总督调任湖广总督（曾兼任湖北巡抚多年）。张之洞是一位开明而又有眼光的封疆大吏，他见帝国主义列强侵略的步步加深，国穷民贫，人才匮乏，而八股取士又难以得到富国强兵之才；认识到要振兴实业，就必须先兴学，改革旧的教育制度和教育内容，大力推行新学，并率先在湖北创办各类新式学堂，实行新式教育。他又多次上书朝廷，请求废除八股文考试，采用新法。光绪二十八年壬寅（1902 年），清政府终于采纳张之洞等大臣的意见，宣布废除科举制度，从明年开始实行新法，将考试内容由八股文改为考试经义策论。但新法的实行并不顺利，许多塾师学子对经义策论既不会作，亦不肯学，持观望态度。王葆心思想敏锐，洞察力强，认为这项新政既顺应历史发展的潮流，又符合中国的国情，旗帜鲜明地支持、拥护。为了推动新政的顺利实施，启迪时人，王葆心赶写了《经义策论要法》一书。在书中，他认真地梳理了“唐太和试士法”“宋熙宁贡举法”“王安石议改试士法”“元王挥奏礼部试岁贡法”等前朝科举考试方法，论述废除八股的根据，强调推行经义策论的必要，并诚心诚意地告诫学生要注重时务，正确地掌握学习途径。

“经学为中国传统学术之最大一宗，二千余年中长期居于意识形态的主流地位，拥有话语霸权。”而“经学对于中国文学的影响在相当长的时期里

① 2008 年 10 月，武汉大学出版社曾出版由熊礼汇校点的《古文辞通义》，收入“武汉大学百年名典”丛书。

更具有决定性”，“甚至可以这样说，中国文学史与中国经学史，就其活动主体（人）而言，相当一部分是重合的；而文学史上占主流地位的儒家文学思想，整体上也可以视为儒家经学思想在文学领域的延伸。经学与中国文学的这种关联直到它退出历史舞台以后才被割断”①。由此可以看出，经学与文学有着千丝万缕的联系，密不可分。因此，王葆心对经学的研究亦非常重视，撰写了不少著作，如《先秦诸子学案长编》（六十卷）、《附先秦诸子学表》（二卷）、《土民丧礼通纂》（六卷）、《附礼部礼学馆修通礼民俗条议》（一卷）、《续议》（一卷）、《民俗证古》（一卷）、《孔子已删未删之诗篇辨》（草稿）、《经学讲演录》（未分卷）、《公羊非常异义举例》（一卷）、《群经图志》（一卷）、《经文杂记》（四卷）、《经学研究法前编》（四卷）、《历朝经学变迁史》（五卷）等。

王葆心对经学的研究，从小学考证入手，但不是斤斤计较于繁琐的章句考证，而是着眼于儒经大义主旨的贯通。在他完成的众多经学著作当中，以《历朝经学变迁史》的影响最大。该书对我国历代经学的发展变化、流派传承、大家著作等情况，进行了系统梳理，寻源溯流，条分缕析，阐述颇明。它不仅为读者学习、了解、会通群经开辟了捷径，而且为中国经学在世界的传播作出了重要贡献。北京优级师范学堂、京华书局和武昌高等师范学校曾将其中的部分内容印出用作教材，武昌《文史杂志》上亦曾发表过一部分章节。日本汉学家北川泽吉在自己的著作《儒学通论》中，曾引用了其中的“历朝经学九变图”部分。后来北川来中国访学，曾亲自到王葆心寓所拜访，并将其日文版的《儒学通论》赠送给葆心作为纪念。《儒学通论》出版后，曾相继被翻译成汉文、朝鲜文、英文和法文，因此，王葆心的“历朝经学九变图”也引起了朝鲜和欧美各国汉学家的重视。

值得一提的是，王葆心还撰写有一部名为《心灵学例证》（一卷）的专著。该书共分为六个专题：一、养身治病之理；二、化形之理；三、续纂化形之理；四、通慧之理；五、心灵学通于催眠术；六、形随心灭之理。为了阐明自己的观点，王葆心阅读了一百多种书籍，记载了一百多个故事作为例证。这部著作可能是中国关于心理学的第一部专著，作者前后共花了40年时间进行写作，可说是王葆心一生倾注精力最大的一本书。

尤其值得称赞的是，王葆心自20世纪初开始，直至其去世，先后出任清政府礼部礼学馆编纂、民国湖北革命实录馆总纂、湖南官书报局总纂、京

① 刘再华：《近代经学与文学》，东方出版社2004年版，第1～2页。

师图书馆总纂、湖北国学馆馆长、湖北通志馆总纂和罗田县志馆馆长等职。在近40年的时间里，他利用职务、职责、工作之便，广泛地搜集、整理、编纂乡邦文献，为抢救和保存乡邦文献作出了重要贡献。其中最重要的有《湖北文征》、《湖北诗征长编》和《江汉献珍录》等文献。

《湖北文征》是一部元、明、清三代鄂人名作的选集，从中可以见出辛亥革命前700年间湖北各类人物的文学水平和精神风貌。该集的搜集、选录、编纂工作始自1930年，由王葆心、甘鹏云和龚宝琅三人共主其事。根据工作量的大小和个人的实际情况，最后分工为：元、明两代文章较多，由甘、王负责；清文较少，由龚负责。所辑文稿，先交北京“楚学精舍”，由石荣暲整理装订，经甘鹏云初审后，再寄武昌王葆心审订总纂（辑稿人若不在北京可将文稿径寄武昌）。篴湖精舍的同仁在王、甘、龚三人的带领下，奔波于北京等地各大图书馆、遍访本省各市县地方志馆，走访民间私人藏书家，广为采录，至30年代末，元明文稿终于完成，只是主持之人相继谢世，文稿未能汇集一处。40年代后期，湖北学人集议又曾组成以傅治芗为总纂，以石荣暲、王育楚、陈同白等7人为编纂的“湖北文征期成处”，负责《湖北文征》的搜集、汇编、出版工作；只是因为战乱，未能如愿。1956年，湖北省文史研究馆在搜寻、整理、汇集《湖北文征》文稿时，在武昌发现王葆心所辑文征稿120册，至此，元、明、清三代文稿才算基本汇集、聚拢，得元明文250卷，清文稿300卷，后厘定为512卷；另编辑有近代文稿80卷，附编20卷，补元明文稿10卷，目录12卷，作者小传12卷，卷首序例1卷，索引1卷，并经湖北省文史研究馆多年的努力，终于审订、编辑完成，于2000年出版①。

《湖北文征》宏篇巨帙，详博精审，从开始搜集、选录，到最后编纂、出版，历时70年。它凝聚了湖北几代学人的心血，为后人留下了一笔丰富而又宝贵的精神财富，不仅具有深远的历史意义，而且具有重要的现实意义。其书“搜集元、明、清三代乡贤遗作，钩沉拾坠，取精捃华而成”②，收入作者2700余人的8000多篇佳作，洋洋约700万言，蔚为大观。入选的作者与文稿，以江夏（今武昌）、汉阳、孝感、黄冈、阳新为多；而远安、宜都、房县、来凤、鹤峰、郧县、建始、保康、巴东、利川、宣恩则较

① 《湖北文征》由湖北省人民政府文史研究馆/湖北省博物馆审订，湖北人民出版社2000年出版。整套书共13册(卷)，收录2700多位作者的8000余篇文章，计659万言。

② 《湖北文征·出版说明》，湖北人民出版社2000年出版。

少。入选文章的内容异常广泛，涉及政治、经济、军事、外交、边防、民族、民俗、盐政、粮食、赋税、农田、水利、史学、理学、医学、经学、文学、音乐、舆地、金石、方志、音韵、考据等众多方面。入选文章的形式多种多样，涉及到奏、疏、论、说、议、策、辨、对、片、解、表、叙（序）、跋、引、志、记、录、传、行状、辞、赋、赞、颂、铭、箴、考、碑、启、书、简、祭、告示等各种文体。入选文章的风格则不拘一格，百花齐放，异彩纷呈。

《湖北诗征长编》（未分卷），是王葆心呕心沥血、历时 30 多年，广泛搜罗、辑录、整理的自上古至清代中叶湖北诗人的一部诗歌总集。虽然这部诗歌总集没有最终完成、出版，但从现在保存下来的作品的分类、编排看，却有着鲜明的特点和重要的价值与意义：其一，收录诗人的诗歌作品无论多少，皆以县域为单位分别编辑，地方特色突出，让人读来分外亲切；其二，对湖北数千年来的诗人与诗作作了全面梳理，突出了湖北的诗人与诗歌在中国文学史上的历史地位；其三，体现了湖北古代诗歌作者的广泛性、诗歌内容的丰富性和诗歌形式的多样性。收录诗歌作品不计作者身份，但凡太子、王妃、闺秀、在职官员、处士、文人，亦或普通农民、妇女、释道、优伶、名妓，甚至无名氏的作品，一律入选。而诗歌所反映的内容则极其广泛，无论战争风云、国家兴亡，还是政治讽喻、哲理语言；也无论咏史怀古、豪情壮志，还是借物抒怀、感叹人生；更无论民生疾苦、乡思离愁、说诗论艺、修身谈性，还是山水风景、乡土田园、日月风雪、花鸟鱼虫，一概入诗。至于诗歌的形式，无论楚辞、乐府，还是古诗、近体，应有尽有。

《江汉献珍录》（未分卷），是王葆心在长期从事学术研究、编撰各种书籍的过程中，搜罗、整理、采集到的湖北历代人物逸闻轶事的汇编。它多取材于人们不太常见的各种典籍，其中对有关宋、元、明、清四代湖北地方人物的仕途状况、文学活动、学术成就以及人际交往等方面的记载和考证，尤为详尽。这不仅为其自己编纂《湖北文征》《湖北诗征长编》等书提供了很多方便，更重要的是为湖北地方保存了丰富的文献资料。

第四节　王葆心的文学创作

王葆心还是湖北清末民初著名的文学家。他诗文兼工，作品颇多，除《续汉口丛谈》（六卷）、《再续汉口丛谈》（四卷）、《两淮盐商列传·附长芦盐商列传》（三卷）等单行外，其他大都收入《青坨文钞》（六十卷）①、《晦堂骈文》（二卷）、《晦堂文存》②、《晦堂诗》（二卷）、《虞初支志》（甲篇四卷，乙篇四卷）③、《潜龙室联语》（三卷）之中。

王葆心的《续汉口丛谈》（六卷）和《再续汉口丛谈》（四卷），前面已经谈到过。它们既是两本作为汉口一个城市兴盛发展的“乡邦文献，对于地方史的研究具有不可忽视的重要史料价值”；同时，它们又是“两部笔记体裁的作品”，完全可以当成“引人入胜的文学作品”来读。因为作者在“叙述家乡风物”时，颇“留心掌故”，且“随手辑录，以轻松写意的文学笔调”娓娓道来，“笔端颇富感情，再加之缀以诗文佳句联篇成文，使得二书极富文学色彩”④。请看其中的一段：

> 清道光二十九年己酉岁，湖北武昌省城外之塘角，俗曰新河者，大火。新河者，因省城与汉口对岸江流经黄鹄矶，水奔驶，无泊船处，因于塘角开一河。水曲而回旋，用以舣舟。绵亘约数十里，尤以淮商盐船，屯泊最广。是时适有大艑峨峨者四百二十艘，互相牵系，余外又系艘六百余只，十九皆估客船，间亦杂有官舫。首尾联络，势若蛇蟠，所以绝风涛、避寇贼也。岁十一月十九日，入夜，舟人醉饱者、劳役者，皆安寝矣。突有一大船中盐丁，摊一灯吸鸦片膏，一火倏腾，渐延及什物船篷，以至于焚樯竿。俄而火烛长川，船人竟起，理篙栈者、窜逸者皆自梦魂中，迷骇昏乱，不知所之。而又千船固结，仓卒不可割分。上流火势剧烈，炎炎若飞炮；下流风逆，即解缆亦不得出。船塞江路，舟中兄弟夫妻儿女，皆忍死相觅。声呼噪，渐至听闻皆迷。但见风声火声，交互歙欻。人皆惊投如羊豕，自窜水火。有上跃如猿，跃起仍堕水火者；有逃入水，水沸致麋其肢体者。有一新妇，新产未裹裳裤，母子互跳掷，相抱焚死者。有一船逃对岸，将停而轮回风迫入火中，十口无

① 《青坨文钞》初集二十卷、二集二十卷、三集二十卷，是王葆心散文的专集。

② 《晦堂文存》是王葆心各类文章的结集。全书分为十二编，共 21 册：第 1～2 册为修志、修礼、修史等方面的文章；第 3～7 册收各类序跋；第 8～12 册收各类人物传记；第 13～17册收各类公牍文；第 18～19 册收各类杂记文；第 20 册收其部分诗赋；第 21 册为“附录”，收介绍王氏家族各方面情况的文章。

③ 《虞初支志》系作者笔记小说的结集，曾由商务印书馆印行；1986 年，上海书店又出版了《虞初志合集》。

④ 陈志平：《续汉口丛谈·再续汉口丛谈·前言》，湖北教育出版社 2002 年版，第 2 页。

一存者。是夜火发，烧及次日晨未止。浮脂幂江波，腥臭不可闻。灾后无棺可殓骸，只以一席裹一尸，至数千百具，诚浩劫也。[1]

此段文字描写的是道光二十九年己酉十一月十九日（1850 年 1 月 1 日）在武昌省城外塘角新河里泊船上发生的一场火灾的情形。这段文字只有四百余字，却容纳了丰富的内容：它既介绍了开通“新河”的原因，又描绘了新河里泊船千余艘、“绵亘约数十里”、商客如云的盛况，还详细地描写了当天夜晚发生在泊船上那场大火所造成的重大损失与惨烈状况。此段记载叙事清晰，文字简洁明了，通顺畅达，比喻形象贴切，描写生动具体，绘声绘色，使人具有如临其境的感觉，充分表现了王葆心驾驭文字的能力。

盐政是朝廷的中心工作之一，盐税则是朝廷财政收入的重要来源。而作为经营食盐收购或运销的各种盐商，更是确保盐政工作能否正常开展，盐税是否足额、按时上缴国库的关键。在梳理清代盐运史的过程中，王葆心认识到：盐商的盛衰，既关系到国家商业的兴衰，也关系到国家政治的兴衰，应该予以高度重视。于是，他广泛搜集名流、大家的文集、笔记和各种文献典籍以及官方保存的各种相关案卷，在掌握大量资料的基础上，完成《新货殖列传》一书。后又经认真修订，并将书名改成《两淮盐商列传·附长芦盐商列传》。在这两传中，王氏以政治家的慧眼，以学者的洞察力，为我们梳理了两淮和长芦盐商盛衰的历史，既肯定了他们对封建朝廷的贡献，也批评了某些盐商的不法行为。整个传记材料翔实，层次清晰，叙事简洁，文字精炼，语言朴实，评介中肯，是可读性极强的散文作品。

王葆心所写的一些单篇文章，亦甚为学人推崇。1932 年，王葆心出任湖北通志馆筹备主任兼总纂时，适逢武昌的当政者和一些社会贤达、地方名流发起修复黄鹤楼的倡议。久闻王氏大名，便一致荐举、委托王葆心执笔撰写《重修武昌黄鹤楼募资启》。这是一篇影响甚大的宏文[2]，洋洋洒洒 1700 余言。全文由五个部分组成：第一部分描述了黄鹤楼的雄伟结构和磅礴气势以及自古以来有关黄鹤楼的神话传说，评价了它在中国名胜古迹中的地位；第二部分铺陈了历朝历代文人骚客吟颂黄鹤楼的诗文与轶事；第三部分叙述了黄鹤楼兴盛衰败的历史；第四部分纵论重修黄鹤楼的重要意义；最后一个部分则号召大家踊跃献金集资，重修黄鹤楼，以“装点湖山”。文

① 此段文字节选自《续汉口丛谈》卷一，湖北教育出版社 2002 年版，第 18～19 页。

② 王葆心:《重修武昌黄鹤楼募资启》,《再续汉口丛谈》卷三,湖北教育出版社 2002 年版,第 295～297 页。

章采用骈体形式，不仅内容丰富，叙事简明扼要，事理曲畅，语言华美，对仗工巧，音韵铿锵；而且写得热情洋溢，起伏跌宕，大气磅礴，受到各方的一致好评。一时间，各大报纸纷纷转载，掀起了空前的重建黄鹤楼热潮。这不仅对那时重建黄鹤楼，而且对今后弘扬黄鹤楼文化都有着重要的意义。后来因为发生洪灾和日寇逐渐进逼上海，重修黄鹤楼一事才搁置下来。请看其中的一节：

今日再造此楼，是即以存十七朝之文献故迹也。武汉文轨云集，车艇电驰。在昔《吴船录》概，已叹其物产浩穰；同时《入蜀记》游，复惊其货贿充塞。钱塘、建康不能过，拟以首都；川广、淮浙无其豪，跻之大国。况今日万商渊薮，毕萃汉皋；五洲轮蹄，纷趋夏口。居留之行李，皇华之使车；登眺盛而万国联欢，招邀频而千金买醉。驰声海外，蔚为上国之华；著盛寰中，碑留异域之口。印象为之写照，游记之所必书。今日再有此楼，是即以长泰东西中华之声价也。至于春秋佳日，节序芳辰，劳工倦作之余，墨客赏心之候，携壶挈榼，引类呼俦。或握手以言欢，或联吟而选韵。玩弁山三绝之迹，追黄鹤九老之游。妇女儿童，相对话仙桃故迹；贩夫估客，携家拜铁笛仙亭。绘四民同乐之图，跻一代承平之盛。今日再有此楼，是即以增中外游眺之清旷也。自昔酒家舍宅，亚相割资，下及阛阓，上逮台阁，各贻镃货，妙选班捶。九隅廿柱之构遂成，三层二顶之观立见。况此地宝源所在，何难移大义鼓铸之余资。

前面节选的是原文中的第四个部分。作者采用排比段的形式，从不同的角度、不同的方面来纵论重修黄鹤楼的重要意义，不仅使自己所表达的观点显得层次清晰，更有说服力；而且使文章显得起伏跌宕，更有气势。至于文字之简炼，语言之华美，对仗之工巧，声律之和谐，音韵之铿锵，这是一阅毕此文就能感受到的。再看其《黄州聚宝山铭》云：

自黄冈北出二里，有聚宝山焉。其广数亩，西对赤壁，左界江水，居人筑亭其上，名曰浮翠。亭后有泉，名宝山泉。轩榭出尘，鱼藻交映。土多迤靡，林木翳如，可以眺望，可以咏游。无寻幽陟远之劳，靡登高临深之惧。方之柯山隩，亦胜概也。地志以坡公取石供佛印，盖即此山。夫大星落曜，洪炉炼精，神山之石出以五百年，天汉之机赠于秋八月。奇物所聚，系古传焉。若乃深山穷谷，尺璧寸珠，共瓦砾以记根，与草木同腐□。牧童敲火，耕牛砺角，颓冈断巅，垒垒一方，鬼啸狐嗥，荒荒数块，亦其常耳。乃自坡公易以饼饵，比之虬松。佛印刻其言，参寥受其供，而此山遂与石以争显意者。天生尤物必异人以提倡，而真始出欤。其少慕子瞻，长而奔走，弭节江畔，假馆郓城，予以夏口吊古，南坡探奇。睹儿童之浴江，慨古人之不见。景兹邱壑，实具美观。秋月春风，桃花渌水。高谢尘缘，希踪往哲。所思不远，良足慰情。坡公倘闻，其许我乎！铭曰：

峨峨崇邱，大江之南。磅礴隆起，岩然几巉。韬精毓光，取赠瞿昙。瞿昙曰嘻，净水注之。空洞了彻，是曰瑰奇。灵石非宝，顽石非痴。锅炉所炼，天机以支。惟兹硗确，实与之齐。终当触云，聿兴澍雨。或成嘉肺，以达民苦。坡老不生，参寥无语。磊砢摩挲，相望终古。

在这篇只有四百字的铭文中，前三百余字是散体文字，不仅简明扼要地介绍了聚宝山的地理位置，面积大小，山上的亭、榭、泉、石以及此山周边的名胜、人文景观；而且描绘了聚宝山及其周边地方美丽的自然风光，抒发了作者站在山上凭吊古贤时的感慨。句式灵活，长短不拘，以短句为主，极富节奏感；文字古朴、简洁。后面的约百字是作者为聚宝山所写的铭，文字更是高度的凝练。由此可见出王氏文学功底的深厚。

王葆心生于乱世，目睹了清末民初社会的黑暗和腐败，特别希望清朝政府能够“乘时修德以自强”。因此，他平时颇关注国家的前途命运和社会的变革，写过不少表达自己政治思想观点的政论文章。早在甲午海战前，他就著文说：“吾中国今日居亚洲大陆之东部，而无从前蒙古利用陆权之积势；居太平洋之东部，而无今日英人拓张海权之积势。泥于居而不能畅于行，专于自守而不骛于进步……盖未开明之世，可有蒙古扩张陆权；已开明之世，须用英人扩张海权法也。况我国地位，占太平洋东部之优势，有可利用者乎！”①明确主张拓张海权。这对于生活在120年前的一名封建知识分子来说，实属不易。在《海牙万国保和会约章序》一文中②，作者鉴于自1899年5月在海牙召开第一次国际和平会议、1907年6月又在海牙召开第二次国际和平会议以来至1914年8月第一次世界大战爆发期间帝国主义国家的所作所为，深刻地揭露了帝国主义列强的侵略本性：国际和平公约只是用来束缚弱小国家的，对他们自己来说就是一张废纸；并告诫国人一定要克

① 引文出自王葆心：《拟扩张海权政策》，《晦堂文存》第十六册。

② 此文写于1915年3月，是作者为汉阳刘克庄翻译的《海牙万国保和会约章》一书所写的序言。此书由湖南省官书报局出版。此序另载《晦堂文存》第五册。

服麻痹思想，加强战备，发展国力，巩固国防，才能救亡图存，否则就要亡国灭种。其《吾国政治改革动机论》是一篇长文①，热情地赞颂了孙中山领导的民族民主革命运动，对我国民族民主革命思想的萌芽、产生与发展过程进行了全面的分析、探讨和研究，客观公正地揭示了孙中山之前我国政治改革的历史及失败的原因，就像是一部有清一代政治思想和革新运动的简史。

王氏后来还写有《拟保高丽以防俄患疏》，针对“俄情叵测”，提出了防俄之策——只有保住了高丽，才能保住中国；《重整水师当以舟山为适中重镇》鉴于我国无水师的现状，明确提出“振兴水师”的建议，并强调指出要建立海军重镇，以扼江海之要冲、固南北之锁钥的舟山最为适宜；《美洲各华埠华侨禁约之惨》根据以美国为首的帝国主义国家掀起的反华浪潮的国际形势，鞭挞帝国主义列强对华工的欺侮凌辱，抨击、谴责清政府的闭关锁国和腐败昏庸，尤其是对那些外交使节的懦弱无能、不谙利益，不能很好地维护华侨在海外的利益和尊严的行为表示了极大的愤慨；《外洋各国报馆有益政事学术论》用大量外国的数据和事实来论述报纸不仅有益于政事，而且有益于学术，颇有见地，对我国报刊杂志的兴盛发展起到重要的促进作用。这些都反映出王葆心那种“国家兴亡，匹夫有责”的忧国忧民的进步思想和炽热的爱国情怀。

王葆心在编撰《宋季淮西六寨纪事》和《蕲黄四十八寨纪事》（后增订为《明季江淮七十二寨纪事》）两书时，曾经为加入农民队伍中的士人、旧官僚、商人、工人、农民和妇女等各类人物写有很多传记，亦颇有特色。如其《邹氏传》：

> 邹氏，王山甫妻，名胜，大思直之女。贼至，邹氏先与夫语曰：“我若为贼掳，势必死，恐尸久难认，我以耳环裹脚带内为记。”夫识之。崇祯戊寅二月，寨破，贼掳邹氏及子女各一。邹氏力持子女骂贼。贼怒，举其子女撞石而死。邹氏骂愈厉。贼以木桩钉氏腹而死。后九日，夫往寻尸，果不能认。忽记邹氏言，解其脚带，有耳环在焉。见者哀之。

邹氏是《山寨列女传》中38位烈女之一。这篇传记很短，仅一百二十三十字，作者饱含感情，运用简洁洗练的语言，将情节写得起伏跌宕，使其事迹异常生动感人。读者读毕，眼前即出现一位不甘异族侵略和压迫、奋起反

---

① 王葆心《吾国政治改革动机论》，二卷，单独成册。其中的部分内容曾刊载天津的《天民报》。

抗、坚贞不屈的山村烈女的高大形象。从这里不仅可见出作者选材的精当和写作技巧的高超，而且反映了王葆心客观公正地为小人物树碑立传的进步思想。像这样短小精悍的传记还有很多，如《胡伯传》：

胡伯，黄安人，少有大志，好骑射。天启甲子武举后，贼氛渐逼，伯度形势，设木栅以守险。贼才之招以书，不往。崇祯八年秋，贼众突至，环攻，必欲得伯而后已。伯慨然曰："岂以吾一人故累众人耶？苟吾死而围解，死亦何恨！"语贼曰："我即出，可解此围？"贼许之。遂单骑赴贼营。围解，卒自刎死。

这篇传记更短，全文不足一百一十字，然而不仅故事情节完整，层次清楚，事迹感人，而且通过简明生动的语言为读者塑造了一位既有勇有谋又坚强不屈的抗清英雄的形象。

王葆心也是一位诗人。虽然作品的数量不是很多，但创作态度却极为严肃、认真，作品的质量也较高。其作品多为迎来送往、唱和赠答和写景咏物之作，直接反映社会现实生活的作品不多。其中写得较有特色的是咏物诗，如《秋海棠》（五首）：

清怨盈怀郁不开，记从墙畔结瑶胎。丰肌艳质愁千种，衰草斜阳泪一堆。幽砌月寒蛩自语，小园花落燕犹来。百年粉黛都消歇，合拾新名绮树栽。

八月偏逢一笑春，栏干十二玉横陈。临风楚楚如堪画，映月姗姗亦可人。住近西川分娃晚，魂来洛浦化身匀。儿家未受东皇宠，自抱秋心远俗尘。

偎烟怯日好威仪，冷艳安排绝世姿。红线千条牵别绪，檀心一缕化相思。蘼芜取字年华小，杨柳多情骨相痴。何止东风传消息，夕阳留恋入山时。

冷眼看空几树花，牡丹何事作官家。香生短梦秋无语，情老寒光月有华。庸福争名羞命妇，孤根补恨倩灵娲。三春无力移佳植，蝶醉蜂迷日已斜。

百媚生眸笑倚风，故园晚景尚玲珑。红尘已断三春梦，巫女犹来十二峰。瘦蛱抱枝寒漠漠，湿萤黏叶月濛濛。花神故意留情种，令我咨嗟想化工。

诗人生活在浊世之中，身历目睹了太多的腐朽、落后、压抑与黑暗，因而特别向往那种健康、兴盛、民主与光明的社会生活。在这一组诗中，诗人寓情于物，对那些"未受东皇宠"，也不为人们看重，却"临风楚楚如堪画，映月姗姗亦可人”的海棠花的那种“丰肌艳质”和“绝世姿”与“好威仪”，极尽赞美之辞；而对那些虽然既受“东皇”宠幸，又为人们喜爱，“三春”时节，可谓“蝶醉蜂迷”，却“香生短梦秋无语”的牡丹提出了质疑——“何事作官家”？比较委婉含蓄地表达了自己“盈怀”的“清怨”——这里实际上是表达了诗人那种对国家前途与命运的苦闷与忧虑。

在他的诗作中，也有反映现实社会生活的作品。如《过旧县》：

> 横流何处是家乡？故县重来吊古忙。片白仅存旧名氏，清流曾濯宋冠裳。州军若被兵戈换，文献甘同草木荒。检点篇章话兴废，眼前难遣是沧桑。

这首诗是王葆心寄赠给好友饶竹荪的。辛亥革命以后，王氏满心欢喜，本以为天下从此太平无事，老百姓可以过上安稳的日子，没想到许多事情与他的想象背道而驰，时局也倏忽变化：军阀割据，连年混战，乡村破败，田地荒芜，老百姓仍然生活在水深火热之中。在过旧县时，看到这一切，王葆心心中十分悲痛，写了这首诗。

更为可贵的是，诗人还在自己的诗歌作品中留下了一些赞颂由西方传入中国的进步文化和新鲜事物。如他曾写有《洋器四咏》（包括显微镜、时辰表、电灯、气球四诗），颇类似黄遵宪的《今别离》。其中的《显微镜》写道：

> 寒光四流天宇扩，烟雾横空开碧落。晃然一镜出奁中，十二万年无此作。携归远自伊麻齐，微茫入眼分娇媸。菱花嘽亟开不老，照我夜鬓皆成丝。非铜非宝极怪样，为影为形乍难状。秋痕如线指不容，万里斜看势奔放。尺宅寸田观独纵，近水遥山纷自贡。问尔犀然牛渚人，与此精奇维伯仲？离生变色象周走，赤水元珠望如斗。当作徒自诩神功，巧夺聪明名亦扬。芥子须弥恍惚逢，罗纹拾垢起微濛。琐碎半江秋练白，依稀一豆鬼灯红。逢头番子纷四出，蚁集蜂屯探密秘。博采乙阳所未言，氛彩涓埃皆得实。棘端母猴核桃船，灵怪飞动如天仙。若将此镜烛奸幻，肝胆灼是三生前。蛾眉新黛愁欲绝，跃跃情心都不彻。九幽魑魅百怪形，一一苍茫为发泄。书生得之何所用？麻沙蝇头短檠共。君不见泰西小学考索工，千百小儿争玩弄。

鸦片战争以后，伴随着西方列强的坚船利炮，西方的新思想、新理论、新观念、新事物、新方法一起涌进中国。长期受传统思想熏陶的中国封建知识分子，面对这“千年未有之大变局”（李鸿章语），一部分人由担心、害怕进而固守和捍卫传统文化，坚决抵制西方新文化的传播；一部分人感到忧虑、怀疑、彷徨，但又无能为力，只好隐忍、退让、逃避；一部分人则迎头而上，努力学习、考究和利用，并积极宣传、推扬和提倡。王氏就属于这后一种人，他利用七言古诗体形式，在诗中极力描摹和宣扬显微镜的先进与奇妙。这充分说明他是能够适应时代的发展、变化而随时代步伐前进的。

第六章　清末民初著名戏剧家——刘艺舟

今天的一般学人、读者，提起“刘必成”或“刘艺舟”这个名字，已经很陌生了；就是今天戏剧界的研究者，提起“刘必成”或“刘艺舟”其人，恐怕也不甚了了。但在清末民初，“刘必成”尤其是“刘艺舟”这个名字可谓人人都觉如雷贯耳，誉满全国，家喻户晓。湖北著名民主革命家、南社诗人刘成禺就说过，“刘艺舟以善新戏，蜚声南北”①。其实，这个评价并不全面。应该说，刘艺舟的新剧表演不仅在国内影响很大，而且还走出了国门，给日本观众也留下了极深的印象，在日本戏剧界也产生过较大的影响。

第一节　刘艺舟的生平与戏剧活动

刘艺舟（1875—1937），原名必成，后易名麟，艺名艺舟、木铎，鄂城（今湖北鄂州市梁子湖区）沼山乡畈雄村人。自幼随父居武昌就读，课余时间则特别喜欢听汉调和京剧。中日甲午战争后，鉴于社会危机、民族矛盾的进一步加深，拥护维新变法，曾上书湖广总督张之洞，畅言革新政治，受到张之洞的传见。

1904年（光绪三十年甲辰），刘艺舟怀着救亡图存的愿望，东渡日本留学，入早稻田大学学习理化，结识黄兴、宋教仁等民主革命家，受孙中山思想的影响，赞成民族民主革命，加入同盟会，积极从事反清活动。因喜爱戏剧，与留学日本的欧阳予倩等人友善，往来密切。中国第一个话剧团体“春柳社”成立后，他常利用课余时间积极参加剧社的戏剧活动和新剧的演出。在参加戏剧活动的实践中，刘艺舟逐渐认识到戏曲艺术的强大魅力，遂决定走“搞戏剧，干革命”的道路。

1907年（光绪三十三年丁未），刘艺舟回到国内，与戏剧家王钟声（1880—1911，原名熙普，艺名钟声，浙江上虞人）一起，至东北各地及天

① 刘禺生：《世载堂杂忆·述戢翼翚生平》，中华书局1960年版，第152页。

津沿海主演《爱之花》《黑奴吁天录》等新剧目，揭露清政府的黑暗统治和腐朽无能，宣传爱国主义思想，引起统治者的仇视，遭到官府的通缉，只得于次年再次出走日本。

1910 年（宣统二年庚戌）学成归国后，刘艺舟执教于天津法政学校。他一边教书，一边暗中从事反清革命活动。不久事败，被清政府拘禁。

次年（宣统三年辛亥）春获释后，遂与朋友带领戏班赴大连、安东、威海卫等地演出。期间，着手组建“励群新剧社”，以图改造“进则豺狼当道，退则洪水横流”的社会，求“在讴歌俚曲之间，而觅爱国励群之道”。他又与张榕（1884—1912，字荫华，辽宁抚顺人）等人组织戏剧界同仁，成立“同盟急进会”，推动东北革命运动的开展。

武昌起义爆发，各省革命党人纷纷响应，势如卷席。刘艺舟此时正在大连演出，暗中探听到隔海相望的登州城（今山东蓬莱）里清军防务空虚，且有革命党人做内应。他非常兴奋，决定攻打登州，并立即联络渤海颜兴旺的 400 名海盗前往相助。刘艺舟率领剧团全体艺友和同盟急进会的成员，登上了一艘开往烟台的日本大轮船，声称去烟台演出，而将枪支弹药藏在戏箱里。当轮船行至登州海面时，刘艺舟率领全副武装的艺友们冲上甲板，很快就控制了驾驶室和船长室。轮船到达登州码头后，义军们拉响汽笛，又勒令船员抛锚，同如期赶到的渤海颜兴旺带领的 400 名海盗会合，一起向登州城发起进攻。在城内革命党人的接应下，义军蜂拥入城，很快打败守城清军，占领登州。随后，刘艺舟率领义军又相继攻占了烟台、黄县等地。义军一致推举刘艺舟为山东军政府登、黄临时都督。

南京临时政府成立后，派胡瑛（1886—1993，字经武，原籍浙江绍兴，寄居湖南桃源）为“山东都督”，任命刘艺舟为“烟济登黄都督”，随后又改任“登济黄司令”。不久，孙中山辞去大总统职位，辛亥革命的胜利果实被袁世凯窃取，刘艺舟愤而辞职，赴上海，与潘月樵（1869—1928，艺名小连生，江苏甘泉人）、夏月珊（1868—1924，艺名小庚弟，安徽怀宁人）、夏月润（1878—1932，月珊之弟，谭鑫培之婿）等艺术家合作，在新舞台演戏。孙中山曾赠以“光复登黄伟人”金丝绒戏幕，因此，“都督演戏”一时传为美谈。

中国早期话剧在上海出现很早，但由于演员很分散、剧目不丰富、清政府不支持、演出未能常规化，因此发展缓慢。尽管民国建立后，新剧受到的压制减弱了，亦有不少进步剧团上演新剧，可仍然起色不大。刘艺舟经过仔细分析原因，认真考察各方面情况，认识到：要想新剧得到进一步的发展，就必须将分散的团体联合起来，并加强新、旧剧界的联系，形成规模，相互支持，共同进步。于是，他一边参与以戏曲界为核心的伶界联合会的各种活动，一边坚持在新舞台演出，还挤出不少时间来做新剧界联合的事情。

1912 年 6 月 27 日，在刘艺舟、许啸天（1886—1946，名家恩，字泽斋，号啸天，浙江上虞人）、王汉强等戏剧艺术家的多方奔走、努力下，上海新剧俱进会正式成立，并推举刘艺舟为理事（长），王汉强为副理事（长）。上海新剧界的精英大都汇集于俱进会中。该会以“结合群力，联络声气，研究新剧学术上、事实上之问题，谋新剧界共同之进步，以冀增进民智、培养民德”为宗旨①，下设有演剧部、编辑部、美术部和事务部，分别推举新、旧剧名演员担任部主任或主任助理，并采用集会研究、讲坛研究、通讯研究等研究方法开展会中工作。该会又经常组织新、旧剧家在新舞台进行联合演出，这就为 1913 年新剧在上海的兴盛打下了坚实的基础。

1912 年 8 月，以同盟会为基础，联合统一共和党、国民共进会、共和实进会、国民公党等几个小党派，国民党正式组成。刘艺舟一边编演戏剧，一边积极参加国民党的各种活动，以实际行动支持宋教仁等党人“实行政党政治，成立责任内阁”的主张，借以制约袁世凯的独裁统治。不料他的言行却招来了旁人的猜忌，以为他这是为了谋求个人的名声和权力。刘艺舟不得不在《申报》的头版发表宣言：

> 刘艺舟宣言：国民党党员钧鉴，不佞为本党改组一事，所以随诸君子之后，以奔走号呼者，实为保守约法，顾全党纲，原无丝毫希翼权利之见。侧闻谣诼朋兴，以私臆妄度不佞，殊属偏颇。兹特布告诸君，不佞以后对于上海交通部，情愿牺牲一切被选举权。务恳鉴原，乞勿误会是荷②。

在这里，刘艺舟明确地表示了自己在国民党改组问题上的言行并不是为了谋求个人的名声和权利，而是为了维护中华民国临时约法和中国国民党党纲。当时，正值袁世凯当政，奸佞小人掌权，革命功臣受到排挤，革命处于低潮，民主言论更是受到压制。在这样的一种大政治背景下，刘艺舟的激进言行遭到攻击和诽谤，是完全可以理解的。

辛亥革命期间，蒙古宣布“自治”，西藏与清政府之间则军事冲突不

① 《新剧俱进会简章》,《民立报》1912 年 7 月 28 日第 12 页。

② 刘艺舟：《刘艺舟宣言》,《申报》1912 年 10 月 16 日。

断。民国初建，蒙藏问题便成为能否完成“五族共和”的关键。面对这种形势，刘艺舟决定要为祖国的统一大业贡献一份力量。于是，他四处奔走、游说，联络潘月樵、夏月珊、谢式刚等伶界名流，又邀请“商、军、学界颜炳元、唐道均、刘艺人、张子通、王天鹏、萧华谦、李荫浓诸同志，组织蒙藏探险团，又组织蒙藏报社，注重边患，闻已定下星期二出版矣”①。“蒙藏探险团”以“了解蒙藏实情，宣传民主思想”为宗旨②。不久，刘艺舟又根据筹款、准备等实际需要，将“蒙藏探险团”改组为新剧团。为了鼓舞演员们的士气和斗志，他亲自带领剧团，从上海出发，计划途经南京、安徽、湖北、河南、河北等地北上演出，希望发挥戏剧的社会教育作用，通过戏剧文化的传播，以达到和平解决蒙藏问题，最终实现五族共和、国家统一、推动社会进步发展的目的。

同年12月底，刘艺舟率领新剧团抵达汉口。新剧团曾在汉口的大舞台演出《吴禄贞被刺》一剧，刘艺舟亲自饰演清政府陆军第六镇统制、刚任命没几天尚未赴任即被刺身亡的山西巡抚、燕晋联军大都督兼总司令吴禄贞。表演中，他利用台词来抒发自己的忧愤：“寄予南方同志，革命前途，阻碍尚多，务望同心协力，切莫争权夺利，自起党争。”当时，武昌起义军内部发生矛盾，相互争斗甚烈。他的台词不是原先编写的，系演出时的有感而发；而看戏的观众多为亲历首义的同志，闻其说词，甚觉有理，顿时全场掌声雷动，以示赞成和接受其劝告。

1913年9月，由于国民党缺乏明确的纲领，内部涣散，因此，“二次革命”（即“讨袁之役”，又称“癸丑之役”“赣宁之役”）很快就失败了。刘艺舟遭到袁世凯政府的通缉，他不得不与何海鸣（1886—1944，字一雁，湖南衡阳人）等革命党人一起流亡海外，再度来到日本，旅居于大阪。当时，流亡日本的革命党人不仅生活艰苦，而且没有保障。为了解除他们的困境，刘艺舟经过对日本戏剧市场的深入调查，决定通过在日本演出戏剧这条途径，来获得经济上的来源，用以接济革命党人，解决他们的后顾之忧。于是，刘艺舟联络了十几位革命党人和留日学生，并在日本戏剧界朋友的支持和帮助下，创立了“光黄新剧同志社”。随后又与松竹株式会社订立合同，并发函国内，邀请好友苏少卿（1890—1971，字相辰，艺名寄生，江苏徐州人）带领上海开明社的同仁赴日，到大阪、东京等地来参加新剧的

① 佚名：《伶界对于蒙藏之热潮》，《申报》1912年9月16日。

② 《蒙藏探险团章程弁言》，《申报》1912年11月6日第7版。

演出。

经过半年多艰苦的联络、游说、筹备和紧张的编剧、排练，刘艺舟终于打出了“中华木铎新剧”的招牌，于 1914 年 11 月 5—11 日在大阪的中座举行隆重公演。此次公演的剧目有根据俄国文豪托尔斯泰的《复活》改编的同名话剧和刘艺舟根据中国小说、历史编写的话剧《豹子头》（又名《林冲》）、《西太后》以及泰西歌剧《卢兵芳》等剧目。这些剧目，既有中国的，也有外国的；既有历史题材的，也有现代题材的；既有话剧，也有歌剧；既有多幕剧，也有独幕剧。可说是内容丰富，形式多样。

此次公演获得了很大成功，在日本戏剧界和观众中引起了强烈反响。尤其是在《豹子头》中，刘艺舟饰演林冲，甚得旅日华侨和日本观众的好评。《大阪时事新报》11 月 9 日曾有报道说：“中座的中国剧与以往的中国戏剧不同，反应是很容易为日本人所理解，故而收到了极好的效果。”①

刘艺舟和全体演艺人员受到在大阪演出成功的鼓舞，经过短期的休整，便向东京进发，并于 1914 年 12 月 5—11 日在东京的本乡座举行公演。

在东京公演的剧目，刘艺舟根据东京观众的构成成分（留学生与知识群体较多）和欣赏口味以及实际需求，除保留《豹子头》和《复活》剧目且《复活》由原来的一幕四场增改为两幕五场外，去掉了《西太后》和《卢兵芳》两个剧目，而更换成《茶花女》和几种京剧。经过这样一调整，公演像在大阪一样获得很大成功，被誉为“年末最占人气的演出”。正如《东京每日新闻》12 月 5 日发布的消息所说：“本乡座五日开场的中国戏剧，虽然全部是用中国话演出，但由于情节容易理解，对话的不明白反而觉得很有趣。”②

“光黄新剧同志社”与“开明社”合作，并以“中华木铎新剧”名义在日本的演出，是我国戏剧史上最早的国际交流，比梅兰芳先生 1919 年第一次率领我国京剧团访日演出要早 5 年。它不仅向日本民众介绍了中国兴起的新剧（早期话剧）和京剧，传播了中国的戏剧文化；而且接受了日本剧坛的影响，吸取了日本新剧的艺术养料，促进了中国新剧艺术的发展和提高，在中国戏剧交流史上乃至中外戏剧交流史上都具有重要的意义。

1915 年，袁世凯为了恢复帝制，与日本政府狼狈为奸，加快了复辟的步

---

① 转引自吉田登志子:《关于“中华木铎新剧”的来日公演》,《日本演剧学会会刊》(1991 年)。以下日本报刊的引文均引自此文。

② 引文同上。

伐。为了反对袁世凯与日本签订的卖国的“二十一条”，刘艺舟被推选为旅日学生、华侨的代表回国请愿，结果被逮捕入狱。直到袁世凯在全国人民的唾骂声中死去、黎元洪继任大总统才获释。出狱后，刘艺舟很快就编写了一本讽刺袁世凯的京剧《皇帝梦》（又名《新华宫》），在汉口满春戏院演出，并亲自饰演袁世凯，将袁氏复辟帝制的奸相和丑态表演得淋漓尽致，不时博得观众的捧腹大笑，轰动一时。而袁世凯的余党、湖北督军王占元听说后甚为恼怒，马上下令逮捕。刘艺舟来不及卸装，闻信而逃。

此后，刘艺舟长期辗转于湖北、江西、河南等地，继续演剧，宣传爱国思想，常为地方官吏驱逐，过着颠沛流离的生活。有好心的朋友劝他改行从政，他却坚定地说：“当今仍不合时宜，吾国一日不强，吾舌一日不蔽，有生之日，即吾奔走鼓吹之时，碎骨粉身，吾亦之所不计，吾志未酬，吾当吾行吾素耳！”他曾编演过《哀江南》（又名《石达开》）、《花子拾金》等剧，尤其是演出《哀江南》时，他亲自饰演石达开。每当演到痛责韦昌辉因个人野心而企图杀害杨秀清一场时，他总是情真意切，慷慨激昂，也激起观众对辛亥革命后军阀混战、新贵争权夺利的愤慨之情，并博得观众经久不息的掌声。

1927 年，刘艺舟应时任中央俱乐部主任的李之龙（1897—1928）邀请，出任汉口市戏剧编审委员会委员，发起组织“火焰剧社”，在大舞台演出《太平天国》《明末遗恨》《年羹尧》等历史名剧。并与李之龙合作，支持楚剧、汉剧演员进行戏剧改革。“四一二”反革命政变后，他又将反蒋宣传穿插于戏剧表演之中。

晚年，刘艺舟主要在汉口戏剧训练班教授戏剧理论。曾与湖北剧学总会委员长傅心一（1888—1958）合作，对楚剧与汉剧的改革提出过不少建设性意见，但由于当局的不热心、甚至阻扰，被采纳的很少。后因贫病抑郁而逝。

第二节　刘艺舟的代表剧作——《豹子头》

刘艺舟一生编著的戏剧剧本有数十卷，多为针砭时弊之作。其中演出较多、影响较大的剧目有《爱之花》《黑奴吁天录》《吴禄贞被刺》《豹子头》《复活》《茶花女》《皇帝梦》《哀江南》《花子拾金》《太平天国》《明末遗恨》《年羹尧》等。在这些剧目中，又以《豹子头》的影响最大、最具代表性。

《豹子头》是刘艺舟自编、自导、自演的一个剧目，它不仅是“光黄新剧同志社”与“开明社”合作在日本公演的第一个剧目，也是后来演出场次最多的一个剧目；而且，从编剧方法、演出形式和表演风格等各方面的情况来看，它又是中国早期话剧的一个典型剧目。

《豹子头》取材于《水浒传》，讲述的是林冲上梁山之前的故事。他的名字和故事，在国内可谓是家喻户晓。全剧共分为四幕九场：

第一幕分前后两场，叙述东京80万禁军教头林冲携夫人张氏前往东京的东岳庙烧香，在路过大相国寺菜园时，见管理菜园的鲁智深正在练武，且拳棒精熟，故被深深吸引，不忍离去，遂让张氏带着丫环锦儿先去东岳庙烧香，自己留下来观看。林、鲁二人一见如故，遂结拜为兄弟。此时，殿帅府太尉高俅之子高衙内也来东岳庙闲逛，见张氏貌美如花，便对她进行调戏。锦儿急忙告知林冲，有一个公子调戏夫人。林冲赶到东岳庙，见是自己顶头上司之子高衙内，便强忍愤怒不与计较。

第二幕分前后两场，叙述奸佞小人陆谦为高衙内出谋划策，并带领高衙内来到林冲家中，光天化日之下，再次调戏张氏。正好林冲有事回家，高衙内闻信，吓得魂飞魄散，越墙而逃。陆谦又设计陷害林冲，暗中安排人将高太尉所收藏的宝刀卖给林冲，随后便派人去假传高太尉的命令，召林冲进入白虎节堂，并以此为借口，诬陷林冲行刺高太尉。

第三幕亦分为前后两场，叙述林冲被陆谦等小人诬陷定罪，发配沧州，临行前与夫人张氏悲痛惜别。行至野猪林时，押送差人奉陆谦密令，欲在此杀死林冲。幸亏被一路暗中保护林冲安全的鲁智深所救。

第四幕则在前后两场之间插入梦境一场，共三场，叙述林冲到达沧州后，被分去看管草料场。一天晚上睡觉，他忽然梦见夫人张氏为高衙内威逼，自缢身亡了。陆谦见张氏坚决不从，便来到沧州，欲焚毁草料场，置林冲于死地，以绝张氏顾念。一个大雪纷飞的日子，林冲在山神庙中无意得知陆谦他们的阴谋，万分愤怒，杀死陆谦等人，冒雪投奔梁山而去。

全剧不仅剧情紧凑，戏剧冲突尖锐、集中；故事结构巧妙，一环扣一环，人物的结局都有交代；角色较少，主要人物特别突出。而且通过林冲从一个朝廷的军官被逼上梁山、走上反抗道路的故事，愤怒地揭露了封建制度的腐朽和封建统治的黑暗，从而形象地揭示了封建社会中受迫害者“官逼民反”、铤而走险的现实和规律。

刘艺舟将《豹子头》作为在日本的首演剧目，是经过深思熟虑和精心设计的。这是因为《水浒传》是中国明代著名的英雄传奇小说，也是中国长篇白话章回小说的代表作品之一，早在 17 世纪末 18 世纪初就被译介到日本，小说中林冲的故事也早为日本观众所熟悉。在语言不是很通畅的情况下，选取故事内容为日本观众所了解和熟悉的剧目，更容易获得日本观众的支持与认可。同时，刘艺舟因受袁世凯政府的通缉，被迫流亡日本，其流亡生活与林冲发配沧州的处境颇为相似。刘艺舟的儿子刘木铎就曾回忆说："父亲编写《林冲》，借林冲发配他乡被逼上梁山一段历史故事，表达革命党人亡命他国的心境和与袁氏统治势不两立的决心。"①也正是因为这种"身世之感"，才使刘艺舟在扮演林冲这一角色时，能重点突出林冲的英雄气概，将林冲发配异乡的郁愤心情和被逼上梁山的痛苦心境以及他坚决不向邪恶势力屈服的斗争精神，演绎得淋漓尽致，使演出大获成功，受到中国留日学生和日本观众的一致好评。当时日本的报纸就评论说："最有特色的是团长刘艺舟的林冲，台词流畅，表情丰富，只是作派仍多少带着中国剧固有的风格……这种演技风格是颇为新颖奇特的。"②

后来刘艺舟带领剧团到东京演出，同样获得很大成功，受到中国留日学生和日本观众的好评。当时东京就有报纸评论说："刘艺舟饰《豹子头》中的林冲，他身段、声调都不错，特别是瞪大眼睛的样子很像《水浒传》中的人物，相当出色。"③这也说明刘艺舟当时的考虑和设计是成功的、完全正确的。

我们还应该看到的是，尽管《豹子头》在结构方法、演出形式、表演风格等方面具有中国新剧（早期话剧）的典型特征，但它却明显地受到日本明治时期早期新派剧和西方近代戏剧的影响。

就其结构方法来说：一方面，中国早期话剧的代表"进化团派"所编演的新剧，分幕多，少则五六幕，多则十余幕，例如任天知所带领的进化团在上海演出的《黄金赤水》就有八幕，《共和万岁》则有十二幕，与中国传统戏曲传奇的结构较接近；而《豹子头》只有四幕，场景比较集中，其结构形式与西方近代戏剧相类似。另一方面，"进化团派"在剧情的安排上，一般都是按照时间顺序来展开，这也是中国传统戏曲比较常用的那种开放式结

① 刘木铎：《回忆我的父亲——刘艺舟》，《戏曲研究》第 8 辑，文化生活出版社 1983 年版。

② 《大阪每日新闻》1914 年 11 月 9 日。

③ 《万朝报》1914 年 12 月 7 日。

构形式；而《豹子头》的第四幕，却突然在前后两场中间插入一场“梦境”，使舞台表现的单调得以避免，赢得了时空自由，也巧妙地交代了相关人物的结局，这种处理与日本大正剧坛所演新剧和西方近代戏剧较接近。中国早期话剧的著名编剧家、评论家郑正秋就曾指出：“刘艺舟曾编此剧，演于日本东京，只分五幕（注：记忆错误，实为四幕），剧情未免太略。唯风雪山神庙一场，增加梦境，演林冲梦见高衙内逼婚，张氏自缢，张教头忧愤而死等情节，穿插甚妙（张氏等乃均有着落），可谓善矣。”①

就其演出形式来说：一方面，由于“中华木铎新剧”剧组的成员在国内时，与当时的早期话剧演员一样，大多数人都学过京戏，对京剧非常熟悉，受京剧的影响比较明显。因此，在《豹子头》一剧的演出中，不少场面采用的是京剧形式，尤其是在人物的上、下场和情节的紧要处，都使用锣鼓。梅兰芳在《戏剧界参加辛亥革命的几件事》一文中就指出：“这出戏中有些场子，是采用京剧形式，用锣鼓、胡琴起唱的。”②另一方面，因受西方近代戏剧的影响，其演出“不用歌唱，以对话和动作为主要表现手段”，而又“分幕，采用灯光、布景等设施进行演出”，形成了“一种新的戏剧形式”，“与中国传统戏曲完全不同”③。同时，又明显受到日本明治时期早期新派剧“化装演讲”的影响，“把观众当作了说话的对方”④，这种演出形式也是中国传统戏曲中完全没有的。

就其表演风格来说，由于中国早期的话剧演员大多数都是京剧的爱好者、演出者，因而，表演时就会自觉不自觉地承袭中国传统戏曲的表演模式。而“中华木铎新剧”剧组演出的《豹子头》，除扮演林冲的刘艺舟一人在表演时还带有一些京剧味之外——如日本评论家就指出：“其时时环绕舞台迈小步走的样子，那大概是中国剧固有的形式吧”⑤，其他像扮演林冲夫人张氏的史海啸、扮演陆谦的苏寄生、扮演鲁智深的周文潮、扮演张教头的陆文明等人的演技就相当生活化，表演十分自然，塑造人物已经达到了个性化的程度。尤其是史海啸，“是剧团的女主角，他个子很高，简直就是一

① 郑正秋、张冥飞：《新剧考证百出·豹子头》，中华图书集成公司1919年版，第17页。

② 梅兰芳：《戏剧界参加辛亥革命的几件事》，《戏剧报》1961年第17～18期。

③ 程翔章、丘铸昌：《中国近代文学》，华中师范大学出版社2008年版，第181页。

④ 《万朝报》1914年12月7日中内蝶二评论。

⑤ 《都新闻》1914年12月8日伊原青青园评论。

个身材高挑、彬彬有礼的女人”[①]；他“从身体至声音完全像女人，当其为即将流放的丈夫送别时，那一边为之梳头一边哀别的情景，充满了感情”[②]。以至日本评论家都感叹：“史海啸的极自然且充满感情的演技，让我非常敬佩。”[③]其他如“苏寄生的陆谦，把一个奸佞之人的内心展现得非常到位”[④]。“中华木铎新剧”剧组演员真实自然的表演，正好与西方写实戏剧的要求相吻合。

由此可见，《豹子头》一剧既有对中国传统戏曲特点的继承，又有对西方近代戏剧和日本明治时期早期新派剧长处的借鉴，亦中亦西，中西结合，因而能够获得中国留日学生和日本观众的普遍欢迎与高度赞扬。它在大阪、东京等地的成功公演，也就拉近了中国戏剧与西方戏剧的距离。

第三节　刘艺舟戏剧活动的突出特点

刘艺舟由一个普通青年成长为一名革命志士，又从一名革命志士转变成为一名职业戏剧家。从他的人生道路和戏剧生涯，我们可以看到以下几个显著的特点。

其一，人生经历、戏剧生涯富有传奇色彩。青少年时期，刘艺舟一直学习、生活在武昌，受时代风气的影响，成长为一名向往光明、胸怀大志的青年，并勇敢地走出国门，去追求自己的强国之梦，成为一名留日学生。留日期间，因受孙中山思想的影响，赞成民族民主革命，加入同盟会，积极从事反清活动，成为一名民主革命志士。由于酷爱戏曲，学习理化之余，又与同志一道积极从事新剧活动，并决定走“搞戏剧，干革命”的道路，成为一名戏剧演员。辛亥革命期间，他由一名戏剧演员变成一名军人，拿起武器，投入推翻清王朝的战斗中，并成为“烟济登黄都督”。中华民国建立，他本想一展宏图，干一番大事业，但辛亥革命的胜利果实很快就被袁世凯窃取，他愤而辞职，又从一名革命都督重新回到舞台，成为一名职业戏剧家。他不仅在国内演出，得到民众的喜爱、欢迎；还在日本公演，受到日本观众和留日学生的喜爱、欢迎。其人生经历、戏剧生涯可谓丰富而又奇特。

---

① 《都新闻》1914 年 12 月 8 日伊原青青园评论。

② 《万朝报》1914 年 12 月 7 日中内蝶二评论。

③ 英一:《演艺持余志》,《新小说》1915 年第 1 期。

④ 《万朝报》1914 年 12 月 7 日中内蝶二评论。

其二，集编、导、演于一身。在戏剧界（包括电影界），一般说来，编剧、导演和演员的职责分工是比较明确的，各守其职，各尽其责：编剧负责剧本的编写，导演负责戏剧排演（或电影拍摄）工作的组织和指导，演员则承担具体角色的表演。当然也有例外，有少数编剧既可编戏，亦会导戏；有少数导演既可导戏，又能编戏；有少数导演不仅导戏，又在剧中担任主要角色演戏；有少数演员在多年资源积累的基础上，也开始既演戏亦导戏。但像刘艺舟这样，在数十年奔走海内外的戏剧生涯中，共演出了数十种戏剧，而且绝大多数戏剧都能集编、导、演于一身的情况，颇为少见。

其三，演出的目的非常明确。从刘艺舟数十年的戏剧生涯可以看出，他从事戏剧活动的目的非常明确。留学日本时期，在从事戏剧活动的实践中，他逐渐认识到戏曲艺术的强大魅力和利用戏剧发动群众、组织群众的特殊作用，遂决定走“搞戏剧，干革命”的道路。回国后，他带领戏班奔走北方各地，演出《爱之花》《黑奴吁天录》等新剧目，揭露清政府的黑暗统治和腐朽无能，宣传爱国主义思想，推动民主革命运动的发展。他组建“励群新剧社”，就是要改造“进则豺狼当道，退则洪水横流”的社会，以求“在讴歌俚曲之间，而觅爱国励群之道”。1912 年底，他率团在汉口的大舞台演出《吴禄贞被刺》一剧，并亲自饰演吴禄贞。表演中，他利用台词来抒发自己的忧愤：“寄予南方同志，革命前途，阻碍尚多，务望同心协力，切莫争权夺利，自起党争。”其目的很明确，就是号召全体党人要团结一心，与袁世凯作坚决的斗争。1914 年他因反袁而亡命日本，组织剧团在大阪、东京公演，并大获成功。其目的一方面是为了向日本介绍中国的戏剧艺术，而更为重要的是为了解决亡命日本革命志士的生计问题，让大家生存下来，有本钱继续与袁世凯斗争。1916 年袁世凯在全国人民的唾骂声中忧惧而死，他立即编写了京剧《皇帝梦》并获成功，其目的亦很明确，就是要告诉世人：开历史倒车不得人心，搞独裁统治没有好下场。“四一二”反革命政变后，他又将反蒋宣传穿插于戏剧表演之中。可见刘艺舟的一生，始终是在坚持借舞台演出来宣传革命的宗旨，鞭挞邪恶，伸张正义。

其四，表演的随意性。正规的舞台演出，演员必须严格按照剧本提供的台词和导演的要求去表演，不能节外生枝。刘艺舟的表演却不同：首先，他演剧一般不采用别人的脚本，都是自己编写的脚本，而且由自己担任主角。他编写的脚本都较简略，相当于是一个剧本的详细提纲，这就有利于演员演出时自由发挥。其次，刘艺舟的演出被公认为唱做俱佳，演出时着力于表达人物的情感，不拘守舞台成规，常常见景生情，借题发挥。也正因如此，他的演出往往触怒当局，遭到打击、迫害。再次，刘艺舟的演出都是自编自演，对所编写的剧本和剧中的主要人物都有其独到的认识；尤其是善于以古讽今，以古喻今，有的放矢。他自编自演的京剧《石达开》，就是讽刺民国初年革命党人的争权夺利，抨击地方割据、军阀混战给老百姓带来的灾难。他在日本自编自演的早期话剧《豹子头》，除了首要目的是挣钱解决流亡日本革命志士的生计，积攒本钱与袁世凯继续斗争之外，也是借林冲的故事以古喻今，抒发自己的身世之感。

总之，作为一名职业戏剧家，刘艺舟的戏剧活动、戏剧表演别具一格，具有独特的艺术风格，不仅为中国现代话剧的形成与发展作出了重要的贡献，也为中国戏剧走向世界作出了重要的贡献。

第七章　革命诗人与反袁斗士——刘成禺

伴随着民族民主革命运动的高涨，资产阶级民主革命家和聚集在南社旗帜下的诗人们纷纷拿起文学的武器，揭露社会黑暗，抨击专制统治，积极宣传民族民主革命思想，创作了大量的文学作品，极大地推动了民主革命运动的发展。湖北也一样，这个时期亦涌现出了一批有影响的文学家。在湖北的南社成员中，刘成禺是一位有影响的代表诗人。

说到刘成禺，学人们都知道，他不仅是清末民初湖北著名的民主革命家、政治活动家，也是著名的南社诗人。但很多人都不知道，他还是一位颇有成就的散文家。其革命事迹，文献书籍中虽记载颇多，只是太简略；至于其诗文创作，论及的就更少了。

第一节　刘成禺的生平与著述

刘成禺（1875—1953），本名问尧，字禺生，笔名壮夫、汉公、刘汉，以面略麻，人称“刘麻哥”，湖北江夏（今武汉市武昌区）人，生于广东番禺。

刘成禺出身官宦之家，父亲刘兆霖，号雨臣，曾在广州府和潮州府等地为官十数年，“卓著勋声”；晚年辞官归里，居家讲学，督教子女。刘成禺幼长于粤，稍长随父回籍。13 岁时父亲去世，由母亲方老夫人抚养成人。1893 年先后进于武昌经心书院、两湖书院，受教于梁鼎芬，倾向维新变法；随后入自强学堂，一边跟随辜鸿铭和容闳习英、俄和拉丁文，研究史地，一边从事维新变法活动。1899—1900 年，在汉口参与唐才常领导的自立军起义，失败后逃亡上海，馆于王培生家。王家藏书甚富，得以博览群籍。

不久，应陈少白之召赴香港，参与编辑《中国日报》，思想亦由维新变法转向民族民主革命，随即参与惠州起义。又经陈少白介绍，加入“兴中会”。

1901 年，刘成禺深感外患频仍，国事日非，思有所改变，遂考取官费生，赴日本留学，入东京成城陆军预备学校；经同乡好友吴禄贞和两湖书院同学程家柽的介绍，结识孙中山，交往甚密，开始从事民主革命活动。在日期间，曾遵照孙中山的建议，撰《太平天国战史》，宣传排满革命思想；1904 年书成，孙中山曾为其作序，称其为太平天国的“一代信史”，自此，刘成禺有“革命史学家”之称。

1903 年 1 月 29 日（光绪二十九年癸卯正月初一日），刘成禺与湖北著名革命志士蓝天蔚、张继煦、李书城等人创办了《湖北学生界》杂志，任撰述，积极宣传民族民主革命思想。

1903 年春初，刘成禺因在留日学生新年集会上率先发表反清演说，后又积极参加东京的反清民主革命活动，被清驻日公使蔡钧取消官费生资格，逐出东京，不能继续在日本居留。

1904 年夏，经孙中山和冯自由的介绍，刘成禺取道上海赴美国旧金山，一边入加利福尼亚大学攻读，一边兼任致公堂机关报《大同日报》的总编辑，继续反清革命活动；并遵照孙中山的指示，负责南、北美洲的联络事宜，与保皇党人进行论战，争取旅美学生和华侨支持国内的反清革命，为同盟会奠定了海外基础。同盟会机关报《民报》发行后，《大同日报》则成为《民报》的发行点，使美洲华侨能及时接受同盟会的革命思想。

1906 年 4 月 18 日，旧金山突发大地震，震后发生大火灾，大火蔓延，三昼夜不息，将华埠商业、住宅区及部分西人住宅区焚毁殆尽。在此次灾难中，刘成禺从火海中救出一位美国白人姑娘珍妮，从此两人相识、相知、相爱，不久结成夫妻，成就百年之好。

武昌首义成功后，革命党人和爱国华侨欢欣鼓舞，刘成禺遂携眷离美回国，被黎元洪推荐为南北议和代表、湖北军政府驻南京代表；因不满黄兴大权在握，参加黎元洪、孙武等人组织的“民社”活动，与同盟会公开对立。不久在上海加入柳亚子等人创办的“南社”。

1912 年初，刘成禺任南京临时参议院议员；临时政府北迁，北上继任参政院议员。次年 4 月，在京出席第一届正式国会。“二次革命”爆发，因附和革命，遭袁世凯通缉，逃至上海租界。1915 年袁世凯帝制自为阴谋日益明显，刘成禺遂创作诗文予以揭露和抨击。袁世凯去世后，遂北上继任参政院议员。

1917 年 8 月赴广州，刘成禺不仅消除了与孙中山之间的误会，而且协助孙中山撰著了《孙文学说》《建国方略》等书籍，不久出任广州国会非常会议参议院议员；9 月，被孙中山聘为中华民国军政府海陆军大元帅府高等顾问。1921 年 5 月，孙中山在广州就任中华民国非常大总统，刘成禺被任命为总统府宣传局主任。1922 年 6 月陈炯明叛变，孙中山脱险后，命其游说办理“和赣制粤”策略。1923 年 3 月，被孙中山任为陆海军大本营参议；随即派为孙中山驻鄂、豫代表；12 月，国民党发表改组宣言，被推选为临时中央执行委员。

1924 年 10 月北京政变后，冯玉祥等邀请孙中山北上商定国事，刘成禺代表南方政府与北京政府段祺瑞的代表许世英洽谈孙中山先生北上的有关事宜。不久，孙中山偕宋庆龄北上，为谋求解决国内问题，命刘成禺和郭泰祺等全权办理鄂豫湘三省军政事务，并商议建立建国政府事宜。孙中山病逝，刘成禺赶赴北京参加治丧和葬礼等活动，并亲自为中山先生扶灵。

1925 年秋，刘成禺拒绝段祺瑞政府的挽留，遵照孙中山先生的临终要求，与郭泰祺回到武昌，任教于武昌高等师范学校，从事教学和著述工作。

1931 年春，国民政府任命刘成禺为监察院监察委员（任此职直至 1947 年），遂离汉赴宁任职。

1932 年初，刘成禺见几个孩子逐渐长大成人，为让他们接受更好的教育，经与妻子珍妮商议决定，刘成禺遂送妻子带领几个孩子至洛杉矶定居，自己则留在中国。由于战乱及其他各种原因，自此开始直至刘成禺去世，其间虽然一直都保持着通信联系，夫妻二人却再也没有相聚见过面。送走妻儿后，刘成禺遂离宁回鄂，从事著述及湖北文献的编纂工作。

抗战全面爆发后，刘成禺自汉赴渝，工作之余仍坚持诗文创作，1947 年被任命为监察院两广监察使，1949 年初被任命为国史馆总纂修兼副馆长。

新中国成立以后，刘成禺回到武昌老家，出任湖北省人民委员会参事室参事、湖北省第一届人民代表大会代表。1950 年 8 月，被中央人民政府任命为中南军政委员会文教委员会委员，并加入中国国民党革命委员会。1952 年 3 月 15 日病逝于汉口。

刘成禺早年奔走大江南北，足迹遍及海内外，主要从事民族民主革命活动，为推翻清政府、建立中华民国作出了重要贡献，是一位著名的民主革命家、政治活动家。后期主要从事著述和地方文献的搜集编纂工作，且非常勤奋，生平著述达三百余万言。其主要著作有《太平天国战史》十六卷、《东西史考广义》四卷、《禺生四唱》（《洪宪纪事诗》《广州杂咏》《金陵新咏》《论版本绝句》）四卷、《洪宪纪事诗本事簿注》二卷、《先总理旧德录》、《自传》、《中国五大外交学者口授录》（亦名《容闳、辜汤生、马相伯、伍廷芳、唐绍仪外交口授录》）、《世载堂诗录》六卷、《世载堂杂忆》等。

第二节　刘成禺的诗歌代表作品——《洪宪纪事诗》

刘成禺的诗歌创作主要有《世载堂诗录》和《洪宪纪事诗》，而以《洪宪纪事诗》的影响最大，成就最高。《洪宪纪事诗》共 200 首，是刘成禺 1917 年 8 月后在广东期间根据好友张瑞玑、时功玖等人的建议写成的，并于 1919 年在上海初版，而后于 1934 年重印。《洪宪纪事诗》全为七言绝句，是清末民初少有的大型组诗，又曾收入《禺生四唱》中刊行。其后，诗人又为它自注本事（实注 98 首，并未全部注完），于 1936 年 5 月 5 日开始在《逸经》半月刊上连载，最终形成篇制宏大的《洪宪纪事诗本事簿注》二卷（卷一收诗 48 首，卷二收诗 50 首），先是由京华印书馆校印刊行（书上无出版年月，大约在 1937 年之后），后又被收入文海出版社出版的《袁世凯史料汇刊》单独刊行。

在《洪宪纪事诗本事簿注》中，诗人以政治家的胸怀、史家的眼光、诗家的笔墨，反映了袁世凯窃国乱政、复辟帝制以及帝制夭折的历史全过程，同时还记录了与这一段历史相关的史实与人物。其诗写道：

龙飞河北据幽燕，八十三晨大宝传。一代兴亡存故事，史家纪日代编年。

这是大型组诗的第一首诗，可看作大型组诗的序诗。诗本事簿注云：袁氏祖籍河南项城，功名发迹，皆在河北。“洪宪称帝，始于民国五年丙辰岁正月元日，取消于五年 3 月 22 日，凡称帝 83 日。袁氏自称，帝号由清室移转，并非取之民国，故曰‘大宝传’也。”前两句开宗明义，叙述了袁世凯的发家史以及他假清室之名而称帝的丑恶罪行；后两句则交代创作《洪宪纪事诗》的用意与目的。另一首写道：

宫内嘲谈竟阋墙，君臣御跛笑升堂。寄言来日聋皇后，胜却徐妃半面妆。

此诗排第 8，叙写的是“洪宪皇帝”登极那天，袁克定、袁克文、袁克良三兄弟在家里相互争吵、嘲笑的史事。诗本事簿注云：“克定左足病曳，颜世清右足不良于行。洪宪元旦，世清朝贺新华宫。礼成，世清退值，疾趋储宫贺太子。世清行拜跪礼，克定还礼如仪。克定左跛，杖而能起。世清右跛，亦按地良久，身乃成立。左右各留半膝，有如抵角对蹲之戏。克文、克良大笑阒堂。克定盛怒，痛责诸弟，谓其儿戏朝仪。克良答曰：‘汝真以储君威权凌辱群季耶？世界上岂有跛皇帝聋皇后者。’并讥克定妇，吴清卿大澂长女，两耳实聋，充不闻声也。克定纵怒掷物。世清又跛跪以求息怒。”这段注文，将诗中所写史事叙述得清清楚楚，正如古人所说：这是“使秃者御秃者，跛者御跛者，故妇人笑于房”（《穀梁传》），让人读后也甚觉滑稽可笑。这真是一场滑稽闹剧，不去说那些具有爱国之心的正直士人，就连袁克定的同胞兄弟都不满意父、兄醉心帝制的做法。它从另外一个角度嘲讽了袁世凯的复辟帝制丑剧的不得人心。再看另一首云：

武定文功未纪年，梅花洪数应先天。安排新岁崇王制，字字共和窜大圈。

此诗排第93，叙写的是朝臣聚议“年号”的史实。诗本事簿注云：“洪宪年号，丙辰元旦未宣布以前，议纪年诸臣，聚讼纷如。大半主用‘武’字者，最占多数，引光武、洪武开创为例。又以克定之故，主用‘武定’纪年，冠‘武’于‘定’，别前代‘定武’也。其主张用‘文’字者，谓项城称帝，俯顺民情，非专由武力定天下，宜建号‘文功’。”两说相持，互不相让，使主张符应图谶说者获胜，遂采用“洪宪”的年号。待“丙辰元旦，登极礼定，城厢内外，九门提督，内外警察厅，步兵统领，派队四出，所有门对、牌号、告白、墙壁，有‘共和’等字，与帝制相抵触者，一概消除。其有通衢大道，刊刻书写，不能即行涂洗者，凡‘共和’字面，加画一大黄圈，借壮观瞻，而昭民意云。当时街谣曰：‘一路圈儿圈到底，到底再圈圈不起。帝制不过画圈圈，空圈圈了圈而已。’儿童歌者甚夥，警士又沿途禁止。”这段注文真是维妙维肖，就像是一幅袁世凯称帝的滑稽漫画图，对袁世凯打着拥护共和的招牌篡夺革命果实，随即复辟帝制、反对共和的丑恶嘴脸进行了辛辣的讽刺，从而让读者对原诗的理解也更进了一步。再看下一首：

包括福星高四围，小山补筑对园扉。秋来丛桂花争发，不见青龙白虎旗。

此诗排第72，叙写那些拥戴袁氏称帝之人在帝制失败后对帝制的态度与认识。诗本事簿注云：“日者绍兴郭某，语克定曰：‘南海位置，上应天躔，青龙白虎，朱雀玄武，四周包括，理气井然。以峦头论，青龙方面似嫌微弱。南海丰泽园朝南，天子当阳，宜为正殿用身。园左小山，培土使高，则左有青龙，右有白虎，自然包括福星高世度矣。’于是刻日鸠工，将园左小山，加筑一丈，高于右方。青龙、白虎两墙角小山上，均设瞭望台。每逢星期日，高悬青龙、白虎二旗，为园中压胜之征。洪宪消亡后二年，遇郭某于沪上，询其丰泽园青龙培高，何故不灵。郭曰：‘青龙本身既弱，虽刻意增高，终属假造。假者不可乱真，是以为虚伪无益，反徒有害。白虎当头，青龙其能久乎？予亦不过漫为计划耳。’”读了这段注文，再去阅读其诗，理解便更为透彻。那些主张符应图谶说者，“不过漫为计划”，再怎么鼓动，如果当事人不动心，不“假造”，不“刻意增高”，又怎么会复辟帝制？这充分说明：凡逆历史潮流而动者，不仅对己无益，反而对己有害——这就是历史规律！

值得注意的是，组诗中除了叙写袁世凯复辟称帝以及帝制夭折的历史外，还叙写了不少与这段历史相关的历史人物与事件。所写事件为一般人所熟知，所写人物也形象生动鲜明，让人读后深感与所写袁氏历史是一个有机的整体。例如：

当关油壁掩罗裙，女侠谁知小凤云。缇骑九门搜索遍，美人挟走蔡将军。

此诗排第 50，所写的是人们熟知的京城名妓小凤仙与辛亥名将蔡锷的史实与故事：袁世凯窃取辛亥革命胜利果实后，一心想复辟帝制。但他担心蔡锷对其不利，便强行将蔡锷“请”到北京，给予高官厚禄；同时暗中派人监视他的一切行动。蔡锷为了逃脱袁世凯的控制，粉碎袁氏的帝制美梦，佯装与名妓小凤仙打得火热，并在小凤仙的配合下，智离京城；随后出天津，东渡日本，南下香港，取道河内，直奔云南，组织“护国军”，首举义旗，成为倒袁运动的领袖人物。但诗中并未直接叙写蔡锷的倒袁斗争，而是选取小凤仙与蔡锷密切往来并智出京城的故事来反映这段历史，可谓视角独特，构思巧妙，效果显著。另一首写道：

短薄斜侯莽大夫，戴盆郁郁叹新乎。缘何置酒来今雨，谈笑喧传走狗图。

此诗排第 74，是专门讽刺“筹安会六君子”的为虎作伥。诗本事簿注谓：“筹安会”起，当时京都的正人君子都鄙视其行，纷纷征引史传，给“六君子”各上隐名或绰号，称杨度为“莽大夫”，称刘师培为“国师”，称孙毓筠为“斜侯”，称严复为“短簿”，称胡瑛为“成济”，称李燮和为“李龟年”。“一日六君子会食中央公园之来今雨轩。胡瑛曰：‘外间皆呼我等为走狗，究竟是不是走狗？’杨度曰：‘怕人骂者是乡愿，岂能任天下事哉！我等倡助帝制，实行救国，自问之不愆，何恤乎人言？即以走狗二字论，我狗也不狗，走也不走的！’孙少侯曰：‘我不然，意志既定，生死以之。我狗也要狗，走也要走的！’严幼陵曰：‘我折中其说，狗也不狗，走也要走的！’胡瑛曰：‘然则我当狗也要狗，走也不走！’翌日走狗言志，传遍津京。天津《广智报》绘《走狗图》一幅，曲传其意：四狗东西南北对列，如狗也不狗，走也不走，则人首犬身，屹立不动；如狗也要狗，走也要走，则狻犬昂首，四足奔腾；如狗也不狗，走也要走，则人首犬身，怒如骏马；如狗也要狗，走也不走，则一犬长顾，四足柱立。正中画项城宸像冕旒龙衮，垂拱宝座，题曰：‘走狗图’。从此，词林掌故，又获一名典矣。”虽然人们都知道“筹安会六君子”之名，也知道他们与袁世凯的关系；但对他们的劣行却知之不多，光读原诗很难了解其详细情况。而经诗人这么一注解，便明明白白了。它将“筹安会六君子”逆历史潮流而动，甘愿当走狗、为虎作伥的丑恶嘴脸，活灵活现地呈现在读者面前，称其为“走狗图”或“群丑图”，可谓名副其实。

第三节 《洪宪纪事诗》的艺术特色

《洪宪纪事诗》是近代诗歌史上的一部杰构，具有诗史意义。当它刚一面世，就因其新颖的体制、丰富的内容和别具一格的形式，而受到时人的一致好评。

在体制上，《洪宪纪事诗》主要继承了前辈和同时诗人龚自珍的《己亥杂诗》（315 首）、魏源的《寰海十章》《寰海后十首》《江南吟十首》、林则徐的《塞外杂咏》（8 首）、姚莹的《论诗绝句六十首》、姚燮的《南辕杂诗一百八章》、贝青乔的《咄咄吟》（120 首）、黄遵宪的《日本杂事诗》（200 首）与《己亥杂诗》（89 首）、丘逢甲的《牡丹诗》（20 首）、杨深秀的《仿元遗山论诗绝句五十首》、文廷式的《拟古宫词》24 首、夏曾佑的《无题》26 首、王国维的《读史二十首》、苏曼殊的《本事诗》（10 首）和《东居杂诗十九首》的传统，全部由七言绝句诗组成。七言绝句体是诗人比较熟悉的一种诗体，虽讲求格律，却不及律诗要求的工整与严格，且篇幅短小，构思起来比较容易，叙事抒怀也比较便利。但是，要使几十首、上百首甚至几百首七言绝句诗在内容上叙写一段时间较长的历史、或一桩重要的历史事件、或一个内容较复杂的问题，使全诗形成一个有机的整体，并非易事。这需要诗人巧妙构思，精心组织，具有驾驭大型组诗的过人能力。刘成禺的探索非常成功。

在内容上，《洪宪纪事诗》可说是颇具匠心，别有意味。自从袁世凯窃取辛亥革命胜利果实后，虽然有些人投入了袁世凯的怀抱，有些人因失望而颓废消沉，也有些人退入书斋不再过问政治，但还是有不少革命志士继续与袁世凯进行着坚决的斗争，有的还以文学为武器，写下了大量的诗文，揭露袁世凯的复辟阴谋，抨击其暴政。只是这些作品比较零碎、单薄，反映的事情也是一麟一爪，起到的作用很有限，使人们对整个事件的了解和理解也很有限。刘成禺则不同，他采用大型组诗的形式，将袁世凯窃国乱政、复辟帝制以及帝制夭折的历史全过程和与这一段历史相关的史实与人物作了全面的反映。即使是其中的一首短诗，它所包含的内容也是非常丰富的。如他的一首诗写道：

讲经别会定南池，一卷楞严报主知。说到波斯亡国事，城东黑夜走禅师。

其诗本事簿注曰："筹安会立，杨度、刘师培以儒教为经，迎衍圣公孔令贻入京。严复以通西学为望。张勋又有荐张天师朝见之举。某某则奏进天方教为宗。孙毓筠自名耽精佛典，乃倡议迎名僧月霞、谛闲来京讲《楞严经》，恭颂政教齐鸣之盛。月霞，湖北黄冈人，安庆迎江寺方丈。谛闲，浙江人，宁波观宗寺方丈。拨款十万，讲经一月，以顺治门大街江西会馆为正会场，以南池子某地为别会法坛，以孙少侯住宅、城东锡拉胡同为两师坐静禅堂。听者日数百人，皇子以降，列坐持戒。一日，月霞升座说法，反覆讲'欲念'一章，其词曰：'万事皆起于欲，万事亦败于欲。至人无欲，能通佛路；达人去欲，乃获厚福。常人多欲，一切事业，纵因欲兴，亦因欲败，事成知足而能去欲者鲜矣。天道之盈亏有定，人生之欲望无穷。当日波斯国王征服邻近诸国，身为皇帝，仍穷兵黩武，欲使世界无一存在之国，一旦事败，内忧外患迭起，国破而身亦随亡，足见欲望者为败事之谋，是以君子务慎欲也。旷观世界历史人物，作小官者，欲为大官；作大官者，欲为宰相；得作宰相，欲为皇帝；既作皇帝，又欲长生不老，求仙寻佛，以符其万万岁之尊号，皆"欲念"二字误之也'云云。当时帝制诸臣，听者颇众，皆谓湖北老秃，可恶已极，借陋说法，讥诋当今。群语少侯，此后不准月霞说法，勒令离京。而段芝贵等尤为愤激，商派步军统领派兵捕往军政执法处。少侯乃橐夜送月霞往丰台，上车赴津。此段和尚公案，遂告了结。留谛闲在京讲完《楞严》全部，饬返宁波。京师为谚语云：'皇帝做不成了，和尚也跑了。'如月霞者，亦豪杰僧也。"此诗在原诗中排第22首。如果仅从此诗的字面意思理解，我们获得的信息甚是有限。而当我们阅读了诗人的"本事簿注"后，就对诗中所写到事情的前因后果、来龙去脉，一清二楚，明明白白，不能不感叹：原来它的背后还隐藏着这么多的信息！通过这首小诗，读者不仅看到了"筹安会六君子"之流逆历史潮流而动，拥护帝制、讨好主子的种种丑态；而且更坚定了一种信念——凡开历史倒车者，不得人心；凡有正义感者，包括佛家子弟都会坚决反对！章太炎曾说：“当袁氏乱政时，处京师久，习闻其事……于是为《洪宪纪事诗》，几三百篇（实为二百篇——引者），细大皆录之。”[①]这不仅在当时反映袁世凯复辟称帝的诗歌中是罕见的，就是在整个中国近代诗歌史上也是罕见的，完全可以称之为“诗史”。所以孙中山称颂其“宣阐民主主义，鉴前事之得失，示来者之惩戒，国民庶有宗主”[②]。

在形式上，《洪宪纪事诗》也别具一格。它主要仿效的是龚自珍的《己亥杂诗》（315 首）、姚燮的《南辕杂诗一百八章》、贝青乔的《咄咄吟》（120 首）、黄遵宪的《日本杂事诗》（200 首）、《己亥杂诗》（89 首），做到了以诗记史，又以史证诗，材料翔实，诗后所附注文（《洪宪纪事诗》共 200 首，实际只有 98 首诗有注文，并将其别为二卷单独刊行）说明诗中所咏何事，所写何人，来龙去脉极为清晰，注文的叙述生动、形象，既有助于正确理解诗意，又使诗的思想内涵更加丰富，信息量更加巨大，可谓以文注诗，诗文互补，相得益彰。例如其中的第 5 首写道：

国泰民安属对工，黄氍毹映紫灯笼。礼台内贺三更罢，宝座犹张孔雀篷。

诗本事簿注云：“洪宪元旦，外受群臣朝贺。除夕三更后，先具家人内贺礼，于居仁堂行之。堂中帷幔尚黄色，氍毹织黄龙，间以藻火云物之属。皇帝升御座，以大紫灯笼两对，夹行前导，一书‘风调雨顺’，一书‘国泰民安’。皇帝与皇后，同升宝座，女官左右排列。皇后先向皇帝贺年，皇帝还礼如仪，次克定及太子妃，次皇二子以降，次宫妃以降，次长公主以降，每人行礼，女官传呼，鼓乐迭奏。宝座上覆孔雀翠羽，全缀黄灯，即俗语所谓‘遮阳’也。洪宪消亡，孔雀篷与宝座尚留，出入居仁堂者，摩挲叹息。”此诗叙写的是袁世凯称帝登基大典的前夕，于居仁堂受家人内贺礼的庄严而又滑稽的场面。那种威赫嚣张的气焰，仅仅是昙花一现，而留给后人的则是鄙视与耻笑。若只读原诗，许多事情不甚明了；经诗人对内容进行注解，加之生动细致的描述，就起到了对原诗正文的补充和对场面渲染的

① 章太炎：《洪宪纪事诗・序》，刘成禺：《洪宪纪事诗》，文海出版社 1966 年版。

② 孙中山：《洪宪纪事诗・叙辞》，刘成禺：《洪宪纪事诗》，文海出版社 1966 年版。

作用。难怪章太炎在为其所写的序文中称赞它“瑰玮可观”①。

第四节　刘成禺的其他文学创作

刘成禺不仅是清末民初一位颇有影响的政治家，而且是一位颇有影响的文学家。他一边热情从政，又一边勤奋创作，出版过不少著作。除前面谈到过的诗歌创作外，尚有《太平天国战史》《世载堂杂忆》《先总理旧德录》，及《中国五大外交学者口授录》（亦名《容闳、辜汤生、马相伯、伍廷芳、唐绍仪外交口授录》）等散文著作。

《太平天国战史》一书，是作者早年根据孙中山先生的提议而撰写的一部介绍与研究太平天国历史的著作。据刘成禺回忆：1902 年，刘成禺等留学生前往日本横滨拜访孙中山先生。叙谈时，先生的日本朋友犬养毅、曾根俊虎亦在场。中山先生希望刘成禺能“参考英日各书，中国野史及官书，细大皆录之”，撰写一部关于太平天国历史的书籍，以“发扬先烈，用昭信史，为今日吾党宣传排满好材料”②。于是，刘氏自壬寅年（1902 年）授书，至癸卯年底（1904 年初）书成，“凡十六卷，十五、六两卷未印，一、二卷印于东京”③。

该书署名“汉公”，分前、后编两册发行，内有孙中山序文、天囚君题词、白浪滔天等人赠语、例言等。全书按年月日之先后次序编排，以太平天国纪年附以清朝纪年，第一册叙述自道光二十七年（1847 年）至太平天国七年（1857 年）间的史事，第二册叙述自太平天国八年（1858 年）初至十一年（1861 年）底的史事，即清咸丰八年初至十一年底。作者曾坦言：“本编属纪事兼编年体”，“多采译西人从军日记诸书及日本人著作中国写本，参以官书遂成是帙”；其“事实体裁未臻大备……实太平天国战史稿本也”④。而书中所列“太平天国战史参考书目”则分为英法文书、日本文书、中国逸本和“满清官书”等四类，共约 30 种⑤。

---

① 章太炎：《洪宪纪事诗·序》，刘成禺：《洪宪纪事诗》，文海出版社 1966 年版。

② 刘成禺：《先总理旧德录》，尚明轩等编：《孙中山生平事业追忆录》，人民出版社 1986 年版，第 673 页。

③ 刘成禺：《世载堂杂忆·太平天国佚史（一）》，《新闻报》1946 年 12 月 24 日，第 20 版。

④ 刘成禺：《太平天国战史》（前编），《例言》。

⑤ 刘成禺：《太平天国战史》（前编），《太平天国战史参考书目》。

由于该书进步的思想内容，加之夹叙夹议的笔法和流畅的语言文字，读之就像是在阅读一部政论散文，颇受读者欢迎。因此，该书出版后便风行海内外，成为革命党人开展民族民主革命活动的思想理论武器。诚如孙中山先生在序言中所说：“汉公是编，可谓扬皇汉之武功，举从前秽史一澄清其奸，俾读者识太平朝之所以异于朱明，汉家谋恢复者不可谓无人。洪门诸君子手此一编，亦足征高曾矩矱之遗，当世守其志而勿替也，予亦有光荣焉。”直到 1936 年还有学者指出：刘成禺“卅年前曾以‘汉公’笔名著《太平天国战史》一书；以科学方法及历史眼光叙述太平史者，先生实开其端”①。由此可见是书对后世的影响之大。

《世载堂杂忆》一书，是作者 19 世纪 40 年代撰写的一部随笔、笔记体史料著作。从 1946 年 9 月 15 日开始，刘成禺“日书《世载堂杂忆》数则，随忆随录，篇幅不论短长，记载务趋实践”②，在《新闻报》的副刊“新园林”上刊登。基本上是每天有一篇短文刊出，或者是一篇较长的文章分成几天连续刊出，偶尔也有因作者或版面原因空缺的情况。直到 1948 年 10 月 7 日刊登完最后一篇，此后再未刊登过，总计刊登了整整 700 期，刊出文章 200 余篇。作者生前未能结集出版，一直到 1960 年 12 月，才由钱实甫先生整理、中华书局出版发行，收作“近代史料笔记丛刊”之一种。也许当年钱实甫先生整理编辑此书时有其一定的宗旨和取舍标准，正式出版时，只收入了 150 多篇文章，可说是一个选编本，或者说是一个简编本、删节本。

由于刘成禺参加革命的时间早，生平交游亦甚广泛，当时社会的重要人物如孙中山、陈少白、黎元洪、伍廷芳、唐绍仪、章太炎、邹容、陈天华、蔡锷、蓝天蔚、李书城、程家柽、杨度、田桐、黄侃、冯自由等，无不与他过从甚密。加之他阅历丰富，博闻强识，故《世载堂杂忆》一书所反映的内容非常丰富，涉及晚清至民国的政治、历史、军事、外交、经济、教育、文化等各方面的情况以及这一时期各类人物的轶事趣闻，其中相当一部分篇章是根据作者的亲身经历写成的，读来更觉真切感人。因此，本书不仅是一部值得赏玩的笔记体散文作品，而且是一部研究中国近代史和民国史的重要资料。作者自己就曾说过：此书“典章文物之考证，地方文献之丛存，

① 简又文、谢兴尧：《洪宪纪事诗本事注·弁言》，《逸经》第 5 期第 16 页，1936 年 5 月 5 日。

② 刘成禺：《世载堂杂忆·自叙》，中华书局 1960 年版，第 1 页。

师友名辈之遗闻，达士美人之韵事，虽未循纂著宏例，而短篇簿录，亦足供大雅咨询”①。国家领导人、辛亥革命时期作者的湖北同乡、战友董必武在为《世载堂杂忆》的题词中亦认为：“禺生见闻广博，晚年忆其从前耳濡目染之事，笔而录之，为《世载堂杂忆》。此随笔之类，未加整理，虽不无耳食之谈，谬悠之说，然多遗闻佚事，其中亦有《洪宪纪事诗簿注》之所未及者，甚可喜亦可观也。”所以，掌故大家郑逸梅说：“《杂忆》可与汪东之《寄庵随笔》铢两相称，洵为两大力作。”

《世载堂杂忆》中所收之文章的篇幅差别很大，最长的洋洋 9000 余言，如《清陵被劫记》；次长的亦有 6000 余言，如《清代之科举》《洪宪第一人物》等；再次长的每篇在 5000 字左右，如《岭南学派述略》；其次是每篇在 4000 字左右，如《王湘绮之遗笺零墨》《纪先师容纯父先生》《纪伍老博士》《新华宫秘密外交·日本二十一条要求》等；再次是每篇在 3000 字左右，如《侧面看袁世凯》《述戢翼翚生平》等；再次是每篇在 2000 字左右，如《张之洞遗事》《龙树寺觞咏大会》《补述容闳先生事略》《奔走权门扮演丑剧》《新华宫秘密外交·铁箱中偷出密件》《杨杏城之毒药水》《再纪南宗孔圣后裔》《陈白沙传》等；又次是每篇约 1000 字左右，如《清代之教学》《和珅当国时之戆翰林》《张之洞罢除宾师》《张之洞与端方》《武昌假光绪案》《瞿子玖开缺始末》《端方出洋趣史》等；又次是每篇仅 300 字左右，如《清代乐部大臣》《沈葆桢与其师》《岑春蓂谬戮饥民》《大好骈文派》等；有的甚至只有 100 多字，不足 200 字，如《晚清朝士风尚·诗人荟集都下》《书广雅遗事·梁鼎芬忽然有弟》《书广雅遗事·福寿双全陪新郎》《华蘅芳称算命先生》《徐志摩妙语救藩司》《缪小山充书库主任》《刘申叔新诗获知己》《新华宫秘密外交·德皇亲笔书函》等。

这些随笔，当长时则长，当短时则短，都做到了叙事清楚明白，文字干净利落，语言幽默风趣，文笔简洁流畅，可读性强。

自《世载堂杂忆》由中华书局于 1960 年 12 月出版后，至今已有 60 多年了。其间，仍有不少学人在关注它、研究它，亦有不少出版机构又出版过它。首先关注它的是掌故大家郑逸梅，他指出刘成禺在《新闻报》副刊“新园林”发表的有 8 篇文章被钱实甫删去②，未收入其整理出版的《世载

① 刘成禺:《世载堂杂忆·自叙》,中华书局 1960 年版,第 1 页。

② 这 8 篇文章为:1.《陈友仁黑白分明》;2.《滑稽联》;3.《莱州奇案》;4.《梁任公两女友》;5.《清末之新军》;6.《湘绮楼三女之所遇》;7.《可怜秋水词》;8.《近人谈鬼录》。

堂杂忆》中。1967 年，香港掌故家高伯雨将他多年来梳理《新闻报》副刊“新园林”陆续发现的《世载堂杂忆》中漏收的文章汇集在一起，以“隽君”的笔名，在自己创办的《大华》半月刊第二十五期上开始连载①，分十期刊载完，共计有 27 篇，其中包含有郑逸梅所说 8 篇中的 5 篇。高君还特别指出：“该书（指《世载堂杂忆》）印行的，只有十分之八的材料，还有部分文稿，没有编入。我手边藏存他的余稿，今特整理抄录，并略为注明。目的是供读者得窥全豹，也可以使作者当年的写作，不致四分五裂而有遗珠之憾。”有学人还曾将这 27 篇文稿影印汇集，取名为《世载堂杂忆续篇》。

随后，1971 年台北文海出版社出版了此书，收作“近代中国史料丛刊”之一种；1976 年台北长歌出版社也出版了此书，收作“长歌传记文学丛刊”之一种；1995 年山西古籍出版社又出版了此书，收作“民国笔记小说大观”之一种；1997 年辽宁教育出版社亦出版了此书，收作“新世纪万有文库”之一种。只是这些版本完全是根据 1960 年的中华书局版本重新出版的，内容无变化。2006 年，北京师范大学历史系博士生傅德元发表文章说②，他经过认真查阅《新闻报》副刊“新园林”，发现“总计有 52 篇文章未被收入钱实甫整理的《世载堂杂忆》，约占四分之一，有些文章的题目和内容也被改动”。这 52 篇未被收入钱实甫整理的《世载堂杂忆》中的文章，就包含郑逸梅所说的 8 篇漏收文章在内。而这 52 篇文章中有不少文章，如《多妻教与多妻制》《日俄战役之神秘使节——金子坚太郎》《女子参政——大闹参议院的一幕》《汪逆夫妇结合之丑史》《冯玉祥搜索清宫轶闻》《李合肥幕府中之怪人》《倒孔尊孔声中之一幕》和“新华宫秘密外交”专题中漏收的《对英交换条件》《青海交涉前后》《送西藏》等文章，诚如傅博士所说，就是“当时认为无用而现在看来可能还有价值的一些史料”③。

如果是这样，那么，刘成禺在《新闻报》副刊“新园林”上发表的随笔文章，连同中华书局版所刊载的 154 篇和傅德元收集整理漏收的 52 篇，总共应该是 206 篇。

我们现在应该可以说，傅博士的这个统计，是目前对刘成禺在《新闻

① 《大华》半月刊第二十五期于 1967 年 3 月 15 日出版。

② 傅德元:《刘成禺主要著述史实考订》,《历史研究》2006 年第 3 期。

③ 傅德元:《刘成禺主要著述史实考订》,《历史研究》2006 年第 3 期,第 185 页。

报》副刊“新园林”上所发文章最全面、最完整的统计。

至于其《先总理旧德录》和《中国五大外交学者口授录》（亦名《容闳、辜汤生、马相伯、伍廷芳、唐绍仪外交口授录》），从书名上看，应该是回忆录、传记之类的散文著作。只是笔者至今尚未见到其书，不敢妄自评论。

第八章　同光体诗派的后起之秀——陈曾寿

“同光体”是活跃在清同治（1862—1874）、光绪（1875—1908）、宣统（1909—1911）乃至民国初年诗坛上的一个重要的拟古诗派。因为“同光体诗派”宣称在诗学上与宋诗派是一脉相承的，故学人们又将它称作后期“宋诗派”。此派中大多数诗人其作品模仿的是宋代的江西诗派，思想也比较保守，在清朝灭亡后，多以清遗老自居，有的甚至堕落成为汉奸。陈衍、郑孝胥、沈曾植和陈三立是“同光体诗派”前期的代表诗人，陈曾寿则是这个诗派后期的代表诗人之一。

第一节　陈曾寿的生平与著述

陈曾寿（1878—1949），原名正寿，字仁先，亦作任先，号复志、耐寂、焦庵；因原家藏有元代吴镇所画之松名《苍虬图》，故自称“苍虬”“卷虬”“苍虬居士”；别署“词皇阁主”“爱其神骏”“心知李成是我师”。室名“苍虬阁”“洗心阁”“词皇阁”“陈庄”“旧月簃”“石如意斋”“老莲旧馆”。湖北布政使司黄州府蕲水县（今湖北省黄冈市浠水县）下巴河镇望天湖畔之陈家大岭人。

陈曾寿出身于一个名门望族，太高祖陈士珂，字琢轩，清乾隆四十二年丁酉（1777 年）举人，辑有《孔子家语疏证》《韩诗外传疏证》各十卷。太高祖母龙氏。高祖陈光诏，字金门，乾隆四十四年己亥（1779 年）举人，六十年乙卯（1795 年）以大挑一等走上仕途，历任湖南长沙、巴陵、永兴、永定县知县；又历署湖南湘阴、醴陵、平江、绥宁、酃县事。为官清正廉洁，善政颇多；因考绩卓异，引见，升授湖南武冈州知州。任长沙县知县期间，曾主持修纂有《长沙县志》。高祖母周氏。曾祖陈沆（1785—1826），原名学濂，字太初，号秋舫。室名“简学斋”“白石山馆”。清嘉庆二十四年己卯（1819 年）状元，官至都察院四川道监察御史；亦是清代中叶著名诗人、古赋名家，著有《简学斋诗存》四卷、《简学斋诗删》四卷、《简学斋馆课赋存》一卷、《简学斋馆课赋续抄》一卷、《简学斋馆课试律存》一卷、《简学斋馆课试律续抄》一卷、《诗比兴笺》四卷、《近思录补注》十四卷等，今人辑校有《陈沆集》。曾祖母杜氏。祖父陈廷经（1804—1877），原名鸿棨，字执夫，又字小舫，亦作筱舫，晚年自号梦迦叶居士。清道光二十四年甲辰（1844 年）进士，官至内阁侍读学士；亦是清代中叶诗人和名御史。平生工诗赋，著有《梦迦叶山房诗赋》二卷、《陈学士奏稿》一卷、《六壬占验》四卷。祖母张氏。本生祖母朱氏。父亲陈恩浦（1858—1922），原名儒恒，字子青，号云如。太学生，然仕途不得意，一生未取得功名，亦未出仕过，仅捐资获中书科中书的虚衔。工书法，尤擅行书。母亲周保珊（1854—1926），字佩云，湖北黄陂人，为清漕运总督周恒祺之女，知书识礼，善书法，尤精八法。周老夫人生有子女八人，陈曾寿是陈家的长子。

生活在这样一个世代官宦书香之家，陈曾寿从小就受到了良好的传统教育。受家庭的影响，他自幼就树立了广学博览，通过科举考试进士及第，走上仕途，做一个忠君爱民的好官的理想。他的勤奋好学得到很好的回报：十八岁便考取秀才，二十岁又选为拔贡。曾入两湖书院深造，师从梁鼎芬。张之洞爱其才，招入幕中。

光绪二十八年壬寅（1902 年）八月，陈曾寿与其二弟曾则、三弟曾矩一起报名参加湖北乡试，且同科中举，一时轰动江城，传为佳话。次年（1903 年），陈曾寿偕二弟曾则、三弟曾矩进京会试，连捷成进士，授刑部主事。二弟曾则、三弟曾矩则名落孙山。

时张之洞在湖北实行新政，遂聘陈曾寿、梁鼎芬、陈衍、陈三立、沈曾植、郑孝胥等人为幕僚。不久选派青年才俊去日本留学，以曾寿为学生领队。光绪甲辰（1904 年），以张之洞保举，回国应经济特科试，列高等，免三年学习。寻转任学部主事。张之洞入阁后，对其颇为重用，累迁至员外郎、郎中。宣统三年辛亥（1911 年），升都察院广东道监察御史。

未几，辛亥革命爆发，曾寿担心家人安危，乃请假赴汉送家人回蕲水老家避乱。未久，见乡下匪患颇多，亦不安全，又携全家离蕲赴沪。

入民国，袁世凯窃国，许以提学使，未赴任。曾寿寄居上海，以清遗老自居，并与陈三立、沈曾植、李瑞清、沈瑜庆、樊增祥、周树模、梁鼎芬、杨钟羲等遗老往来密切，时常参与“超社”的宴集活动。

后因母亲身体有病，遂举家迁至杭州西湖，购地建别墅于小南湖居住。曾寿的三弟曾矩在《强志斋随笔》中记载说：“母病后数月，出游杭州西湖，初借居刘庄，继赁居三台别墅，乃渐购南湖旁地数亩，建屋居之。”①其别墅与俞明震为近邻，故两人时相酬唱。陈氏平生喜爱梅、菊，而其别墅的庭院中又有梅树数株，遂用姜夔《暗香》词起调“旧时月色，算几番照我，梅边吹笛”句，名其居为“旧月簃”。而曾寿家原收藏有元代吴镇所画之《苍虬图》（即所画之“松”），甚爱之，常临摩之，因名其书斋为“苍虬阁”，又以之名其集，并以“苍虬”“苍虬居士”自号。除在杭州陪伴母亲之外，曾寿亦时常奔走于上海、苏州、南京、杭州各地，与友朋诗文交游。

1917年张勋复辟时，陈曾寿与沈曾植、胡嗣瑗、刘廷琛等人曾积极参与谋划，并被任为学部右侍郎，故时人称之为“陈侍郎”。只是张勋复辟昙花一现，仅十二天就以失败告终。复辟失败后，陈曾寿南返，奉母幽居杭、沪两地，流连山水十余年。其间，仅于1919年去北京清华大学任教一年多时间外，其他时间都在杭、沪，常与冯煦、陈宝琛、陈三立、沈曾植、郑孝胥、梁鼎芬、俞明震、朱祖谋、况周颐等社会名流和诗词名家往来唱和。他对故去的“大清王朝”念念不忘，尝约束家人不用民国年号，以清遗老自居。

闲居日久，积蓄耗尽，陈曾寿只得靠出售诗文、字画来维持生计。1924年八月间奉母居杭州南湖，适遇已历950余年的杭州雷峰塔突然倒塌了，陈曾寿和同年好友胡嗣瑗目睹了这一件大事，并开始致力于收集丢失的佛经残卷。1925年二月间，溥仪移居天津租界张园后，与清朝遗老遗少以及张作霖、段祺瑞、吴佩孚等往来密切，并成立“清室驻天津办事处”；又听从师傅陈宝琛的建议，任命陈曾寿为“清室驻天津办事处”顾问。

陈曾寿遂北上赴天津静园，追随溥仪。1925年底，因母亲周老夫人病重，陈曾寿不得不请假南下，仍回杭州南湖侍奉母疾。1926年夏间，周老夫人病逝杭州。陈曾寿遂奉送母亲的灵柩回浠水祖茔安葬，随后因战事的影响，无法北上，故仍回杭州居住，并时常往来于上海、南京、杭州之间，为生计而奔走。

1930年，因陈宝琛的推荐，陈曾寿又北上天津，担任溥仪妻子婉容的家庭教师。“九一八”事变后，溥仪潜往东北作日本的儿皇帝。曾寿先就不赞成溥仪去东北，自己更不愿前去；后因溥仪多次函电相催，还是去了长

① 转引自陈邦炎《陈曾寿年谱简编》，《苍虬阁诗集》附录四，上海古籍出版社2009年版，第560页。

春，仍担任儿皇后之师。至长春后，除了做后师之外，陈曾寿明确向溥仪表示：不担任伪政府中的任何职务。因此，在长春的几年中，陈曾寿仅出任过为溥仪个人服务的特设机构的“内廷局长”（后改名“近侍处”）、“近侍处长”、“陵庙事务总裁”以及教授“皇族”子弟文学等职位，其间，曾多次辞职，而溥仪就是不准。

因为陈曾寿出任的是儿皇帝之臣，欲尽忠“大清”却不能自主，处处受日方牵制，陈曾寿颇为郁闷，最终还是辞去教授之职，于1942年举家迁居北京、上海，直至去世。可以说，陈曾寿克服重重困难，坚守“不事二主”的封建伦理纲常，对溥仪忠心耿耿，始终不贰，是以一个效忠清室的遗老终其一生的。他的这种政治立场与现实社会又是格格不入的，到头来只能是悲剧结局。

陈曾寿平生勤奋好学，工诗词，且别具一格，在当时诗坛颇有影响，亦善书画。著有《苍虬阁诗集》十卷及续集二卷、《旧月簃词》一卷，并选有宋人词编为《旧月簃词选》一册。今人编有《苍虬阁诗集》①。

第二节　陈曾寿的诗歌创作

陈曾寿平生喜爱吟诗填词，将平日所见、所闻、所行、所感，皆记之于诗词。据我们今天所能见到的材料看，陈曾寿留下来的诗约1100余首（另有100多首词）。其诗初学《骚》《选》，后学韩愈、李商隐、王安石、黄庭坚、陈师道，上溯陶潜、杜甫，时人则受陈三立影响较大，诗名与江西陈三立、福建陈宝琛并称为“海内三陈”②；亦有学者将他与江西陈三立、福建陈衍并称为“海内三陈”③；学者称其与陈三立、郑孝胥鼎足而三④。早期所作咏松、咏菊与山水纪游之作，名篇颇多，具有雄深雅健、温婉深微的特点，为时人推重。请看他的《和人咏松二首》：

孤松

万雪一东道，雄担嗟尔能。枯心生世界，寒色起锋棱。绝谷空无待，弥天气若凭。风来助呜咽，无泪洗崚嶒。

---

① 张寅彭、王培军校点：《苍虬阁诗集》，上海古籍出版社2009年版。

② 汪国垣：《光宣诗坛点将录》，《苍虬阁诗集》附录三。另见沈兆奎：《苍虬阁诗续集跋》，《苍虬阁诗集》附录二，上海古籍出版社2009年版。

③ 周君适：《悲剧皇帝溥仪》，四川人民出版社1998年版。

④ 钱仲联：《梦苕庵诗话》，《苍虬阁诗集》附录三，上海古籍出版社2009年版。

疏松

坚瘦入松骨，疏疏天色中。何心动鳞甲，无力补秋空。叶劲风犹满，翎寒鹤未丰。冷筇久孤倚，寥阔思何穷？

这两首诗写于宣统元年己酉（1909年），时清王朝已经处于气息奄奄、行将覆亡的前夕。诗中虽然语言不多，但却能准确地将孤松、疏松卓然超迈、挺拔奇倔却又显得孤独与苍凉的形象突现在读者面前，从而委婉地表达了自己无力回天又不甘寂寞的痛苦心情。由此亦可见出封建知识分子当时的政治态度和心理状态。诗人的过人之处就在于能于景中寄意，借咏物抒怀，营造了一种雄劲、苍幽的意境，显示出高超的写作技巧。又如其《天宁寺听松》写道：

斜阳布满地，雷雨忽在颠。仰看四泬寥，声出双松间。属耳倏已远，飞度万壑泉。老龙动鳞甲，破碎还苍坚。金刚万毫毛，一一威神全。仰屈寻丈地，开阖成诸天。落落孤直胸，回荡生高寒。提挈四天下，度入太古年。想见陶隐居，拥衣但高眠。无闻兹未能，且证声音禅。

天宁寺位于今北京市宣武区广安门外。始建于北魏孝文帝（471—499）时期，初名“光林寺”。隋仁寿二年壬戌（602年），改称“宏业寺”。唐开元（713—741）中，更名为“天王寺”。金大定二十一年辛丑（1181年），又改称“大万安禅寺”。元末毁于兵火，殿宇不存，仅存辽代所建实心砖塔一座。明初重建寺院，宣德十年乙卯（1435年），改称今名。此诗描绘天宁寺中那些姿态怪异、苍劲奇崛的古松，甚有特色。其诗题就极有新意，它不是“看松”“观松”，而是“听松”，字里行间透露出诗人颇为闲适的心境。再如其《戒坛卧龙松歌》：

戒坛之松天下奇，寻常所见皆十围。一松据台独下垂，横出十丈犹躨跜。健鹏探爪风在下，渴蛟饮涧鳞之而。缒幽欲引阴蛰出，承欹力负苍崖危。万钧压空不危殆，反走潜根疑过倍。冻雨洗干未濡足，眼底浑河犯高岂。云开穿枝落日黄，万里暮色浮孤觞。欲凭咫尺精灵意，贯入冥搜百怪肠。

戒坛在万寿寺内。万寿寺即万寿戒坛寺，在今北京市门头沟区的马鞍山麓，距离市区七十里，建于唐武德五年壬午（622年），初名“慧聚寺”。辽法均和尚在此设立戒坛开始传戒后，四方僧众纷纷来此受戒，因而名声大振。明正统十三年戊辰（1448年）改名“万寿禅寺”，因寺内建有戒台，故俗称“戒台寺”。此寺依山势高低而建，主要有大雄宝殿、千佛阁、戒坛等建筑。千佛阁重檐层阁，建筑宏伟，登临其上可俯视浑河。戒坛则在寺的西北院，为一重檐琉璃小盝顶的方形建筑，内有汉白玉戒台，高丈余，三级，雕刻精美，为明代遗物。寺内庭院颇多，格局清幽别致，颇具江南寺院风格。寺内古松蔽空，姿态各异，更为古刹增辉。诗人以其神妙的构思和丰富的想象力，描绘了万寿寺戒坛里卧龙松怪异奇谲的姿态。读其诗，也不能不让读者由衷赞叹大自然的神功！

陈曾寿特爱菊，写过大量的咏菊诗。其二弟曾则在《海云楼文集·菊轩记》中就说过："耐寂供职学部，赁居城西之屋。余宿东偏之室三间。前后有院，种竹二三百竿、柳二株、玉兰数本。院中有井，可以溉花。至秋九十月之间，耐寂买菊无虑数百种，室中院外，布列皆满，五色绚烂。"[①]如其《种菊同苕雪治芗作》（七首选一）云：

> 春花态多方，维菊实兼之。吐纳九秋精，变化绝思维。衣白与衣黄，洒落天人姿。入道初洗红，连娟青娥眉。缤纷天女花，微笑难通辞。亦现庄严身，狮象千威仪。颇疑造物巧，意欲穷般垂。得非骚赋魂，抟化为此奇。世人立名字，与俗同妍媸。心省不能言，此妙无人知。

此诗系诗人五古组诗中的第五首。它叙写菊花的形态，可说是将其写得意象万千，扑朔迷离，极尽其妙，却又自叹尚未道尽，实在是爱菊至深。他的《纪梦》写得更是奇妙：

> 仲冬廿三夜，霜重气惨悽。小极拥衾卧，入梦初不知。手画寒菊卷，枝叶纷离披。揽之不可尽，俄化龙躨跜。迴旋呢我旁，意若相护持。是时寒嗽作，痰汩汩若糜。时时唾之盂，若以印印泥。泥印满图卷，携之踏荒蹊……

这可说是一首绝妙的诗：它先由睡梦中手绘之"菊"幻化为实物，又由植物进化为动物，再变成为呵护病中之他的家庭一员；而他的将"痰"幻化成种菊之泥、绘菊之印泥，则使自己与菊花之间的关系更加水乳交融。诗中不仅写出了一次绘画过程的完成，而且表现了潜意识中与菊花的那种亲密关系，其构思实在是奇巧。陈三立称赞此诗"景气迷离，意绪纷披，欲追杜

① 转引自陈邦炎：《陈曾寿年谱简编》，《苍虬阁诗集》附录四，上海古籍出版社 2009 年版，第 557 页。

公拟古乐府之作”①。再看他的《苕雪与觉先弟先后寄菊数十种，日涉小园，聊复成咏》（六首选二）：

种菊无百本，朝夕涉小园。晴宵定微风，清露一何繁。叶翻急雨态，花漾千珠盘。泠泠沁心骨，匪我衣裳单。沧泱九秋心，岁晚复何言。

亦有高秀姿，亭亭满月相。得霜乃清严，禁雨不悽怆。空室了无悦，得意千载上。龙章虽隽烈，天鲸偶遗忘。出为一大事，甘此诗酒放。

这里选录的两首诗是原组诗中的第二与第四首。诗人在诗中表现的是“叶翻急雨态，花漾千珠盘”的菊花那种“清幽不俗”的品格，赞颂的也是菊花那“清严”“高秀”的风骨与情致。这也正好反映了同光体诗派诗人诗歌创作的审美取向和品格追求。

从陈曾寿吟咏松、菊的诗可以看出，他所刻意追求的是那种不依傍他人、能自立于世的“清幽”与“不俗”的艺术境界。之所以如此，很可能与诗人当时所处的那种既复杂又尴尬的身份和处境有关。

他写的怀人诗亦颇有特点。请看他的《南湖晦夜寄怀散原先生》（四首选一）：

湿萤乱开合，山影霾半湖。唫喁间格磔，杂沓喧荷蒲。宵沉潜蛰作，万窍争号呼。长飙忽飘卷，飒若幽灵趋。大千入星光，贞明忽已无。一息拟终古，遥夜何时徂？握云天一角，下有青溪庐。脱袜此偃息，谛吟定何如？

这一组诗是陈曾寿于民国四年乙卯（1915年）六月三十日夜晚在杭州小南湖别墅怀念陈三立（字伯严，号散原）所作。所选此诗为原诗的第一首。此诗描绘夏夜的景色，静谧中充满着动态，阴暗中显露出明亮，将写景与抒情结合起来，形成了一个有机的整体。

陈曾寿擅长描写景色，烘托氛围。如其《壬子二月，同恪士梅庵至西湖刘氏花园》写道：

竹树深深地，天留听雨声。山藏余塔淡，阴迥逼花明。点滴无春思，飘摇挽客情。道人寒不睡，煮茗话深更。

这首诗写于壬子（1912年）二月。虽是早春，却仍寒气逼人。一天晚上，

① 陈三立:《苍虬阁诗钞批识》,《苍虬阁诗集》附录三,上海古籍出版社2009年版,第505页。

诗人陪同好友俞明震（字恪士）、李瑞清（号梅庵，人称“清道人”）前往西湖的刘氏花园参加朋友们的诗茶之会。这刘氏花园俗称刘庄，亦名水竹居，原为晚清名流刘学询的别墅，在杭州西湖丁家山前隐秀桥西，背山濒水，环境幽静。楼台水榭，古朴别致，被誉为“西湖第一名园”。诗中语言警策、精炼，描绘了园中竹树幽静的环境和诗人与朋友们煮茗夜话的情景；并运用对比的手法，将园中的环境烘托得更加幽静，也将朋友煮茗夜话的气氛烘托得更加热烈。再如其《湖斋坐雨》：

隐几青山时有无，卷帘终日对跳珠。瀑声穿竹到深枕，雨气逼花香半湖。剥啄惟应书远至，宫商不断鸟相呼。欲传归客沉冥意，写寄南堂水墨图。

此诗写杭州南湖上的雨景，跳珠溅玉，花气鸟音，归客图画，动静相宜，一派美妙的景象。而首联“隐几青山时有无，卷帘终日对跳珠”二语，却在清幽静美的景象中，透露出一丝不甘寂寞的苦闷心情。

陈曾寿的山水纪游诗也甚为时人称道。如《观瀑亭》云：

百丈飞泉挂一亭，岩栏危坐俯冥冥。松身独表诸天白，石气寒嘘太古青。涧草无心来鸟啄，梵潮如梦起龙腥。元坛真宰愁何事，滃涌炉香会百灵。

这是诗人游览浙江省临安县东天目山观瀑亭时所写。诗中为我们描绘了一幅亭临悬崖、苍松挺拔、飞泉奔泻、涧水叮咚、道观掩映、鸟语花香的幽古奇秀的图画，不禁让人赏心悦目，心旷神怡。又如其《游西溪归湖上，晚景绝佳，同散原作》：

行尽西溪三百曲，忽开天镜晚晴中。仙山楼阁无限好，碧海银河何处通。落日千峰横紫翠，中流一叶在虚空。时无小李将军手，奇景当前付散翁。

西溪是杭州名胜之一，在杭州西北，源出分金、澹竹二岭，流经留下、古荡，注入余杭塘河。此诗是陈曾寿陪同陈三立游览完西溪、回到南湖寓所而观赏西湖晚景后所留下的一首纪游写景之作。它描绘了秀丽而又绚烂的西湖晚景，作品虚实相衬，动静结合，情景交融，非常有特色。再看其《次韵治芗观落日诗》：

江山第一区，夕阳万古绮。云水合空明，晃漾千翠紫。胜游忆焦山，拾级绝巘止。明霞开镜奁，秋敛桃花水。楼台拥烟鬟，金碧射眸子。天人纱縠裳，舒卷一千里。影澄孤塔双，波折连樯圮。六朝烟雨愁，一霎春旖旎。欲以色幻真，持问天眼底。安得身一龛，危栏寄孤倚。寂摄诸界天，永住残照里。

太行何高高，尘寰失秀绮。我数乘飞车，侧度千岭紫。闻君观落日，立马井关止。独凭天下脊，俯视衣带水。一线走金蛇，绝倒龙门子。天风一徘徊，回荡九万里。缬眼射寒光，太古雪不圮。云幻三两峰，全晋作旖旎。禹力不到处，金轮下无底。春寒冻不出，瑟缩西窗倚。突兀世界观，求君五字里。

这一组诗共五首，是陈曾寿步湖北老乡、曾任靳云鹏内阁教育部长、北京师范大学和北京大学教授的傅岳芬（1878—1951，字治芗，号娟静，江夏人）《观落日诗》原韵所写的一组诗。此处所选二首为原组诗的第三和第五首。它分别为读者描绘了江苏焦山和山西太行山两处夕阳晚照不同的壮丽景观。

此外，像他的《题梅道人画松》、《次韵节庵师高碑店菊花》、《八月十一日生日偶作》、《湖上杂诗》（六首）、《落花十首》、《湖庐听雨》等亦都是时人称道的名篇佳作。陈三立在为其诗集作序时就说："比世有仁先，遂使余与太夷（郑孝胥）之诗，或皆不免为伧父。①"钱仲联亦认为，其"集中咏松、咏菊以及游览山水之作，最称杰出。南湖诸作，足与觚庵（俞明震）争胜"②。

陈曾寿亦有一些反映时事而为时人称道的诗，如其《游仙》云：

湘娥啼血斑竹枯，仙人游戏耽蓬壶。三山娲皇补天余，春愉秋怨世则无。绰约仙子多敷腴，中有一人独清癯。千门万户无空虚，何年再见青鸾孤。臣朔偷入骇睢盱，修廊浓花照明湖。松篁万籁真笙竽，舞殿闲煞红氍毹。忽走一殿惨不舒，白日下照空四隅。当阶设几香爇炉，绛帏朱锁网蜘蛛。天降玉棺遗双趺，清供无人付花奴。却转后院苍苔芜，金风瑟瑟催清梧。监者谓此凤所庐，旧障红墙今始除。团扇不怨秋风疏，银河咫尺千里迂。杂花破红鸟相呼，独非我春亲道书。偶戏赤水双明珠，胭脂涴井红模糊。瀛海晶银不可桴，日闻斫冰进飞鱼。九州采药群灵趋，丹成忽堕龙髯须。朔闻此言惊且吁，历三千年神不娱。影眸凄景无由驱，魂梦不敢朝华胥。仙官笑谓子何愚，海水清浅曾斯须。向来清怨钟上都，日堕月蚀真区区。仙家哀乐与世殊，玉女司册连环如，不见王母今回车。

---

① 陈三立:《苍虬阁诗集序》,《苍虬阁诗集》附录二,上海古籍出版社 2009 年版。

② 钱仲联:《论近代诗四十家》,《梦苕庵清代文学论集》,齐鲁书社 1983 年版,第 154 页。

"游仙"是古代诗人描写仙家生活常用的诗题，源于屈原的《远游》，晋人郭璞有《游仙诗》，借游仙以抒怀抱。此后历代不乏佳作，如曹丕的《游仙诗》、曹植的《游仙诗》、张华的《游仙诗》、嵇康的《游仙诗》、吴筠的《游仙二十四首》、曹唐的《大游仙》（十八首）和《小游仙》（九十八首）、卢照邻的《怀仙引》、李白的《梦游天姥吟留别》、白居易的《梦仙》，等等。陈曾寿此诗亦以"游仙"为题，却借神话传说来写光绪帝和珍妃故事。珍妃是光绪的妃子，曾赞助光绪皇帝进行改革，为慈禧太后所恨。光绪二十六年庚子（1900 年），八国联军进攻北京，慈禧挟持光绪帝仓皇逃往西安。临行前，慈禧命人将珍妃推堕井中。光绪三十四年戊申（1908 年）十一月，光绪皇帝和慈禧太后先后去世。此诗遂写于光绪皇帝与慈禧太后去世后。尽管整首诗写得非常隐晦、含蓄，但字里行间仍然流露出对光绪皇帝和珍妃的同情和对慈禧太后的指斥。学者认为，此诗"融昌黎（韩愈）、玉溪（李商隐）于一炉，尤为佳绝"①。又如其《甲辰岁日本观油画庚子之役感近事作》写道：

> 我昔东游何所睹？山川步步伤甲午。忽观壁画使我惊，身入庚子天津城。干宵烽火飞霹雳，合围虏骑纷纵横。残军一旅据水次，鼓声已死犹力争。大旗红折惊飙斜，半残马字飘尘沙。颓垣下照白日淡，妖红一丈龙船花。神伤魄动愁逼视，太息沙场生尺咫。却归故国吊遗墟，不见烟尘双阙起。天崩地坼无由逃，其雨杲杲寒霾消。谁翻残局作胜势，气盈脉偾酣醽醪。水晶之宫何岧嶤，五侯甲第争相高。龙武新军气矜豪，劫人黑夜胡国刀。河伯汪洋轻海若，大人游戏连群鳌。寸地尺田树荆棘，中央四角酬天骄。不闻韶州遣使祭，谁当社饭长攀号。挂冠汲黯留不得，吞声杜老空悲骚。出辱下殿那可再，坐抚往事忧心忉。云愁海思无断绝，五陵石马风萧萧。

庚子之役，指的是光绪二十六年（1900 年）爆发的八国联军进犯天津的战事。此诗作于光绪三十四年戊申（1908 年），是诗人追记自己于光绪三十年甲辰（1904 年）受清政府派遣去日本担任留日学生领队期间，在日本观看《庚子之役》油画的情形。诗中将对油画的形象描绘和对史事的生动叙述有机地结合起来，表现了守卫天津的清军官兵和义和团团众奋勇抗击八国联军的全过程，赞扬了他们的战斗业绩；同时，又委婉含蓄地反映了清末国土沦丧、山河破碎的社会现实，字里行间，饱含着诗人忧国伤时的强烈

① 钱仲联：《论近代诗四十家》，《梦苕庵清代文学论集》，齐鲁书社 1983 年版，第 155 页。

情感。

其《八月乘车夜过黄河，桥甫筑成，明灯绵亘无际，洵奇观也》亦是人们称赞的佳篇：

飞车度险出重扃，箭激洪河挟怒霆。万点华灯照秋水，一行灵鹊化明星。横身与世为津渡，孤派随天入杳冥。地缩山河空险阻，朝来应见太行青。

宣统元年己酉（1909 年）八月，诗人由武昌回京师，乘火车于夜间经过黄河铁桥，目睹了“万点华灯照秋水”“箭激洪河挟怒霆”的壮观景象，非常兴奋，当即写了这首诗。诗人很好地利用律诗这种形式来表现铁路、火车、电灯等新事物，巧妙地将古老的黄河与新兴的铁桥融在一起描写，比喻生动贴切，描写形象鲜明，在字里行间比较含蓄地流露出了诗人的志向与抱负。再如其《囊岁住武昌，有卖饼叟作秦声，寒夜过深巷，其音幽咽以长，爇小炉担间，以竹筒炊饼令爇，焦香喷鼻。自予入都，遭世变忽忽二十余年，今以事复来城中，闻声呼之，果叟也。询其年，已七十，自言业卖饼四十年矣。感念旧事，为作一绝》云：

华表峥嵘不住尘，望门呼旧只酸辛。霜街一担油酥饼，犹是当年皱面人。

此诗作于民国二年癸丑（1913 年）。诗人通过对秦叟 40 年来在武昌卖炊饼的经历，抒发了自己对动乱时世的感慨，其中流露出对清王朝覆亡的感伤。

此类的事尚有《过良乡》：

良乡炒栗佐浮卮，犹记城南退食时。一代朝官心死尽，伤心容有李和儿。

此诗作于民国九年庚申（1920 年）四月。据宋人说部中记载说：汴京有名李和者，以炒板栗为业，所炒板栗，名闻四方。绍兴（南宋高宗年号，1131—1162）中，陈长乡与钱恺出使金国，至燕山，忽有人持炒栗十枚来献，并自称“汴京李和儿”。原来，金人侵占汴京后，李和一家辗转流落至燕山，仍以炒板栗为业。如今，广大市民所喜爱的北京炒栗，大概就是从那时传承下来的。诗人通过这个典故，抒发其江山易主的沧桑之感。

当然，我们必须看到，辛亥革命后，陈曾寿诗歌的品格和情调都发生了明显的变化。他先隐居南湖，却忘不了尘世；后来好不容易出世，追随溥仪，想协助他干一番事业，但又与溥仪的思想和社会的现实不相融合，理想最终还是破灭了。这种特殊的思维模式和他特殊的人生经历，使其后期诗作，苍劲渐少，悲戚日多。虽然诗中时常流露出他的一腔忠愤和他那一片真挚而又缠绵的情致；但就整体而言，却充满了“无可奈何花落处”的那种哀怨感伤的情怀。如其《湖上杂诗》（七首选三）：

残梦钓天付混茫，瓜庐仍占水云乡。荷声忽满三千界，成就南轩一榻凉。

海棠花畔叫秋虫，枕簟星光萤影中。长夜通明了无睡，虚堂流转只荷风。

愿随李广近要离，生死茫茫两不知。便赴湘流了无憾，灵均曾记目成时。

前面所选三诗分别是原诗中的第一、第二和第七首。它们既是陈曾寿幽居小南湖时的心灵自诉，更是为清朝统治者彻底没落所唱的挽歌。

再如其《黄州江干旅夜》：

崩岸村移感旧经，荒江独夜酒微醒。万端空后观忧患，结念孤时赘影形。霜气穿篷灯飐飐，角声挟浪月冥冥。天亲回首余抔土，陌路逢人泪自零。

黄州在湖北省东部，长江的北岸，即今天的黄冈市区。此诗写于民国十七年戊辰（1928 年）十二月，距清朝灭亡已有十八年。诗中抒写了诗人行旅中那种孤苦寂寞的情感。故陈三立评此诗说：“构想杳冥，如奏哀弦，如听孤唳。”①

不过，我们也不应该忽视，尽管陈曾寿后期的襟怀与前期诗歌有所不同，但在讲究立意的深曲、思致的幽远和感情的真挚等属于艺术个性的方面，却变化不大。而且后期也有不少作品，能以其自安、自励、自守与自得其乐，来化解自身的“孤寂”，使本为消极的境界转变成积极因素。限于篇幅，此处不再赘述。

第三节　陈曾寿诗歌的突出特点

在清末民初的诗坛上，诗家甚多，就是为时人称道的大家、名家亦有不少。但像陈曾寿这样特立独出的诗家却不多。其诗既不像陈三立的奇崛奥

① 陈三立：《苍虬阁诗钞批识》，《苍虬阁诗集》附录三，上海古籍出版社 2009 年版。

博，又不像郑孝胥的清苍幽峭；既不像沈曾植的清远冷峭，更不像陈宝琛的温柔敦厚；而是形成了自己雄深雅健、温婉深微的风格。只要我们大略翻阅一下《苍虬阁诗集》，就会发现以下几个突出的特点。

其一，就《苍虬阁诗集》的内容来说，反映的生活面不是太广，无非种菊、养菊、赏菊、咏松，官场的迎来送往、唱和赠答，遗老们的诗酒之会，四处奔走效忠旧主的悲苦哀愁，等等。而诗集中写得最多、也是写得最好的诗，是他早期所写的那些种菊、养菊、赏菊和咏松的诗歌。这里不谈咏松诗，仅谈咏菊诗。前面所列举的几首（诗集中尚有不少未列举）是其代表。这些作品既是诗人前期仕途顺利、生活安逸的一种反映，也是诗人追求菊花那种“清幽不俗”的品格和“清严”“高秀”的风骨与情致的表现。其中有些写菊花的组诗，完全可以当作叙事诗来读。如他的《种菊同苕雪治芗作》七首，第一首写种菊的乐趣，第二首写与菊同志，第三首写自古以来的爱菊同道，第四首写心志难遂、幸有菊伴且由菊而悟物理并执着追求，第五首写菊花的形态、意象万千、扑朔迷离而犹叹不能道尽，第六首写菊花陪伴自己进入严冬迎接弟弟的到来，最后一首写菊花终于被严寒扼杀了，不仅没有悲伤与自责，反而大义凛然，致使诗人悲痛万分。整组诗反映了诗人从种菊、爱菊、忆菊（之同道）、赏菊、赞菊到悲菊的全过程，是一个有机的整体。诗中既写菊，也写人，而且写得回环往复、意态万千，人菊难辨，实在是自古以来咏菊诗中的上品。

其二，虽然陈曾寿诗歌的内容稍显单薄，但其形式还是颇为多样的。其诗集中各体皆备，既有五、七言古体，也有五、七言律诗，还有五、七言绝句。而在各种诗体中，运用得最熟练、写得最多也写得最有情致的是五言古体和七言律诗，如《天宁寺听松》《种菊同苕雪治芗作》《苕雪与觉先弟先后寄菊数十种，日涉小园，聊复成咏》《南湖晦夜寄怀散原先生》《次韵治芗观落日诗》《湖斋坐雨》《观瀑亭》《游西溪归湖上，晚景绝佳，同散原作》《八月乘车夜过黄河，桥甫筑成，明灯绵亘无际，洵奇观也》等。其五言古体近陶（渊明），七言律诗则近（李）义山。只是诗人们最常使用的五、七言绝句，集中不多见，这大概是五、七言绝句字数太少、容量不大的缘故。

其三，在陈曾寿的诗集中，组诗特别多。如《读山谷忍持芭蕉身多负牛羊债诗句有所感用其韵为十诗》、《次韵治芗观落日诗》5 首、《种菊同苕雪治芗作》7 首、《咏怀》10 首、《述菊》6 首、《哭刘松庵》6 首、《苕雪与觉先弟先后寄菊数十种，日涉小园，聊复成咏》6 首、《三台山山居杂诗》8 首、《南湖晦夜寄怀散原先生》4 首、《湖上杂诗》7 首、《落花十首》、《焦山纪游杂诗》8 首、《觚庵先生挽诗》4 首、《苏堪六十生日》8 首、《小楼》10 首、《冬夜杂述》10 首、《怀人四首》、《小极音哑感赋四首》、《牵牛花》12 首、《感怀》10 首、《春日杂述》5 首，等等。

组诗这种形式从东晋时期出现，以后历朝历代的诗家多喜采用，且名篇颇多，如陶渊明的《归田园居》5 首、《饮酒二十首》，杜甫的《三吏》《三别》，王建的《宫词》100 首，刘子翚的《汴京纪事》20 首，汪元量的《湖州歌》98 首等，就是其代表。到了近代，组诗这种形式得到极大的发展，不仅数量多，而且规模大，成为诗歌创作中的一种突出现象，如魏源的《寰海十章》《寰海后十首》《江南吟十首》，林则徐的《塞外杂咏》8 首，姚莹的《论诗绝句六十首》，鲁一同的《辛丑重有感》8 首，姚燮的《南辕杂诗一百八章》，贝青乔的《咄咄吟》120 首，张佩纶的《论闺秀诗二十四首》，黄遵宪的《日本杂事诗》200 首、《已亥杂诗》89 首、《香港感怀十首》，丘逢甲的《牡丹诗》20 首、《岁暮杂感》10 首，杨深秀的《仿元遗山论诗绝句五十首》，文廷式的《拟古宫词》24 首，夏曾佑的《无题》26 首，王国维的《读史二十首》，苏曼殊的《东居杂诗》19 首、《本事诗》10 首，刘成禺的《洪宪纪事诗》200 首，等等。尤其是龚自珍的《己亥杂诗》更是高达 315 首，实在是诗歌史上的杰构。

陈曾寿善于学习前辈诗人诗歌创作中的长处，诗集中的组诗特别多，而这些组诗在形式方面又以五言歌行体和七言律诗体为主。

此外，就是充溢诗间的满腔忠愤之情，既真挚，又缠绵，与他家甚是不同。《苍虬阁诗集》中之诗，无论是反映前期的仕途顺利、结交胜流、踌躇满志和幽居南湖时所表现出来的那种闲适恬淡情怀，还是反映平时与友朋交往、诗酒唱和的坦诚态度；无论是表现其追随旧主（溥仪）的忠心不贰，还是表达其对旧主（溥仪）不听劝告、甘当儿皇帝的愤慨，所表达的情感都是真情、深情。对于这一点，时人多有评述。陈三立就认为，仁先之诗“沉哀入骨，而出以深微澹远，遂成孤诣”①。通过比较，他更是自叹不如：“余与太夷所得诗，激急抗烈，指斥无留遗。仁先悲愤与之同，乃中极沉郁，而澹远温邃，自掩其迹。尝论古昔丁乱亡之作者，无拔刀亡命之气，惟陶潜、韩偓，次之元好问。仁先格异，而意度差相比，所谓志深而味隐

① 陈三立：《苍虬阁诗钞批识》，《苍虬阁诗集》附录三，上海古籍出版社 2009 年版。

者耶?”[①]陈宝琛在题曾寿诗集时也认为:“等闲花木有余哀,九京遗恨君能说。”[②]郑孝胥也认为陈曾寿的诗:“哀乐过人,加以刻意。”[③]汪国垣则指出,曾寿诗“忠悃之怀,写以深语,深醇悱恻,辄移人情”[④]。其胞弟陈曾则说得更是亲切具体:“兄之天性忠爱悱恻,又喜交游谈宴之乐,沉酣日夜而不厌。所至之处,宾客满座,皆引以为相契,而无逆虞傲物之心。”[⑤]由此亦可见一斑。

第四节 陈曾寿的词

陈曾寿不仅是同光体诗派的后起之秀、清末民初一位卓有成就的诗人,也是清末民初一位别树一帜、自成一家、颇有成就的词人,只是长期以来其词名为诗名所掩。

虽然陈曾寿早年就好读词,其二弟曾则谓其兄方冠之年“喜诵苏长公‘大江东去’‘明月几时有’及辛弃疾‘千古江山’‘更能消几番风雨’之词,亢声高歌,跌宕而激壮,闻之令人气长。又喜吟李易安‘萧条庭院’诸阕,如泣如诉,哀怨悽楚,闻之又不胜回肠荡气,低回而惆怅也”[⑥]。但陈曾寿主要写诗,很少填词。直到辛亥革命后,尤其是筑室杭州南湖、奉母幽居后,因常与一些遗老词人如冯煦、朱祖谋、况周颐等词学大家交游唱和,才开始稍稍用力于词的创作。他自己就曾说过:“余自与彊村侍郎定交,始知所为词有涉于纤巧轻倩者,既极力改正,嗣后有作,辄请侍郎定之,得益不少。”[⑦]

我们今天所能见到的陈曾寿词作的总体数量并不多,主要收在《苍虬阁诗集·旧月簃词》(一卷)中,共 105 阕(《旧月簃词》中 101 阕,《苍虬阁诗外集·诗文辑补》中另收有 4 阕)。这与他的 1000 多首诗相比,相差甚远。也许陈曾寿实际创作的词并不只这么多,有些早已经散佚,无法汇集。其五弟曾任就曾说过,其“兄于诗致力至深,词则伫兴而作,不自存

---

① 陈三立:《苍虬阁诗集序》,《苍虬阁诗集》附录二,上海古籍出版社 2009 年版。
② 陈宝琛:《奉题苍虬阁诗卷》,《苍虬阁诗集》附录三,上海古籍出版社 2009 年版。
③ 陈衍:《石遗室诗话》卷二十五引,《苍虬阁诗集》附录三,上海古籍出版社 2009 年版。
④ 汪国垣:《光宣诗坛点将录》,《苍虬阁诗集》附录三,上海古籍出版社 2009 年版。
⑤ 陈曾则:《苍虬阁诗集序》,《苍虬阁诗集》附录二,上海古籍出版社 2009 年版。
⑥ 陈曾则:《旧月簃词序》,《苍虬阁诗集》附录二,上海古籍出版社 2009 年版。
⑦ 陈曾寿:《旧月簃词自序》,《苍虬阁诗集》附录二,上海古籍出版社 2009 年版。

稿”①。陈曾寿曾经编选过一本《旧月簃词选》，专选宋人之词。他的选集和为选集所写序，基本上可以代表他的词学宗尚和趣味。在他看来，词的格律比近体诗自由，又比古体长篇委婉曲折，最适宜传达那种深微隐曲之情。至于选词，则不应该有门户之见，主张取径多方，博采众长，反对浅尝辄止、细大不捐的做法。又强调选家必须具备超凡的识力，能辨识精华和糟粕。尽管如此，陈曾寿毕竟是一个封建知识分子，不能不受到传统词学观念的影响。作词也好，选词也好，最终还是以“雅”为依归。

《旧月簃词》中的词作所反映的社会生活面，比《苍虬阁诗集》中的诗作所反映的社会生活面更窄，直接反映现实社会生活的作品不多。它主要是通过山水游记、咏物（尤其是花卉）、友朋之间的唱和赠答，来表达其个人的感怀与对亡清的眷念，抒发那种幽微的、若有所失的情绪。其咏梅花的如《踏莎行·白堂看梅》：

石叠蛮云，廊栖素雪，锁愁庭院苔綦涩。无人只有暮钟来，定中微叩春消息。　　冷雾封香，绀霞迷色。慵妆悄泪谁能惜？一生长伴月昏黄，不知门外泠泠碧。

这是一首描写白梅（即“素梅”）的词。它通过一连串美丽的词藻，又运用平实的手法，于虚处传神，极写白梅的那种“清绝”“孤绝”“高绝”“秀绝”的芳洁之怀和闲定之境，使“观梅者”就像置身于高秀绝尘的境界之中。而“一生长伴月昏黄，不知门外泠泠碧”的结句，则以梅花伴月始终不弃，来隐喻自己对清室的一片忠诚和不问世事的态度。再看他的《浣溪沙·孤山看梅》：

心醉孤山几树霞，有阑干处有横斜，几回坚坐送年华？　　似此风光惟强酒，无多涕泪一当花，笛声何苦怨天涯。

孤山因孤峙于杭州西湖的里湖与外湖之间，故名；又因山上多梅花，所以又叫“梅屿”。这也是一首写观梅的词，却与前一首大不一样：前一首重在写白梅的芳洁之怀和闲定之境，后一首则重在抒发“观梅者”的凄抑之情。面对美好的风光却言“强酒”，身处漫山红霞（即“红梅”）之中却说“无多涕泪”，很显然，词人对当时军阀混战、民不聊生的社会现实颇为不满。词人是湖北人，奉母居住在杭州南湖，他用“笛声何苦怨天涯”句作结，自然与“强酒”有相同之意。

集中亦有不少咏菊花的词作，如《木兰花慢》：

① 陈曾任：《旧月簃词序》，《苍虬阁诗集》附录二，上海古籍出版社2009年版。

旧京移菊，憔悴可怜，感赋。

冷墙阴一角，结幽怨，旧痕青。自辛苦移根，恋香残蝶，梦也伶俜。羞凭，别畦新绿，算年年、称意占阶庭。一寸霜姿未展，西风凉透窗棂。　　亭亭，还向画图，寻影事，慰飘零。怅蝉休露满，芳心委尽，枉致丁宁。微酲，晚来乍洗，剩无多清泪奠寒馨。流浪他生未卜，斜街花市重经。

他的另外一首咏菊词《八声甘州》云：

十月返湖庐，晚菊尚余数种，幽媚可怜。

慰归来岁宴肯华予，寒芳靓幽姿。剩青霞微晕，残妆乍整，仍自矜持。休更销魂比瘦，惆怅易安词。洁白清秋意，九辨难知。　　我是辞柯落叶，任飘零逝水，不忆东篱。早芳心委尽，翻怯问佳期。看灯窗、疏疏写影，算一年、今夜好秋时。平生恨、尽凄迷了，莫上修眉。

陈曾寿这两首咏菊的长调，与他所写的菊花诗可说是具有异曲同工之妙。它们着力赞颂的也是菊花的那种“清幽不俗”的品格和菊花那种“清严”“高秀”的风骨与情致，从而表达了他的一腔忠愤和哀怨感伤的情怀。我们读陈氏的词必须明白，他特别钟爱梅花和菊花，并不厌其烦地反复吟咏，就是要表明他对清室尤其是对溥仪的耿耿忠心，就是要表现他那种始志不改、一往情深且甘于穷独的品行。

仁先的写景之词，亦善于寄托。如其《临江仙》：

修到南屏山下住，四时花雨迷蒙。溪山幽绝梦谁同。人间闲夕照，消得一雷峰。　　极目寥天沉雁影，断魂凭证疏钟。淡云来往月朦胧。藕花风不断，三界佛香中。

这是一首描写西湖景色极佳的词。南屏山在杭州西湖的南岸，因地处杭城之南，有石壁如屏障，故名南屏山。其山的日慧峰下有净慈寺。净慈寺前建有“南屏晚钟”碑亭，是西湖十景之一。唐、宋时寺中就有铜钟，至明太祖时重铸一口大钟，声音传得很远。南屏山的支脉名夕照山，又称“雷峰”，因昔日有郡民雷至峰上居住而得名。峰上后建有雷峰塔，亦名“黄妃塔”，是吴越国王钱俶因王妃黄氏得子为其所建。此塔又称“西关砖塔”，塔高七层。因西湖民间故事“白蛇传”的流传，使此塔负有盛名。明代嘉靖年间（1522—1567）被倭寇纵火焚烧，仅存赭色塔身。旧时，每当夕阳西下，塔影横空，宝塔的金碧与山中阳光相互辉映，别是一番景色，故被称为“雷峰夕照”，是西湖十景之一。雷峰塔于民国十三年甲子（1924年）八月二十七日倒塌。此词应写于雷峰塔倒塌之前。身处如此胜景，该是多么欢快愉悦的事情！然而，读者所能感受到的，除了眼前的景色之外，就是流露在字里行间的词人的幽怨感伤之情。两相对比，更显得凄苦。难怪叶恭绰会在《广箧中词》中评此词说："凄丽入骨。"

再看其《木兰花慢·湖上桃花开时北游》：

> 向湖山小别，新雨罢、更提壶。正千树桃花，一堤杨柳，围绕吾庐。春光十分秾冶，算今生、好梦未模糊。莫把逃禅心事，等闲说与西湖。　　愁予。渺渺向征途，天际片云孤。只斜阳影里，声声啼鴂，暗暗平芜。春归我行未已，问天涯、何处是幽居？欲寄断红消息，临流还倩愁鱼。

此词大约写于民国六年丁巳（1917 年）四月间。陈曾寿建在杭州西湖的别墅位于南湖北岸的定香桥畔，屋后即为"花港观鱼"景点。陈曾寿居于临湖的一座别院内，映波桥一带的"苏堤春晓"景观隔水相望，桥外即为"雷峰夕照"之景，而"南屏晚钟"的景点就在塔侧。陈曾寿曾不无炫耀地对友朋说过："西湖十景，我已占有其四。"①诗中所谓"正千树桃花，一堤杨柳，围绕吾庐"的词句，正是诗人湖居即景之语。这一年的四月上旬，陈曾寿接张勋电报，告知已决定即日从徐州率兵进京，发动政变，复辟帝制；并邀他与沈曾植、郑孝胥、康有为等人一起北上，共同商办。曾寿不能不去，但又前途未卜，不知凶吉，甚是忧愁，遂填了这首词。词的上阕极写"幽居"湖上的闲适恬淡和欢愉，词的下阕则极力描摹"渺渺向征途，天际片云孤"的情景，表达自己的忧虑与愁苦。尤其是词人能将这两者有机地结合起来，使其忧虑与愁苦更加深重。

又如其《酷相思》：

> 嫩柳鹅黄千万缕，更密衬、桃千树。者一段春光难画取。红不断、绿如许。绿不断、红如许。　　北去南来移景序，只换得、伤心据。便占断湖山佳处住。春归也、人将去。人归也、春将去。

此词写于民国六年丁巳（1917 年）。上阕极写西湖春天的美丽景色：杨柳依依，桃花千树，满眼的"红不断、绿如许。绿不断、红如许"，真是"春光难画取"。下阕则充满了愁苦："春归也、人将去。人归也、春将去"；即使"占断湖山佳处住"，然而，"北去南来移景序，只换得、伤心据"。此词的写作，与当时复杂多变的政局有较明显的关系。

---

① 陈邦炎：《陈曾寿年谱简编》，《苍虬阁诗集》附录四，上海古籍出版社 2009 年版，第 560 页。

再如其《菩萨蛮》：

丁亥十二月舟中作。

浮天渺渺江流去，江流送我归何处？寒日隐虞渊，虞渊若个边。船儿难倒转，魂接冰天远。相见海枯时，乔松难等期。

此词作于民国三十六年丁亥（1947 年）十二月。这一年，陈曾寿已是古稀之年，身体也越来越差，时常思念故旧。此前，诗人已决定由北平迁居上海。本月上旬，诗人离开北平，先至湖北汉口探视次女邦荃；在汉停留一段时间后，再乘江轮东下去上海。这首词就作于此次的江行途中。站在船上，望着滚滚东去的江流，不知道自己的归宿到底在何处，也自然而然地想到了被苏军俘掳北去的溥仪（溥仪被苏军押至赤塔，后又转入伯力监狱，1950 年由苏联政府移交中国，被监禁于抚顺），不知还有没有相见的那一天——词中“船儿”句，化用了《雪舟脞语》及《词品》卷五所引同样被俘北去的宋徽宗的典故，不禁老泪纵横，悲恨无端。由此可见其对“故主”的眷念之深。

陈曾寿亦有一些专门描写景色而为时人称道的词。如其《虞美人》：

倾城士女长堤道，各有情怀好。梦中池馆画中人，为问连朝罢酒是何因？　东风红了西湖水，浓蘸燕支泪。输他渔子不知愁，偏向落红深处系轻舟。

这是一首描绘西湖春天美景的词。在这首词中，词人为读者描绘了两幅图画：上阕描绘的是一幅《士女游湖图》，下阕描绘的则是一幅《渔归夕照图》，两幅画图合起来，又构成了西湖春天的美丽画卷。

又如其《如梦令》：

棹入藕花深处，掠水钟声低度。打桨乱红霞，飞起一行鸥鹭。休去，休去，已被荷花留住。

词人的这首词也为读者描绘了一幅美妙的《游湖观荷图》：一望无际的荷叶，衬托着千万朵艳丽的荷花；湖上风平浪静，远处的山里传来微弱的钟声；小船披着朝霞、载着游客缓缓驶进荷花深处，不时惊起一行一行的鸥鹭……置身如此美景，实在让人乐而忘返！词人采用拟人化的手法，将词写得十分清雅别致。

尽管陈曾寿的大多数词作或托物言志，或寓情于景，都写得比较含蓄、委婉，但也有一些词作还是直接叙写现实生活，比较明显地表露出他的情感。如《鹧鸪天》：

横海青峰占小楼，邻家爆竹动离愁。一年客里将除夜，万里荒波不系舟。　　黄石约，赤松游，古人志事等闲酬。衰慵不称风云事，破砚寒香独自修。

此词写于民国二十一年壬申（1932 年）2 月 5 日，这天正好是旧历辛未年（1931 年）的除夕。遵照溥仪的“密谕”和函电的要求，陈曾寿 2 月 1 日（农历十二月二十五日）由天津动身前往大连，到达大连后曾两次去旅顺与溥仪见面，见面后即返回大连。溥仪随即为陈曾寿在旅顺租下一栋小楼供其居住。2 月 5 日早晨，陈曾寿同周君适乘车又由大连赶至旅顺，行程一百多里，待至天已黑；等找到租住的小楼，门却是锁着的，无人照应；站立门外良久，寒风刺骨；待仆人找到房主取来钥匙，才开门入内，却屋寒灶冷，疲倦至极。仆人又从邻居家讨来开水，泡茶饮下，才渐觉身暖。与君适相对而坐，寂寞无言。此时正是万家灯火、亲人团聚的时候。不久，呜呜的寒风声、奔涌的海涛声、冲天的爆竹声和隐约的箫鼓声汇成一片，异常喜庆热闹，陈曾寿不禁感慨无端，便写了这首词，表达其对此行的无奈与心灰意懒之情。

当夕，词人还另赋有《天香》词一阕，表达同样的情感：

垂海星摇，标岩塔迥，高寒偏撼孤馆。断续邻箫，依微画角，荒峤岁华偷转。氍毹坐拥，只乱眼、风飘灯飐。酒畔离悰几许？丁宁浪凭归雁。　　沾赐近依行殿拜，频传椒盘香暖。故事料应难问，白头宫监。身老天荒地变，剩冷艳、梅花梦中远。霜鬓尘丝，风情都倦。

有些词则表现了陈曾寿与师友之间的深厚情谊。如《浣溪沙》写道：

阅彊村词，忆及望予南归，悬榻以待者经岁，中间数寄词相问，凄然有作。

花径冥冥取次行，旧盟全负甚心情，香灰尽也须惊。　　悬榻经年虚望眼，寄声几度费吟魂。人天留影一彊村。

此词作于民国二十年辛未（1931 年）。陈曾寿与朱祖谋（1857—1931）的交谊极深，可称得上是忘年之交。他既尊朱氏为师，又视朱氏为诗友，往来甚密。朱氏视曾寿为小弟，爱护有加；又爱其才华，视作诗友，往来切磋唱和。朱氏晚年寓居上海，每次来游西湖，必定住在曾寿的南湖别墅，两人词集中唱和之作甚多。朱氏对曾寿的词作赞赏备至，曾将其《旧月簃词》收入《沧海遗音集》中，生前盼望曾寿南归甚切。朱氏在上海去世时，陈曾寿正在天津，闻知消息，极其悲痛，立即写了这首词。

陈曾寿的后半生一直追随已经逊位的末代皇帝溥仪，希望有一天能帮助溥仪恢复清室的天下。但时代不同了，开历史倒车不得人心，他的复辟梦注定要破灭！后来，溥仪更是不顾民族大义，去长春当了儿皇帝。陈曾寿虽极力劝阻，终于无效。他本不愿去长春，又躲不过“主上”函电的一再催逼，也抹不过“君臣”的情面，当然也为了一家人的生计，最后还是去了。他继续做后师，有时也帮着“主上”处理一些“家务事”，只是逐渐心灰意冷。于是，除了“无可奈何花落去”的那种思想情绪不时流露在词中之外，还经常在词中使用佛典和禅语。据相关资料的介绍说，陈曾寿从小好佛，成年后尤甚。其二弟曾则就说过，其“兄少时即喜吟咏，绘佛像于莲瓣，见者赞其工妙。日诵《金刚经》《普贤行愿品》，数十年不辍。其诗与画，乃定慧光中流出，故有其敻绝之异境”①。

总之，陈曾寿以一个著名诗人的身份和学养加入词家队伍，而且对词的用力不是太多，乃是“伫兴而作”②，偶然为之。但所为词的性情之真率，气度之疏朗，兴象之华妙，则是一般词家无法相比的。正如近代词学大家朱祖谋所说：“他人费尽气力所不能到者，苍虬以一语道尽，自是得之于天，不可勉强。”③故陈曾寿所为词能别树一帜、自成一家。清末民初著名词家叶恭绰就曾指出：“仁先四十为词，门庑甚大，写情寓感，骨采骞腾，并世殆罕俦匹，所谓文外独绝也。”④现当代词学专家夏承焘亦认为：“夕读静庵、陈仁先诸家词，以哲理入词最妙，静安偶有之，造辞似不如仁先。”⑤由此亦可见出时人对他的称誉之隆。虽然陈曾寿的词没有能够扭转当时遗老词人们远离社会现实、迎来送往、赠答唱和、惺惺相惜、无病呻吟的风气，对后世词创作的影响也不明显，但这些都不影响他在清末民初词坛上所占据的重要地位。

---

① 陈曾则:《苍虬阁诗续集·序》,《苍虬阁诗集》附录二,上海古籍出版社 2009 年版。

② 陈曾任:《旧月簃词·序》,《苍虬阁诗集》附录二,上海古籍出版社 2009 年版。

③ 陈曾寿:《旧月簃词·自序》转引朱氏话,《苍虬阁诗集》附录二,上海古籍出版社 2009 年版。

④ 叶恭绰:《广箧中词》卷三,《苍虬阁诗集》附录三,上海古籍出版社 2009 年版。

⑤ 夏承焘:《天风阁学词日记》,《苍虬阁诗集》附录三,上海古籍出版社 2009 年版。

第九章　中国出版翻译事业的开拓者——戢翼翚

戢翼翚是辛亥革命时期湖北的革命志士。他虽然一生短暂，仅活了三十个春秋就离开了人世。但是，作为这个时期的著名政治活动家、出版家和翻译家，他的革命业绩，人们永远都不会忘记；尤其是当年他在许多领域所做的开拓性工作，也一定会在中国留学生史、中国近代报刊史、中国近代出版史和中国近代翻译文学史上留下浓墨重彩的一笔！

第一节　戢翼翚的生平与著述

戢翼翚（1878—1908），字元丞，湖北郧阳府房县城关人。他出身于一个中层军官家庭，其父行伍出身，官至清军守备之职。“守备”为清代绿营军官，职位次于都司①，分领营兵。于是，举家迁居省城武昌。戢翼翚从小就在武昌入学读书，后随“当地士大夫游，始识读书之法，颇有四方之志”②。少年时，考入湖北自强学堂学习。这“自强学堂”乃是湖广总督张之洞出于培养通晓洋务的买办、外语翻译人员和教学人员的目的，于1893年（光绪十九年癸巳）11月在武昌所创办的一所学习西学的新式学校。戢翼翚聪慧好学，又勤奋刻苦，门门功课都很优异，成为张之洞的得意门生。

1896年（光绪二十二年丙申）农历三月，清政府总理各国事务衙门应驻日公使裕庚的要求，在全国范围内选拔了13位青年学子，派往日本留学③。

---

① 按照清代绿营兵军官编制：最底层的军官为“把总”，正七品武官；“把总”之上为“千总”，正六品武官；“千总”之上为“守备”，正五品武官；“守备”之上为“都司”，正四品武官；“都司”之上为“游击”，从三品武官；“游击”之上为“参将”，正三品武官；“参将”之上为“副将”，从二品武官；“副将”之上为“总兵”，正二品武官；地方最高军事长官称“提督”（“提督”为简称，全称为“提督军务总兵官”），从一品。

② 刘禺生：《世载堂杂忆·述戢翼翚生平》，中华书局1960年版，第151页。

③ 此次选拔工作主要由中国派驻日本横滨领事吕贤笙负责。学生主要选拔来自上海、苏州、广东、湖北、福建和安徽等地。

这也是清政府向日本派出的首批留学生。同年的 5 月 5 日，戢翼翚和唐宝锷、朱光忠、胡宗瀛、吕烈辉、瞿世瑛、冯訚谟、金维新、刘麟、韩寿南、李宗澄、王作哲、赵同颉等 13 人抵达日本东京使署。戢翼翚也就成为湖北最早留学日本的学生了。此时，戢翼翚还不足 18 岁。日本学者实藤惠秀在他的《中国人留学日本史》中也记载说："1896 年旧历 3 月底，清朝首次遣派学生十三人抵达日本……"；"中国的急务在发展教育，而教育上的急务在派遣海外留学生；近年派遣学生来向昔日的弟子问道求益，真不愧大国风度"。

戢翼翚等 13 人到达日本后，很快便进入亦乐书院，跟随高等师范学校校长嘉纳治五郎学习。1899 年夏，戢翼翚从亦乐书院毕业后，便转入东京专门学校学习。同年秋天，孙中山由英国伦敦抵达日本横滨，戢翼翚和沈翔云、吴禄贞得知消息，立即一同往访，共谋治国方略，甚得中山先生的赏识，被吸收为兴中会会员。

1900 年（光绪二十六年庚子）春，戢翼翚与沈翔云、吴禄贞、刘成禺、傅慈祥等人以"联络情感，策励志节"为宗旨，在留学生中发起组织"励志会"（亦称"励志社"），并出任干事。"励志会"是中国留日学生创立的第一个爱国团体。同年 7 月，戢翼翚持中山先生手函，回国与唐才常（1867—1900，字伯平，号佛尘，湖南浏阳人）等人组织"自立军"（"戊戌政变"后维新派组织的勤王武装），准备发动起义。8 月初至汉口，在英租界的宝顺里设立起义总指挥部，密谋起事。不慎事泄，湖广总督张之洞勾结英国领事，破获设在宝顺里的自立军指挥机关，唐才常、林圭（1875—1900，字述唐，号悟庵，湖南湘阴人）等 20 余人被捕杀。戢翼翚化装成驿客（贩卖牛马的商客），自汉口逃往上海，随后与自立军起义前军统帅秦力山结伴亡命日本。

回到日本东京后，在中山先生的支持下，戢翼翚与好友、日本实践女学校和女子工艺学校校长、著名女教育家下田歌子合作，集资创办了"作新社"，出版了《东语正规》《日本文字解》《妊娠论》《家政学》等著作。下田歌子（1854—1936），原名平尾鉐，从事妇女教育达 20 年之久。下田歌子曾跟随戢翼翚学习汉语，关系密切。作新社成立时，下田歌子与朋友捐资了 10 万元，作为开办费。首印之《东语正规》一书，系戢翼翚与唐宝锷合著，这是一部帮助中国人学习日语的入门教材，也是中国人著作中第一本两面印刷、西式装订的书籍，它开创了中国现代书籍装订的先声。在此之前，中国人印刷出版的书，文字只能单面印刷，随后将纸对折起来，再用针线装订成册。因为该书对中国留学生学习日语帮助很大，故销路很好。日本学者实藤惠秀评价该书“是中国人第一部科学地研究日语的书”，称它是“划时代的日语教科书”①。

是年12月6日，戢翼翚与杨廷栋、杨荫杭、雷奋、胡英敏等人又创办了“译书汇编社”，任社长。“译书汇编社”是中国留学生创办的第一个译书机构，在上海设有总发行所，其代售所则遍布全国诸多省份。社中译员多为留日学生，以学习政法专业的为多，所译书籍也多为政法方面的重要著作。社内又编辑出版有《译书汇编》月刊。所出杂志从用纸，到印刷、装订，一律仿效西洋；因此，《译书汇编》就成为中国杂志中采用洋纸、两面印刷和洋式装订的鼻祖。该刊以编译欧美政法名著，介绍西方资产阶级社会政治学说为主要内容，是中国留日学生创办最早的进步刊物，被称为留学界杂志之先祖，对传播西方进步文化思想有很大贡献。梁启超在《清议报第一百册祝辞并论报馆之责任及本馆之经历》中说：“《译书汇编》至今尚存，能输入文明思想，为吾国放一大光明，良好珍诵。”冯自由在《辛亥前海内外革命书报一览》中就指出：“留学界出版之月刊，以此（指《译书汇编》）为最早。所译卢骚《民约论》、孟德诗鸠《万法精理》、斯宾塞《代议政治论》等名著，促进吾国青年之民权思想，厥功甚伟。”②

1901年5月，戢翼翚又与秦力山、沈翔云、雷奋、杨廷栋、杨荫杭、王宠惠、冯自由、卫律煌、唐才质、张继等人在东京创办《国民报》月刊，聘秦力山任总编辑，其他人为撰稿人。该刊以“唤起国民精神”为宗旨，鼓吹民族主义、天赋人权、自由平等思想，抨击清政府对内实行种族压迫，对外妥协投降、为虎作伥的罪行，指名批驳康有为、梁启超等保皇党人的谬论，号召国人起来反清排满，改革中国政治，建立民主共和国，在国内外产生了很大的影响。中山先生非常关注此刊的出版、发行，并在经济上给予援助，曾捐资一千元，作为印刷费用。戢翼翚还与沈翔云以该报事务所为活动机关，组织“国民会”，主张在国内各省、府建立组织，开展革命运动。但由于经费匮乏，该刊仅出版四期，便于同年8月停刊了，“国民会”亦随之解散。

是年秋，戢翼翚在东京专门学校完成学业，受中山先生的派遣，由日本回到上海，将原设在日本东京的“作新社”迁至上海英租界四马路老巡捕房

① 实藤惠秀：《中国人留学日本史》，生活·读书·新知三联书店1983年版，第21页。

② 冯自由：《革命逸史》三集，中华书局1981年版，第143～144页。

东首55号，次年（光绪二十八年壬寅）十一月又迁至英租界四马路惠福里53号，以联络革命党人；并设立图书局、印刷局，编印出版《东语正规》（第二版）、《万国历史》、《兴国史谈》、《朝鲜史略》、《美国独立战史》、《法国革命战史》、《意大利独立战史》、《五大洲三十年战史》、《哥萨克东方侵略史》、《政法类典》等书籍，帮助国人学习日语，了解世界形势，揭露沙皇俄国蚕食东方的阴谋。作新社所编译的书籍以日本图书居多，重点出版那些富有影响力的社会科学著作；译员多为中国的留日学生，据实藤惠秀在《中国人留学日本史》中说，译员中也有若干日本人①。学者认为，作新社“沟通欧化，广译世界学术政治诸书，中国开明有大功焉”②。

1902年4月，戢翼翚加入由蔡元培、蒋智由、黄宗仰等人发起并于同年冬在上海正式成立的“中国教育会”（清末资产阶级著名的文化教育团体），被举为干事。该会举蔡元培为会长，下设教育、出版、事业三部，以“编订教科书，改良教育，以为恢复国权之基础”为宗旨。戢翼翚在处理作新社事务之余，亦积极参与中国教育会组织的各种活动。

同年12月9日，戢翼翚邀请秦力山、杨廷栋、雷奋、杨荫杭、陈景韩等人在作新社内创办《大陆》月刊，并于1903年2月（光绪二十九年癸卯正月）正式出刊。这也是“第一份留学生回到中国创办的刊物”③。杂志的第一、二卷为月刊，实际上从第三卷起，便改为半月刊。该杂志“以开进我国民主思想为宗旨”，与作新社所出译著相配合，着重介绍西方资产阶级的社会、政治学说和科学文化，主张改革政治，批驳保皇邪说，宣传民主革命和民族独立。其发表的主要文章有《淘汰篇》《攘王篇》《中国与立宪政治》《论杜兰人种之思想及与他人种思想之异同》《论文学与科学不可偏废》《支那之真相》《支那风俗改革论》等。此外，还译载《鲁滨孙漂流记》《一千零一夜》等作品。作新社广泛接纳革命党人，成为上海革命党人重要的联络阵地。该刊坚持出版达三年之久，一直出至第四十七期才停刊，在当时实属不易。日本学者实藤惠秀就说过：戢翼翚“身兼译书汇编

① 实藤惠秀:《中国人留学日本史》,生活·读书·新知三联书店1983年版,第259～260页。

② 刘禺生:《世载堂杂忆·述戢翼翚生平》,中华书局1960年版,第155页。

③ 李仁渊:《晚清的新式传播媒体与知识分子》,台北稻乡出版社2005年版,第225页。

社、作新社、出洋学生编辑所、国民社和国民报社等出版机构的重要领导者的职位，对推动中国出版事业的近代化有一定的功劳。如果说戢氏是中国书刊洋装化之父，似也不为过”①。

1905年（光绪三十一年乙巳）7月，清政府采纳张之洞等重臣的建议，首次对学成归国的留学生进行考试，并根据其成绩分别授予进士、举人或军职衔。戢翼翚亦参加了这次考试，并以优异的成绩获赐政治经济科“进士”出身，分发外务部任主事，负责对日交涉，而暗中仍继续从事革命活动；同年12月，受清廷派遣，跟随载泽等五大臣出洋考察宪政，直至次年的7月回国。

1907年（光绪三十三年丁未）9月，军机大臣袁世凯兼任外务部尚书，戢翼翚与其主张多有不合，矛盾时生。而留日学生回国在外务部任职的曹汝霖等人阿附袁世凯，乃伪造戢翼翚与孙中山的来往信函，指控戢翼翚为革命党人的坐京侦探。清廷获奏，便以“交通革命党，危害朝廷”罪，在东城寓所将其逮捕，并将其革职押解回籍，交地方官严加管束。

1908年（光绪三十四年戊申），戢翼翚在武昌家中抑郁而终，年仅30岁。湖北著名民主革命家、南社诗人刘成禺曾指出：戢翼翚“为留日学生最初第一人，发刊革命杂志最初第一人，亦为中山先生密派入长江运动革命之第一人”②。戢翼翚的早逝，实在是民族民主革命的一大损失。

第二节　俄国文学的第一个中译者

作为辛亥革命时期著名的翻译家，戢翼翚曾翻译过日人辰巳小二郎的《万国宪法比较》、日人松村介石的《万国兴亡史》和德国学者那特硁的《政治学》（与王慕陶据日译本合作重译），又与章宗祥、马岛渡、宫地贯道编译过《政治类典》（共四册）以及其他若干集体译著。由此可见，在中国近代翻译界日文翻译方面，戢翼翚的贡献是很大的。除翻译了以上这些社会科学著作之外，戢翼翚还翻译有文学作品。他是世界名著《上尉的女儿》小说的第一个中译者。戈宝权在《谈普希金的〈俄国情史〉》中就指出：“俄国的文学作品最初被介绍到我国来，主要是清末民初，也就是19世纪末叶和20世纪初叶的事……在单行本方面，最早的当推在光绪二十九

① 实藤惠秀：《中国人留学日本史》，生活·读书·新知三联书店1983年版，第260页。

② 刘成禺：《世载堂杂忆·述戢翼翚生平》，中华书局1960年版，第150页。

年（1903 年）出版的普希金小说《俄国情史》。”①

戈宝权先生所说的《俄国情史》即《上尉的女儿》，作者普希金（1799—1837）出身于俄国莫斯科一个没落的贵族家庭。父亲崇尚法国文化，伯父是诗人，从小就受到文学的熏陶，并表现出卓异的天赋。曾入皇村学校学习 6 年，毕业后以十品文官的官衔分配到外交部工作，业余从事文学创作，逐渐成长为俄罗斯杰出的诗人和文学家，并成为俄罗斯文学语言的创建者和俄罗斯近代文学的奠基者。普希金一生创作丰富，体裁多样，社会内容丰富，充满着反对农奴制度、热爱自由的思想，既是批判现实主义文学的先驱，又是浪漫主义文学的代表作家，在世界文学史上占有重要地位。马克思、恩格斯、列宁等革命领袖都很喜爱他的作品。高尔基曾经在《俄国文学史》中称赞他是“俄国文学之始祖”，是“伟大的俄国人民诗人”。

1836 年，即诗人去世的前一年，诗人鉴于 19 世纪 30 年代的俄国社会黑暗，官场腐败，经济凋敝，民不聊生，尤其是农民生活越来越贫穷困苦的社会现实，创作了一部以反映俄国 18 世纪普加乔夫领导的农民起义为题材的历史小说——《上尉的女儿》，代表了普希金 30 年代文学创作的最高成就。小说以青年贵族军官格里涅夫的个人命运为线索，再现了震撼俄国的普加乔夫起义，反映了农民起义的社会原因和阶级基础，为读者塑造了一位热爱自由、机智勇敢、豪放大度、视死如归的农民起义领袖的生动形象。这部历史小说，不仅在普希金的整个文学创作中占有重要地位，而且很快成为风行世界的名著，欧美和日本早就有它的译本。但直至诗人去世 66 年之后，中国才有了它的第一个译本，它既是普希金所有作品的第一个中译本，也是我国第一部以单行本形式出版的俄国文学名著。

1903 年（光绪二十九年癸卯）六月，戢翼翚翻译的《俄国情史》由文开书店、大宣书局和小说林社同时出版②。据亲眼看过戢翼翚译本原书的戈宝权先生介绍：该书是一个 25 开的平装（当时称之为“洋装”）铅印本，封面为灰色，竖排印着“俄国情史”四个大字；正文的第一面印有小说书名的全称——《俄国情史：斯密士玛丽传》，括号中注明“一名《花心蝶梦录》，俄国普希金原著”；下面还写着：“日本高须治助译述，房州戢翼翚重述。”正文前还载有黄和南所撰写的《〈俄国情史〉绪言》。小说的正文

① 戈宝权：《中外文学姻缘——戈宝权比较文学论文集》，北京出版社 1992 年版，第 257 页。

② 《中国现代文学总书目》，福建教育出版社 1993 年版，第 894 页。

共67页，均加圈点，人名、地名则用引线标明。书的版权页上印的是："光绪二十九年（1903）五月十五日印刷，光绪二十九年六月十五日出版。印刷社：作新社印刷局。发行者：大宣书局。发行所：开明书店、文明书店。定价：大洋四角。"

通观戢翼翚翻译的普希金的历史小说《俄国情史》，我们可以看出以下几个显著特点：

其一，它不是直接从俄文翻译过来，而是从日文转译过来的。戢翼翚不懂俄语，却精通日语。梁启超曾经在《变法通议》中说过："今诚能习日文以译日书，用力甚鲜，而获益甚巨。计日文之易成，约有数端：音少一也；音皆中之所有，无棘刺扞格之音，二也；文化疏阔，三也；名物象事，多与中土相同，四也；汉文居十六七，五也。故黄君公度，谓可不学而能。苟能强记，半岁无不尽通者。以此视西方，抑又事半功倍也。"①张之洞在《劝学篇·外篇》中亦认为："若学东洋文，译东洋书，则速而又速者也。是故从洋师不如通洋文，译西书不如译东书。"于是，戢翼翚便选择了这条捷径。他选择的日译本是《露国奇闻：花心蝶梦录》，因为这个译本是根据俄文原著翻译的。

《露国奇闻：花心蝶梦录》的译者高须治助（1859—1909），亦称高须治辅，笔名墨浦、五湖（散人）。他出生在江户（东京）下谷，是秋田藩定居江户的武士富冈英之助的次子，西医高须保的养子。曾入东京外语学校俄语科学习，1880年（日本明治十三年）休学，先后就职于大藏省翻译局和长崎海关。曾担任过俄国大使馆随从武官的日语教师。晚年在静冈的俄国俘虏收容所工作。他精通俄语，喜爱俄国文学，曾译过俄国著作，并编辑过《自它能习露和袖珍会话》和《露和字汇》（明治二十九年丸善书店版）。1883年（明治十六年）6月，高须治助将普希金的《上尉的女儿》——1869年俄国圣彼得堡佐布拉佐夫及希卡塞尔出版社刊行时的书名为《甲必丹之女》，译成日文，题名为《露国奇闻：花心蝶梦录》，由法木书店出版。1886年（明治十九年）11月，该书再版，并将书名改为《俄国情史：斯密士玛丽传》，书中还另附了六幅插图（说明文字为俄文）。《俄国情史：斯密士玛丽传》也是日本翻译的第一部普希金的文学作品。戢翼翚所译的《俄国情史》，不仅是以该译本为蓝本，而且书名也是根据高须治助

① 梁启超：《论译书》，《翻译研究论文集（1894—1948）》，外语教学与研究出版社1984年版，第19～20页。

的两种译本而来。

其二，叙事方式和体裁形式的中国化。普希金的原著共十四章，采用的是第一人称的叙事方式，小说的文本自始至终以主人公格里涅夫的口吻自述，类似于回忆录。小说的结尾有一个“出版者”写的不长附记，交代是如何得到格里涅夫的手稿、格里涅夫和玛莎后来的命运以及格里涅夫目睹普加乔夫受刑的情况。这个附记用的则是第三人称——很显然，这只不过是小说家在创作中采用的一种技巧而已。但戢翼翚的译本自始至终采用的是第三人称的叙事方式。学人们都知道，中国古代的小说创作，采用的叙事方式几乎全是第三人称，只是到了近代后期才仿效西方，学习第一人称的叙事方式。戢译的体裁采用章回体，共十三章，除第九章为原作的第九、十两章的合并外，其余各章的情节基本相同；而戢译各章的标题，则完全是中国化的，这就使得译后的小说更符合中国读者的阅读习惯和口味。这种做法，大体上与中国早期文学翻译的做法也是一致的。

其三，采用意译的方式。中国早期的文学翻译，尤其是小说翻译，采取的主要方式是意译。即在全面把握、领会了小说原著基本内容和主旨的基础上，再根据小说原文的大意来进行翻译，而不是根据原文逐字逐句地去进行翻译，像周桂笙、陈冷血、包天笑、伍光建、徐念慈、吴梼、曾朴、林纾等近代著名翻译家都是如此，这也成为近代小说翻译的一种普遍现象。不过，这里所说的“意译”，与那种牵强附会、指鹿为马、无中生有、任意增删的翻译是有本质的区别的，这也是我们必须清楚的。当时，除“意译”之外，也有少数是翻译加创作的，如鲁迅早年翻译的历史小说《斯巴达之魂》，苏曼殊早年翻译的《惨世界》（又名《惨社会》，即雨果的《悲惨世界》）。1909 年，鲁迅与弟弟周作人在日本东京采用“直译”的方式，翻译出版了《域外小说集》（二册），尽管当时的中国读者阅读起来还不太习惯，不太喜欢，但“直译”的方式却受到翻译界的重视，并逐渐多起来。戢翼翚生活在近代社会，不能不受到这种翻译风气的影响，在从事小说翻译时，很自然地就采用了意译的方式。

其四，文字与情节有删有增。《上尉的女儿》原作的白话译本约为 87000 字，而戢翼翚的译本仅 27000 字，还不足白话译本的三分之一，也就是说戢译本的篇幅较原作白话译本的篇幅压缩、删减了三分之二，就像是原小说的一个缩写本或详细阅读提纲。出现这种情况，责任也不全在戢翼翚，日译本本身就是一个缩写本；据有的学者研究发现，高须治助的译本就

“删节甚多”①。尽管如此，但全书的主要情节却完好无损。如果我们仔细阅读、核查一遍就会发现，那些被压缩、删减的部分，主要是次要情节、场境描写、心理描写和各章题词，这样删减对当时中国的读者来说并无大碍。

戢翼翚在翻译时，一方面对原作进行压缩、删减，另一方面又在译本中添油加醋、画蛇添足。例如小说的开头写道：

> 俄罗斯西伯利亚地方，荒烟衰草，僻陋在夷。其山脉则龙蹲虎踞，盘亘万里。其林树则蔚然深秀，高插云表。虽有绝大之平原，而荒凉满目，蹊径始通，豺狼之所穴处，麋鹿之所来游，饥鹰厉虎，寒鸱吓雏，木魅山鬼，野鼠成狐，风嗥雨啸，昏见晨趋，读鲍氏《芜城赋》，则若或遇之矣。

这一段话，原作中是没有的，完全是译者杜撰的。尤其是《芜城赋》，更是无稽之谈。著名学者阿英曾指出：“普希金未临中国，即知《芜城赋》，可谓‘奇迹’，但当时译家风气，大都如此，也不足怪。”②又如原作的第五章中提到，格里尼奥夫写信给父亲，将自己与玛莉亚的爱情向父母禀告，请求父母祝福。小说中却无信的具体内容，而戢译本中竟然出现了这样一封信：

> 严父膝下：自违温情以来，为日甚久。昏定晨省，愧未能常侍左右，以尽人子之道，罪之大，殆莫与京焉。乃者，男自旬日以来，因下操场时负伤甚重，不省人事，殆及数日。此间提安夫人相待甚优，为调汤药，坐卧不离，嗣厥疾有瘳，侥幸无恙。夫人之女公子玛丽，年方二九，风神绝世，亦以男病沉重，怜男羁旅，殷勤慰劳，有过寻常。微夫人与玛丽，则微躯决不能幸存，得留此七尺之躯，他日再循南陔问寝侍膳，再生之德，图报靡由。兹者夫人嘱男作书，请吾父为男作主，与玛丽约为夫妇。实出于夫人之垂爱，非男所敢妄求。倘得吾父俞允，实为男女玛丽两人终身之厚幸。男弥士惶恐上言。

这封信原作中没有，自然不是普希金所写，而是译者代劳增添的。不过，删减也好，增添也罢，戢翼翚译本中的这些大刀阔斧与画蛇添足之举，并没有影响到原作的主要故事情节，这是应该看到的，也是应该肯定的。

---

① 张铁夫：《普希金“初临中土”的向导》，《湘潭大学社会科学学报》第 24 卷第 5 期，2000 年 10 月。

② 阿英：《小说闲谈四种 · 小说四谈》，上海古籍出版社 1985 年版，第 230 页。

此外，是小说人物名字的英国化。在戢译本里，男主人公格里涅夫的名字变成了“斯密士”或称“弥士”，女主人公玛莎的名字改成了“玛丽”。不仅如此，就连家仆的名字也变了：萨威里奇变成为“克灵顿”，施瓦勃林变成为“胆顿”，真是让人不可理解。当然，这不能怪戢翼翚，因为他是据高须治助的日译本重译的。在高须治助的日译本里，人物的名字已经改过来了——那是日本书报审查官干预的结果。

第三节　戢翼翚在中国文化发展史上的贡献与地位

我们从前面的介绍知道：戢翼翚既是清朝末年一位思想进步、视野开阔、积极接受西方先进文化的青年学子，并身体力行，走出国门，成为中国近代第一批前往日本求学的留学生，也是湖北最早跨海赴日求学的留学生，在中国人留学日本史上书写下重要的一笔；他早年就追随中山先生，加入兴中会，是辛亥革命时期一位有影响的民主革命志士，为宣传民主革命思想，推翻清王朝的腐朽统治、建立中华民国，四处奔走呼号，立下了汗马功劳，在辛亥革命史上理应占有一席之地；同时，为配合民族民主革命活动的开展，他又积极创办各种报刊和出版机构，编译、印刷、发行和出版宣传民主革命思想的报刊、书籍，启迪民智，做了不少开拓性的工作，为中国出版事业的近代化作出了重要贡献，这也使他的功绩在中国近代的报刊史和中国近代的印刷、出版史上留下了浓墨重彩的一笔。

尤其值得注意的是，戢翼翚作为清朝末年一位著名的翻译家，他不仅翻译了不少社会科学著作，为中国人更有效地学习西方文化，为西方文化在中国的迅速传播，都起到了积极的推进作用；他与留日同学、好友唐宝锷（1878—1953，原名宗鎏，字秀锋，又作秀丰，祖籍广东香山，出生于上海）合著的《东语正规》，既是一部帮助中国人学习日语的入门教材，又是中国第一本两面印刷、西式装订的日语书籍，它开创了中国现代书籍装订的先声，对中国留学生学习、掌握日语的帮助很大，故而一版再版。而且，他还翻译出版了世界名著《俄国情史》，既开了我国翻译普希金文学作品的先河，又开了我国翻译俄国文学作品的先河。因此，《俄国情史》的翻译出版，不仅在我国普希金研究史、俄国文学研究史，也在中国近代翻译文学史和中国近代文学史上具有重要的意义。

当年推翻帝制，驱除鞑虏，建立中华民国，只是少数革命志士的理想，如今辛亥革命已经过去了一个世纪。当年是西学东渐，华夏儿女纷纷走出国门，去向西方学习；如今则是孔子学院遍布全世界，世界各国的有志青年不远万里，纷纷前来中国求学。当年的铅字印刷已觉甚为先进，如今早已进入数码印刷时代。当年俄国只有个别作家的作品被译介到中国来，且是从日文转译成中文；如今普希金和俄罗斯其他著名作家的大部分作品已经被直接从俄文翻译成中文，且每一种名著的中译本还有很多（如《上尉的女儿》的中译本就有十多种），翻译的质量更是不可同日而语……当我们在梳理中国人留学外国史、尤其是留学日本史的时候，当我们在纪念、缅怀辛亥革命功绩的时候，当我们在畅叙我国报刊杂志、新闻出版事业和印刷技术日新月异的时候，当我们在回顾我国俄国文学、尤其是普希金接受史的时候，我们是不能、也不应该忘记戢翼翚的名字和他的功劳的。

第十章　著名的民主革命宣传家——田桐

在清末民初的政治舞台上，有一位资历很老，地位很高，又甚为人们敬佩与推崇的民主革命活动家：他从青年时代开始，就追求进步，追求光明，追随孙中山先生，不管遇到什么困难，百折不饶，努力探索救国兴邦的道路，为实现孙中山先生所提出的“三民主义”，奋斗了一生。同时，他又在清末民初的文坛上驰骋数十年，创作了大量的诗文作品，亦为时人所推崇。但是，他去世 80 多年，学界不仅对他的介绍、研究很少，而且连像样一点的文集都没有编辑、出版一本，与其在中国民主革命史、中国近现文学史上的功绩颇为不符。这位著名的民主革命活动家和文学家，就是湖北蕲州人——田桐。

第一节　田桐的生平与革命活动(一)

田桐（1789—1930），字梓琴，笔名恨海，号玄玄居士，晚号江介散人，湖北蕲州（今黄冈市蕲春县）漕河镇田家河人。他出生在一个书香之家，祖父田琼林，好侠行义，名闻乡里。父亲田士莲，字又青，是清末的一名秀才，才高不愿出仕；在家乡开办有一所私塾，教书授徒四十余年，受业弟子达数百人，为国家培养了一大批栋梁之才；又是一位新派学者，一边授徒，一边研究经史，是一位经史专家。

从 6 岁开始，田桐就跟随父亲接受启蒙教育，诵习《三字经》和《千字文》。而他少怀大志，勤奋好学，兴趣广泛，酷爱读书；又天资聪慧，仪表英俊，文采出众，9 岁时就开始学习《昭明文选》；稍长，则于诸子百家及唐宋以来的名家文集，无不兼综博览，通其旨趣，为他后来的成长成才打下了坚实基础；只是不喜欢八股文章。清光绪二十年甲午（1894 年），15 岁的田桐只身来到江西九江的庐山，进入白鹿洞书院深造。假日闲暇，则游览名山大川。

1901 年（光绪二十七年辛丑），田桐考取秀才，并进入州学学习。一个偶然的机会，他与在两湖书院求学的黄兴结识，开始接触民主革命思想。

次年（光绪二十八年壬寅）4 月，章太炎、秦力山等人在日本东京就南明永历皇帝忌日（永历皇帝覆亡于 1661 年），发起“支那亡国二百四十二年纪念会”。田桐闻讯，暗中撰写了《吊崇祯》一文，以示拥护。

同年底，适逢清廷废科举，兴学堂，田桐便来到武昌，报考由湖广总督张之洞创办的新式学堂——武昌文普通中学堂。在武昌备考期间，田桐与伍守彝、陈乾、居正、管翔鸿、朱侗、石瑛、刘懋哉、李凤鸣、陈敦复、杨郁吾、陈韬、陈亚文、张九维等人结识，并一见如故。于是，这批意气风发的年轻人携手共登黄鹤楼，义结金兰，表示今后要同甘苦，共患难。不久，又与同来报考的湖北黄冈吴崑、湖南桃源宋教仁等人结识，成为好友。

1903 年（光绪二十九年癸卯）初，田桐进入武昌文普通中学堂第一期学习，与宋教仁、查光佛、郑江灏、欧阳瑞骅、石瑛、吴崑、陈乾、黄侃等人同学。在校期间，他们对清政府的封建专制统治和卖国投降行为十分不满，经常相互传阅邹容的《革命军》及陈天华的《猛回头》《狮子吼》等革命书籍；并相聚在一起谈论时政，议论国事，共商反清救国方略。

同年冬，田桐在考卷上抨击时弊，鼓吹民主革命，被教员告密。清朝政府湖北巡抚端方知道后，认为是“肆谈革命，大逆不道”，立即下令“从严惩办”。该校监督纪钜维是清代大才子纪晓岚的远孙，素闻田桐见多识广，博闻强记，文笔流畅，写得一手好字，深爱其才；但又怕受牵连，不敢庇护，当即暗示他离校远走避祸；田桐遂离校回家不出，故得以幸免。

1904 年（光绪三十年甲辰）7 月，田桐自老家来到武昌，暗中与吕大森、刘静庵、胡瑛、时功璧、宋教仁、曹亚伯、张难先等人谋议创建了革命团体“科学补习所”，着重在新军中开展工作。同年夏，在父亲的支持下，田桐自费赴日留学，入弘文学院学习。学习之余，则与黄兴、陈天华、程家柽、张继、白逾桓等革命志士交往密切，一起致力于民主革命。

1905 年（光绪三十一年乙巳）6 月，田桐与宋教仁、程家柽、刘公、白逾桓等人创办《二十世纪之支那》杂志，撰文宣传民主革命思想不遗余力，给当时麻木的民众以警示与鞭策，给大批热血青年以激励和鼓舞。后因刊载《日本政客之经营中国谈》《评论辽东半岛》等文章，触及日本侵略者的本质，被日本政府查封。

不久，孙中山从欧洲来到日本，谋划成立统一的革命组织。田桐与宋教仁、陈天华等人曾前往拜访，结识孙中山，参与发起成立中国同盟会，并动员“二十世纪之支那杂志社”成员 100 多人一起入会。中国同盟会正式成立，田桐被推选为评议部评议员，并佐中山先生办理文书。以其才辩敏捷，办事踏实而为中山先生和革命同志一致推许，旋调任书记部总理书记，负责会议机要。随后，黄兴、田桐、胡汉民、陈天华、朱执信、宋教仁等人又商议集资，以原《二十世纪之支那》杂志为基础，将其改名扩充为《民报》出版，作为同盟会的机关报。田桐以“恨海”为笔名，在该报上发表《致民报函》《在民报纪元节庆祝大会上的演说》等文章，抨击时政腐败，鼓吹反清革命。

为了进一步鼓励和激发民众推翻晚清政府的决心，田桐还着意搜集明末遗老的一些轶事和抗清复明的一些相关记述，编辑出版《亡国惨记》一书。其书字字血泪，句句悲哀，十分容易唤起人们的爱国之心。发行不到一年，便销售了3万多册。

蓬勃发展的革命形势引起清廷政府的恐慌，清廷驻日公使杨枢要求日本政府采取措施遏制中国留学生的革命活动。同年11月，日本文部省颁布《取缔清国留日学生规则》，遭到中国留日学生的强烈反对，认为这是侵犯主权，剥夺自由。秋瑾等人提议中国留学生集体退学回国，以示抗议。田桐的挚友陈天华则留下一封数千字的《绝命书》，于12月12日在日本东京的大森海湾投海自尽，以示抗议。得知消息，田桐悲痛欲绝，当即挥毫，写了一首五古长诗《为陈天华蹈海事感赋》，追悼缅怀战友。在同盟会的统一组织下，东京有八千多名留学生罢课抗议，日本各地留学生也纷纷罢课声援。田桐异常愤怒，各处奔走联络，亦在弘文学院组织学生罢课。因此，田桐、宋教仁、张继、程家柽、吴崑、刘道一等18名学生领袖被列入清廷驻日公使的黑名单。清廷政府又与日本政府勾结，对他们实行追捕。田桐被捕时，大义凛然，泰然自若。消息传至蕲州老家，其父田又青不仅未责怪他，还撰联鼓励支持儿子：“焦桐名气传天下，文梓奇才压海东”，使田桐备受鼓舞。

1906年（光绪三十二年丙午）春，田桐获释出狱。在革命的实际活动中，他感到《民报》中的文章偏重法理方面的论述，文理较深，不易为广大民众理解，直接影响了革命思想的传播，便与柳亚子、陈去病、高旭、金松岑、章太炎等志士创办《复报》，与《民报》相呼应。他在创刊号上发表的《满政府之立宪问题》一文，对“立宪问题”剖析透彻，强调在中国只能“为民主之立宪”，而不能“为君主之立宪”，明确提出了民主立宪、依法治国的进步思想，给予清廷“立宪”鼓吹者以迎头痛击。因《复报》的内容更加丰富，文字浅显通俗，文笔畅快淋漓，风行一时，颇受读者欢迎，发挥了积极的宣传与舆论引导作用。

同年冬，革命党人在萍（乡）、浏（阳）、醴（陵）发动武装起义，田桐奉命与黄兴在湘潭联络马福益部的万余人，拟自萍乡进袭南昌，嗣因起义失败，未果。

1907年（光绪三十三年丁未）5月，同盟会员许雪秋、陈涌波、余纪成等人遵照孙中山的指示，在广东发动潮州、惠州起义(史称“黄冈起义”)，约田桐前往相助。田桐、胡汉民等人6月抵达香港时，潮、惠两地起义已经挫败。适孙中山在河内函约各地同志赴安南（今越南）集合，参加“镇南关（今友谊关）起义”（又称“丁未镇南关之役”）。田桐、胡汉民等人便暂留香港待命。

同年9月，田桐偕谭人凤、陈树人等人奉命前往安南，临行，同盟会香港分会会长冯自由托他与谭人凤、何克夫、陈树人等人携带两箱革命军债卷交孙中山起义用。舟至海防时，一行人被法国关吏拘捕。后经党人刘岐等人的奔走营救，且请律师“讼于法庭”①；孙中山先生则“向越南总督交涉释放”；由于多方的共同努力，最终“越督只允将债券给还总理，而携券者则以清吏抗议之故，被判出境”②。此时，“镇南关起义”已经失败，田桐等一行只得返回香港暂居。

其时，南洋群岛保皇派的势力很强，尤其是由保皇派大将徐勤主办的一直攻诋革命、宣传君主立宪的《南洋总汇报》在华侨中的影响很大；革命党急需一位忠心革命，既有笔战经验、又有思想创意和文学功底的干将来主持新加坡的笔政，以尽快扭转局势。

1908年（光绪三十四年戊申）春，田桐与居正奉孙中山之命，赴新加坡主持《中兴日报》，同当地保皇派主办的《南洋总汇报》对垒，就有关种族革命、政治革命、社会革命等焦点问题，展开激烈的论战，成为南洋革命党反对改良派的重要阵地。孙中山曾以“南洋小学生”为笔名，在其上发表《平时开口便错》《论惧革命召瓜分乃不识时务者也》《平实尚不认错》等重要文章，有力地驳斥了保皇派的观点。田桐亦在该报发表《泣告同胞之希望立宪者》《英雄模范》《革命军与响应军》《清首相与立宪》《革命之心理》《与总汇报书》《民族精神与其制度之关系》《吊保皇党》等一系列内容丰富、文词辛辣、脍炙人口的战斗檄文，使越来越多的南洋群岛侨胞逐渐远离《南洋总汇报》，而纷纷争阅《中兴日报》。经过数年笔战，终于取

① 田桓:《先兄梓琴先生行状》,《张难先集》,华中师范大学出版社2011年版,第124页。

② 冯自由:《田桐事略》,《张难先集》,华中师范大学出版社2011年版,第120页。

得论战的最后胜利。

其间，孙中山由河内迁居新加坡。中国同盟会新加坡分会的正、副会长陈楚南、张永福，将孙先生安排居住在乌节路111号寓所。此处正与清朝政府驻新加坡领事馆副领事杨圻的寓所毗邻。杨圻和田桐、陈楚南、张永福等人为邻居，彼此认识。因爱其文章，杨圻还与田桐一见如故。当时，孙中山的行踪已在清廷的严密控制之中。广东巡抚张人骏得知孙中山已到新加坡并住在杨圻寓所隔壁的消息，立即派刺客来到南洋，企图刺杀孙中山。刺客到达新加坡后，为便于行事，新加坡总领事就安排其潜伏至杨圻的寓所。革命党对这些情况则一无所知。由于受田桐思想的影响，经过反复考虑，杨圻最终还是将清吏的阴谋告诉给了田桐。田桐一方面请杨圻向刺客晓陈大义，促其终于放弃原定计划，离开了新加坡；一方面立即通知陈楚南、张永福和孙中山，很快将孙中山转移到安全的地方，躲过了这场劫难。

早在1907年，印度尼西亚也建立了中国同盟会的支部。印尼当时为荷兰的殖民地，称荷属东印度。荷政府不仅残酷压迫印尼人民，而且对中国侨民也极为歧视；更为复杂的是：爪哇原以佛、印两教最为盛行，后来回教侵入，荷政府便时常利用宗教之间的斗争，使岛民自相欺压排挤。为了加强在荷属东印度的革命力量，田桐、张继、陶成章等同盟会员先后来到爪哇的三宝垄、坤甸、泗水等地创办报刊，兴办学校，宣传民主革命。

1909年（宣统元年己酉）秋天，应印尼华商的邀请，田桐来到泗水，创办了荷属东印度最早的华文日报——《泗滨日报》。很快，《泗滨日报》就成为东爪哇华侨的喉舌，是当时荷属东印度言论最大胆的日报，受到南洋民众的普遍欢迎，同时该报也成为中国同盟会的分支机构。田桐一边办报，还一边翻译了日本友人大越英三郎所著的《南国记》。该书详尽地记录了荷兰殖民者欺压、虐待华侨的历史和罪行，揭露和抨击了荷属东印度当局的黑暗统治，以激发广大华侨热爱祖国的情感。因此，田桐被荷属东印度当局强令驱逐出境。而让田桐终身难忘、感动不已的是，当荷兵武装押解他离开泗水去新加坡的那天，喜爱他文章的泗水侨胞，万人空巷，热泪相送，依依难舍。

1910年11月，由好友朱少屏介绍，田桐加入中国近代人数最多、活动时间最长、影响最大的资产阶级革命文学团体——南社，在1100多名社友中，列名第85号。

1911年（宣统三年辛亥）8月，田桐鉴于中国南部反清起义的屡举屡败，反复分析、思考革命进行的策略，决定试行“中央革命”，便改名换姓潜入北京，与景定成、续西峰、井勿幕、熊克武等人创办了《国光新闻》报，以“倡导立宪，排斥官僚政治”宣传革命，并暗中联络北方革命志士，拟伺机起事，袭据京师，很快成为同盟会在北京的活动基地。

不久，得知湖北党人运动新军已经成熟，即将举行起义，田桐便立即赶赴上海，邀请黄兴赴汉主持大计。10月10日，闻武昌起义爆发，乃随黄兴、宋教仁等人从上海直奔武昌。10月28日，田桐陪同黄兴、宋教仁、李书城等人赶到汉口市区的战斗前线视察部队，准备组织反击。11月3日，湖北军政府都督黎元洪任命黄兴为战时总司令，李书城为参谋长，田桐为秘书长参赞军机，至汉阳的琴台设立司令部，全面部署保卫汉阳的“阳夏战役”，顿时军威大振。面对清军清一色的德国新式枪炮，田桐建议黄兴以汉阳兵工厂的钢板来加固工事，抵御炮火，被黄兴采纳，减少了不少人员伤亡。战斗中，田桐不顾个人安危，冒着枪林弹雨，身先士卒，亲临前线，指挥若定。就连黄兴后来也感叹道：“我原以为梓琴不过是个文人而已，没想到竟如此智勇过人。”①

“阳夏战役”是辛亥革命中规模最大、战斗最激烈的一次战役。正是这次战役极大地牵制了清军的精锐军事力量，为全国各省响应起义，宣布独立赢得了宝贵时间，为最终推翻清王朝的封建统治，建立中华民国作出了不可磨灭的贡献。

12月25日，孙中山从欧洲回到上海。黄兴立即派田桐和时功玖代表武汉同盟会员前往上海接待，随即护送孙中山至南京就职。

第二节　田桐的生平与革命活动(二)

1912年(民国元年壬子)1月1日，中华民国南京临时政府成立，田桐被任为临时政府内务部参事、临时参议院参议员。不久，孙中山被迫辞去临时大总统职，让位于窃国大盗袁世凯。田桐当即辞去内务部参事、临时参议院参议员等职务。临时政府北迁后，田桐立即赶赴北京，担任《国光新闻》主笔；同时兼任《国风日报》编辑，彼此呼应，对袁世凯的专制独裁进行猛烈的抨击。一时间，《国光新闻》成为北京城里抨击袁世凯政府最激烈的报纸之一，影响甚大。袁世凯恨惧交加，遂派田桐的旧友、农商部

① 田桓:《先兄梓琴先生行状》,张难先:《湖北革命知之录》,商务印书馆1945年版,第131页。

次长张仲华带着 10 万元银票，前去收买田桐，希望他今后不要再刊发此类文章。田桐是一个敢作敢为的人，当即义正词严地斥责袁世凯的阴谋，予以坚决拒绝，并让报社经理李基鸿拒收银票。袁世凯终于气急败坏，恼羞成怒；此后不久，曾派出杀手于深夜潜至田桐的房间，企图等田桐睡熟后开枪行刺，神不知鬼不觉地除掉这颗眼中钉。幸好田桐当天深夜还在报社工作未回家，才躲过了劫难。朋友们都劝告他要多加防范，田桐却颇不在意地说："生死有命，吾何惧哉！"

这一年的 6 月，共和党机关报《国民公报》发文诬称南京临时政府为"假政府"，田桐与白逾桓、仇亮等同志异常气愤，当即就去将该报馆砸毁，曾为轰动一时的新闻。后《国光新闻》和《国风日报》因报道宋教仁被刺案真相，皆被袁世凯查封。

同年 8 月间，宋教仁等人提议取消同盟会，改建国民党。田桐极力反对，在改组讨论会上，他竟"拍案痛骂"，声言要"以性命维护同盟会三字与国民同休"，致使会议无法继续进行。后见孙中山和黄兴都表示同意，才不再坚持。在国会里，大家都知道，田桐性格颇为倔强，是个急性子，思想也较偏激，往往先入为主；但于国计民生，耿耿于怀，坦然而公，不蓄私念；于个人的衣食住行，亦看得比较淡泊，不置私产，对家人也不以金钱多寡为虑。同时，他又是一位极为活跃的议员，能言善辩，遇事必有个人见解，且持论独异。但每当事情不如他的意时，发言不到三句就要拍桌子，扔墨盒，大叫大嚷，故人称他为"田三句"。这在当时那种"虑国者寡，自虑者多"（田桐《太平杂志・发刊辞》）的纷乱政局里，实在是不可多得的。

1913 年初，正式国会选举，田桐被湖北推举为众议院议员。3 月 20 日，宋教仁被刺杀于上海。宋教仁与田桐既是武昌文普通中学堂感情深厚的同学，又是一起宣传反清革命志同道合的同志，还是阳夏保卫战生死与共的战友。田桐见袁世凯祸心不已，杀害元勋，顿时义愤填膺，一方面在《国光新闻》上发文声讨袁世凯，一方面极力主张武力讨袁，并赶赴上海，拥护孙中山兴师讨袁；随后又持黄兴手书到武汉，促成湖北改进团成立；并奉命赴安徽入淮军张汇滔幕，劝其起兵独立。但很快"二次革命"就失败了，而孙中山、黄兴、田桐等人则遭到袁世凯的通缉，先后逃亡至日本，民主革命跌入低谷。

孙中山鉴于国民党组织涣散无力，如一盘散沙，而党员的革命意志淡漠，决定将国民党改组为中华革命党，以谋"第三次革命"，并亲自拟定了

《中华革命党章程》。孙中山要求每一位加入中华革命党的党员都必须宣誓，表明要绝对“服从孙先生再举革命”；宣誓后还必须在《誓约》上按指印，以表示决心。黄兴明确反对党员向个人宣誓效忠和打手印的做法，而孙中山又坚持不让步，以致两位领导人之间产生了比较深的矛盾，出现了比较大的意见分歧——黄兴决定出走旧金山。田桐曾设法弥合两人之间的分歧与矛盾，但无效果。临行前，黄兴邀请孙中山小酌话别——只叙离别，不谈国事，特地致函请田桐作陪。

黄兴走后，孙中山指示，由田桐、陈其美、居正、胡汉民、杨庶堪、周应时等人成立筹备委员会，讨论组织机构、干部选举以及党员大会等问题，以筹建中华革命党总部。田桐旗帜鲜明，积极参与筹建工作，成为中山先生的得力助手。

为扩大革命宣传，根据孙中山的指示，《民国》杂志于 1914 年 5 月 10 日创刊。胡汉民任杂志总编辑，田桐与朱执信、廖仲恺、汪精卫等人参加编辑工作。为了维护革命的大局，消除部分党员的偏见和动摇，田桐奋笔疾书，在《民国》上著文，论述“名誉”“人格”“权威”的要旨，强调“服从首领”的重要性①；不仅如此，他又四处奔走，呼吁和劝说党人拥戴孙中山，加入中华革命党，同心协力，完成革命大业。《民国》杂志社自成立之日起，不仅是中华革命党人的舆论机关，亦成为中华革命党人的活动中心，孙中山就经常在这里与田桐、居正、胡汉民、陈英士等人共同研讨，制定革命方略。

1914 年 7 月 8 日，中华革命党三百余人在东京筑地精养轩召开成立大会，孙中山就任总理，田桐任党务部副部长，参加党部的领导工作，同时兼任湖北支部长。

1915 年 12 月，袁世凯宣布废除共和，改明年为洪宪元年，恢复帝制。田桐与居正等同志以国会议员的名义发表通电，表示“誓与共和同休戚”。又多次参加留日各界举行的反帝制大会，发表演说，抨击袁世凯称帝复辟的行为。同年底，被任命为中华革命党湖北军总司令，离日回鄂，联合各派力量，武装讨袁。湖北督军王占元见革命军势大，惧不敢出。

1916 年 6 月，袁世凯在亿万人民的唾骂声中忧惧而死，黎元洪继任总统，恢复国会。田桐与马君武等人在北京成立丙辰俱乐部，反对段祺瑞的

① 田桐:《名誉论》,《民国》第 1 期,1914 年 5 月;《品性论》,《民国》第 3 期,1914 年 7 月;《革命之首领》,民国杂志社 1914 年版。

独裁专制政治。

1917年5月，段祺瑞因组织督军团，威胁国会，被黎元洪免职，便暗中怂恿张勋进京“调解”。7月，张勋趁机以“调解”冲突为名，带兵入京拥宣统复辟。段祺瑞则在马厂誓师，将张勋驱逐出京，并以“再造共和”自居，复称总理。田桐与孙洪伊等致电西南各省，斥责段祺瑞为“非法伪造之总理”，号召大家联合起来，出师讨伐。当时，孙中山正在广州进行“护法运动”（1917年7月—1918年5月）。田桐与章太炎等议员毅然南下，参加国会非常会议，成立反对北方军阀的中华民国军政府，推举孙中山为陆海军大元帅，正式揭起了护法的旗帜。田桐则出任广州大元帅府宣传处长，力主北伐。

1919年五四运动爆发，田桐发表《告罢课学生》一文，对爱国青年学生的罢课斗争持反对态度。同年10月，孙中山将中华革命党改组为中国国民党。

1920年11月，孙中山自上海返回广州重组护法军政府，重开国会；非常国会再选孙中山为大总统。田桐先后出任中国国民党广州特设办事处党务科主任、韶关大本营宣传处长，为支持孙中山北伐大业积极开展党务和宣传活动。

1922年6月，时为广东省省长、中华民国军政府陆军部长兼内务部长的陈炯明，乘孙中山在广西督师北伐之际，暗中勾结北洋军阀，发动叛乱，企图霸占广东，阻止北伐。田桐在韶关大本营被叛军抓获，一路痛骂叛军不止。被带到广州后，见到陈炯明，他又以大义相责；陈炯明素来畏服田桐，不敢加害，遂下令将其释放。不久，陈炯明的叛军就被孙中山领导的讨逆军驱逐出广州。

脱难后，田桐来到上海。1923年夏，曹锟唆使军警逼走总统黎元洪，旋以五千块大洋一张选票贿赂部分国会议员，当选总统。田桐四处游说，鼓动国会议员南下，被任为广州大本营参议。适逢孙中山准备改组国民党，指定他为修改党章起草委员。

1924年1月，孙中山在中国共产党的帮助下，在广州发表《中国国民党改组宣言》，确定了联俄、联共和扶助农工的三大政策，形成了第一次国共合作的新局面。面对国民党的这一重大转变，一直追随孙中山的田桐却认为“此事不可行”，起而反对，又面见中山先生“抗争三次”（田桐《革命闲话·改组春联》）。后见中山先生“改组之意，终不可回”（同前），便辞去各种职务，回到上海，与章太炎、居正、冯自由、马君武、刘成禺等12

人联名发表所谓的《护党救国公函》，以示反抗。与此同时，他还发表了《社会主义华化论》一文①，对社会主义进行攻击。

1925 年 3 月，田桐应邀去张家口给冯玉祥讲学，随后应邀入国民军第二军军长兼河南督办岳维峻幕府。不久，吴佩孚纠合旧部由湖北向河南进攻，田桐随岳维峻部北退，为晋军所俘，押解至太原。吴佩孚听说田桐被晋军所俘，遂向阎锡山索要；晋督阎锡山早年即与田桐相识，“素服其为人”，不忍将其交给吴佩孚，遂下令将其释放②。于是，田桐立即离晋，复潜至天津暂居。

1926 年 5 月，国民革命军北伐开始。国民党中央主席、北伐军总司令蒋介石联名代理广州国民政府主席、国民党中央政治委员会主席谭延闿和国民政府常务委员、国民党中执委常委会主席张静江函召田桐南下广州，加意笼络，共谋北伐大业。不久委任其为江汉宣抚使兼湖北省政府委员。田桐见形势的发展颇有利于广东政府，自己亦思有所作为，遂接受任命，立即潜回武汉积极开展工作。

同年 9 月初，“国民革命军北伐军”攻占武昌，取得两湖地区决定性胜利；吴佩孚兵败，二万余人被歼灭，只得率残部逃往河南信阳。

9 月上旬，经过周密的计划和细致的勘察，在田桐的直接指挥下，武汉党人在九江党人和中共党员的协助下，一举将停泊在九江港口、满载北洋军阀孙传芳军火的“江永”号轮船炸毁，使北伐军得以顺利攻下九江、安庆，进军江浙，并很快打败反动军阀吴佩孚、孙传芳的几十万军队，占领大半个中国③。

1927 年 4 月，蒋介石发动“四一二”反革命政变，肆意排斥异己，加紧军事独裁，使北伐大业毁于一旦。田桐大失所望，遂于是年夏天，以说服阎锡山来归为名，辞职走避山西五台山。其间，国民政府改组，他先后被任命为南京国民政府委员、山西政治分会委员、立法院立法委员和国民党中央党史史料编纂等，因对蒋介石不满而均未赴任。

1929 年春，因不满蒋介石的独裁统治，田桐曾与居正、许崇智等人组织反蒋同盟。但同时又拥护蒋介石反共“清党”，反对中国共产党的土地政策。9 月，田桐回到上海，与张继等人以“发挥三民主义，敷布五权宪法，

① 《民国日报》1923 年 9 月 17、18 日，原名《田桐之社会主义华化论》。

② 冯自由：《田桐事略》，《张难先集》，华中师范大学出版社 2011 年版，第 123 页。

③ 事见冯自由：《田桐事略》，《张难先集》，华中师范大学出版社 2011 年版，第 123 页。

收拾时局，永致太平”为宗旨，创办《太平杂志》（张继任社长，田桐任主笔）；并将自己的生平经历与研究所得，综合中外古今、盛衰兴亡、成败得失之道，撰成一部政论性著作，名《太平策》（共17篇），另撰有史料性笔记《革命闲话》，分别在《太平杂志》上连载。

1930年7月2日，田桐在上海寓所病逝。南京国民政府对田桐的去世非常重视，立即组织专门班子分别在上海和南京举行了盛大的公祭仪式与追悼大会。国民党的许多元老和国民政府的许多要员都到场参加了活动。国民党中常委还召开会议，“通过田梓琴公葬案”①。

1931年1月，湖北省政府奉南京政府行政院之令，兴建田桐墓。1932年9月16日，田桐的灵柩经江华轮运抵汉口。9月17日至19日，湖北省政府在阅马场举行公祭，全省下半旗致哀，一时间，白马素车，填街盈巷。9月20日，田桐的灵柩移到武昌洪山墓地，举行了民国以来鄂省第一次礼节极为隆重的公葬典礼。

田桐去世后，南社诗人冯平（心侠）和冯许竞存（苏萍）合撰了一幅挽联：

> 宏博是巨儒，雄烈是大侠，努力革命是元勋，良策著太平，自应范金铸范蠡
>
> 智计在汉阳，义勇在淮上，出奇制胜在长江，令名垂宇宙，愧无椽笔纪田横

在这幅挽联中，诗人对田桐在革命事业中的功绩、在政治上的地位和在文学创作上的成就与贡献给予了高度的评价，可谓是盖棺定论。

从前面所述可知，田桐不仅是中国国民党（含前期的同盟会、国民党、中华革命党）党史上的一个重量级人物，还是清末民初文学史上的一个重要人物，也应是清末民初中国新闻史上的一个重要人物。只是由于种种原因，长期以来，对他的介绍、研究却极少，这是一种不太公正、也是不太正常的现象！

田桐是一位职业革命家、政治活动家，为推翻清王朝的封建专制统治，建立民主共和政权，四处奔走呼号，足迹遍布海内外，作出过重要贡献。他又是一位新闻工作者、革命的宣传家，不仅为宣传反清民主革命思想立下了汗马功劳，也在清末民初的中国新闻史上留下了浓墨重彩的一笔。而他在从事民主革命活动之余，勤于思考，乐于笔耕，加之多才多艺，因此，他

---

① 《邵元冲日记(1930年12月11日)》。

那本是“副业”的文艺创作也收获甚丰，使他成为清末民初一位颇有影响的政论家、诗人、诗评家和书法家。其政论散文，不仅选题独到，内容丰富，感情充沛，涉及面广；而且逻辑严密，论理透辟，文笔流畅，笔锋犀利，形成了自己的独特风格。他精通诗律，擅长创作五、七言近体诗，具有朴茂俊逸的特点。值得一提的是，他的《扶桑诗话》，不仅收录了不少日本近世学人创作的汉文诗歌作品，而且还记载了不少中国诗人与日本诗人交往、唱和的活动，这就为中国学人研究日本学人创作的汉文诗词提供了重要的原始史料，对中日文化交流作出了积极的贡献。他又工书法，篆书、行草、章草、行楷兼工，尤以章草见长，是国民党高官中少有的几个书法家之一。

尽管田桐平生勤奋好学，博古通今，才华出众，而个人经历又异常丰富，时常将自己对历史与现实社会的种种思考记录于文字之中，加以阐述与分析，给读者颇多启迪。但非常可惜的是，他的不少著作尚未来得及完稿，或进行分类，整理出版，就匆匆地离开了人世。而且，不少作品乃随兴之作，未留底稿。正如其长子田侨所说：“生平为文甚少留稿，偶有录存，亦以频经事变，散佚至多。”①长期以来，其“著述零星地被收录于各类史料集和文史资料中”②，没有学人对其进行搜集、整理出版，更谈不上研究了。

我们今天所能见到的田桐的著述，除了发表在各种报刊杂志上的大量的单篇文章之外，还有著译的《亡国惨记》、《革命之首领》、《人生问题》、《英雄模范》、《亡国泪》（原名《虚无党奇谈》），以及《曙沧诗话》《伦理通论》《扶桑诗话》《心语》等单行本著作③。

1937年，田桐的长子田侨，“仰承中央议决”④，曾收集、整理并刊行了《玄玄遗著》（线装本，上、下册）。只是受到条件的限制，遗漏很多。

直到纪念辛亥革命100周年期间，才有王杰和张金超两位学人来完成了这件有意义的工作。他们广泛搜集，整理出版了近60万字的《田桐集》（华中师范大学出版社2011年版）。这可说是目前海内外收集田桐作品最多、最全的一个集子。即使如此，仍然“有大量的关于田氏的著述散见于报刊、档案馆及坊间”；如已经知道，此次尚未搜集到而未能收入本集的就

① 田侨编辑：《玄玄遗著》封二，1937年刻本（线装，上、下册）。

② 王杰、张金超：《田桐集·前言》，《田桐集》，华中师范大学出版社2011年版。

③ 田桐：《田桐译著书目表》，《人生问题》，上海中华书局1921年版。

④ 田侨编辑：《玄玄遗著》封二，1937年刻本（线装，上、下册）。

有“中国国家图书馆藏田桐译《伦理通论》、四川灌县文物研究所藏田氏辑《医学讲演集》、田桐撰《汉方易学浅说·序》”[①]，以及在创办、发行《二十世纪之支那》《泗滨日报》《国光新闻》等报刊期间发表的文章，等等。但我们有理由相信，随着田桐的日益受到重视和对田桐研究的进一步深入，一个田桐著译的全本的出现，一个田桐研究新局面的出现，已为时不远了！

第三节　田桐的散文创作

田桐既是清末民初著名的民主革命家、政治活动家，也是南社社员、这一时期重要的文学家。作为一名民主革命家和政治活动家，他从青年时代开始，就追求进步，追求光明，追随孙中山先生，不管遇到什么困难，百折不饶，努力探索救国兴邦的道路，为实现孙中山先生所提出的“三民主义”，奋斗了一生，受到人们的推崇和敬仰，笔者曾有专文介绍[②]。作为一位南社社员、文学家，他所创作的大量的政论散文和诗歌，同他的“社会实践一样，都充满着时代的激情，焕发出灿烂的光华”[③]，无疑为清末民初的文学史增添了光彩。只是他去世 80 多年来，还很少有学人对他的文学创作做过系统的研究。

作为一名职业的民主革命家、政治活动家和宣传家，田桐一生奔走呼号，致力于民主革命，足迹遍于大江南北以及东南亚。文学创作仅仅只是他革命活动之余的业余爱好，或者说只是为他的革命活动服务的一种工具和手段。生前除了出版、发行过一些单行本著作之外，田桐大量的言论文字都散见于《民报》《复报》《中兴日报》《泗滨日报》《国光新闻》《民国》《太平杂志》等报刊上。今人辑有《田桐集》（华中师范大学出版社 2011 年版）。

如果细心的读者，在阅读《田桐集》的过程中，你会发现一个突出的、值得探究的问题——田桐不像同时代其他作家那样文集中存有很多行状、墓表、墓志铭、赠序、寿序、序跋与传记之类的应酬文字，田集中很少见到这类文字。

---

① 王杰、张金超：《田桐集·前言》，《田桐集》，华中师范大学出版社 2011 年版。

② 见拙文《著名的民主革命活动家——田桐》，《炎黄文化》2014 年第 1 辑，武汉出版社 2014 年版。

③ 章开沅：《辛亥人物文集丛书·出版说明》，《马君武集》，华中师范大学出版社 1991 年版。

作为一位南社社员、文学家，田桐的文学创作以散文为主体，而在散文创作中又以政论散文为主体，这些政论散文又都是围绕田桐不同历史阶段从事民主革命活动而产生的。

中华民国建立前，除参与过几次武装起义之外，田桐主要精力在组建革命团体、创办革命报刊，与保皇派（或称“立宪派”）展开论战，积极宣传推翻晚清封建专制统治、建立中华民国的民族民主革命思想。这期间撰写了大量的政论文章。如其《亡国惨记·叙》：田桐见“我同胞中人，竟有唱勤王者、唱保皇者、唱要求政府以立宪者”，为了鼓励和激发民众的“覆清之心”，田桐着意搜集明末遗老有关抗清复明的相关记述，编辑出版《亡国惨记》一书，并为该书写了这篇序言。作者在序言中历述“亡国之惨”、“变种”之痛；并认为中国的“亡国之惨”，盛于罗马、印度、波兰和犹太；最后号召“我子孙复仇雪耻”。

其《满政府之立宪问题》一文，通过对“立宪”含义和西方一些国家实行“君主立宪”结果的分析，指出在中国目前的状况下不可能实行“君主立宪”；随后仔细剖析了清政府之所以抛出“立宪”的真正目的——“益使满人得有生活，而汉人终无生活，满人享有幸福，而汉人终无幸福，满人专有自由，而汉人终无自由，满人独占权利，而汉人终无权利”；接着强调指出：“立宪国者何？法治国也。法治国者何？以所立之法，为一国最高之主权之机关。一国之事皆归法以范围之，一国之人皆归法以统治之”；最后大声疾呼：中国“万不可以戴满州政府而为不平等君主政体之立宪”，只能实行全国各族人民的“民主之立宪”和“平等之立宪”，依法治国，给予清朝“立宪”鼓吹者以迎头痛击。

其《致民报函》，首先肯定了《民报》取得的成绩，赞扬了《民报》在宣传民主革命思想方面所发挥的作用；接着很善意地批评《民报》社同仁不应该发表驳斥《新民丛报》上发表的非革命论的文章；随后为同仁们仔细分析了梁启超之所以坚持保皇思想、竭力与革命派展开大辩论，就是为了博得清朝统治者的青睐，重新得到重用的真正目的；最后友好地告诫同仁：《新民丛报》就是“清政府之机关杂志”，梁启超就是“清政府之弄臣”，千万不要上当。

其《在民报纪元节庆祝大会上的演说》中，痛心地指出：中国已处于“亡国的时代”，“亡国之惨，惨到了极处”；要挽救危亡，就要做“革命的事业”。随即对目前社会上存在的几种关于“革命”的认识逐一进行了剖析、批判。最后，作者大声疾呼：我们一定要“良心不死，廉耻不丧”，团结一心，“不灭清胡死不休”！

其《泣告同胞之希望立宪者》一文，洋洋五千余言，纵论“满人立宪，于汉人必无利益，而且有大损害”，“满人立宪成功，希望立宪者必无好位置”，“立宪必无成功之日”，“满人心中并无立宪二字，且立宪并无定期”，“希望满人立宪，与希望汉人革命者不两立”等时人十分关心的问题，最后指出：“希望立宪者，决无好结果”，并忠告人们“清夜平旦时，细思希望立宪之结果”，不要上“立宪”鼓吹者的当。

其《英雄模范》是一篇长篇政论，洋洋数万言，据说曾发行过单行本，但今天已无法见到；今天所见到的只是发表在《中兴日报》上的部分章节。该文列举中外古今的大量例证，全面阐述了“青年之价值”“青年之本领”“青年与伟人”“伟人与国家”“伟人与道德”等重大革命理论问题，号召千百万青年，人人怀有“英雄之志气”，“人人具有英雄资格”，“欣慕伟人、尊敬伟人、效法伟人”，并逐渐成长为伟人，成为全国人民从事民族民主革命、推翻清朝封建专制统治、建立中华民国的“英雄模范”。

至于《云南革命军之战捷》《革命军与响应军》《革命军神速之原因》《清领事承认河口之败》《清官之欺人与总汇报之卑劣》《清国革命军》《云南革命之骚动》《革命之心理》等，则对革命党人领导的推翻清朝政府的武装起义所取得的胜利和革命党人行动神速、一方起事、八方支援的精神给予充分肯定和高度赞扬，对清朝政府（包括清驻外领事）及其保皇报纸害怕革命起义、故意封锁起义消息的卑劣行为给予无情揭露和猛烈抨击，并鼓励革命党人，只要具有“革命心理”，就能产生“愤勇心”和“不怕死心”，只要具有“愤勇心”和“不怕死心”，就能“无事不成”。

此外，《希望本坡同胞之自治与华民政务司之行政——保良局在华民政务司议及歌妓事》就保良局“年未及十六之幼女，不得为歌妓以侑酒”与注意经常检查公共场所、居民住宅和居民个人（包括妓女）卫生的规定表示赞赏，主张“改良风俗”。《振兴商业之办法》从“宜力图信用”、“宜团体竞争”和“宜广刊告白”三个方面论述了商业的“振兴之策”。《上农工商禀》洋洋五千余言，从南洋群岛“华侨被虐之一般”“荷人统治华人之政策”“华侨与祖国隔阂之原因”“华侨之向背”“各国侨民之地位”“荷兰政界之恐慌及我国外交之好机会”“荷人今后对待华侨之方针”“谨将管见所及条例于后”等八个方面，详细地向清朝当政者建言：华侨在国外生存艰难，备受各国统治者的虐待、欺凌；华侨对“祖国之观念，既深且挚”；华侨是祖国的宝贵财富，希望清政府在南洋群岛各国“急设领事”，很好地爱护华侨，保护华侨，表现出强烈的爱国主义情感。

“二次革命”（又称“讨袁之役”“癸丑之役”“赣宁之役”）失败后，孙中山、黄兴、田桐等人遭到袁世凯的通缉，先后逃亡至日本，民主革命跌入低谷。孙中山鉴于国民党组织涣散无力，如一盘散沙，而党员的革命意志淡漠，决定将国民党改组为中华革命党，以谋“第三次革命”，并亲自拟定了《中华革命党章程》。田桐旗帜鲜明，积极参与筹建工作，成为中山先生的得力助手。为了维护革命的大局，消除部分党员的偏见和动摇，田桐不仅四处奔走，呼吁和劝说党人拥戴孙中山，加入中华革命党，同心协力，完成革命大业，又挥笔著文，写下了《名誉论》《品性论》《革命之首领》等著名文章。

其《名誉论》是一篇重要的理论文章，洋洋七千余言，它从“名誉”的内涵和外延，详细论述了什么是名誉，名誉心与虚荣心、尊大心的关系，名誉的种类，名誉与名声的关系以及名誉与人格、道德的关系等问题，强调“名誉”“人格”对于革命党人的重要性；作者又对革命党内某些“知有名誉，不知有人格”的变节、动摇分子进行了强烈谴责，并告诫党人：“人间所最重者节操，才能次之。有经久不变节操之人，即为国家社会所托命之人”；最后强调指出，只有让这些不仅具有“慧敏之观察”能力，而且具有“宏富之思想”的“睿知之天才”出来领导，才有大“贡献于社会”，革命才会取得成功。

“品性”就是品质性格。其《品性论》认为：从其外部看，“品性”乃“道德之特征”；从其内部看，“品性”乃“道德之修养”；从其特性之价值看，“品性”乃“道德之精力”。随后就“道德之特征”“道德之修养”“道德之精力”等问题进行了详细论述，并提出了“其志望高尚，其本能崇贵，廉洁以居心，诚信以接物，忠实以任事”的品行标准和“性尚侠义，立志坚忍，临事果敢，遇艰难而不惧，经苦痛而不挠”的品性内涵；最后作出结论，“品性之影响，及于终身”，强调革命志士历练“品性”的必要。

其《革命之首领》是一篇长文，共十节，约一万二千言。作者运用中外古今大量例证，从“首领之发生”“首领之假借”“首领之种类”“首领之资格”“首领与党员之信仰心”“首领之威严”“首领之宰制力”“传布主义之方法”“运用党徒之方法及特征”等方面论述了首领的“人格”魅力和“权威”，并强调了“服从首领”的重要性。

1918 年 5 月，西南军阀排挤孙中山的领导，孙中山离粤赴沪，“护法运动”失败。这之后，受全国反帝爱国运动和苏俄以及中国共产党的影响，孙中山的思想发生很大变化：将中华革命党改组为中国国民党，发表《中国国民党宣言》和《孙文越飞宣言》，并在广州召开中国国民党第一次全国代表大会，确定了联俄、联共和扶助农工的三大政策，形成了第一次国共合作的新局面。面对国民党的这一重大转变，一直追随孙中山的田桐，思想处于一种十分矛盾的状态。一方面，对学生的反帝爱国运动持反对态度，如其《告罢课学生》就认为学生的“罢课”是“以可宝可贵之光阴，拼之于无足轻重之事”，“不亦可哀也”；他明确主张学生应该“惜寸惜分”，闭户读书。另一方面又同情进步的知识分子，如在《致徐世昌函》中，就对北洋军阀政府逮捕北京大学文科学长陈独秀“而加以桎梏毒拷之举”表示谴责，认为陈独秀只是一个大学教授，在“外交风潮播荡之后，既不为曹宅事件之指挥，又不为罢市事件之奔走，所获何罪？”更何况“言论自由，著述自由，载之约法”，并诚恳劝告徐世昌不要有“媚外之心”，甘为“儿总统”，那可是“羞耻之事”。

一方面，对某些重大问题，田桐虽然旗帜鲜明，如其《为外交问题告国人电》一文，对西方列强针对中国所提出的“共管干涉之说”，明确指出是“诡谋”，是“有图于我”，呼吁国人不要做“洋奴”；并坚信只要国人“自尊自立，不惧不惊，听而不闻”，“诡谋”就会不攻“自破”。1923年8月，章太炎致书湖南省长、军阀赵恒惕，请他与广东军阀陈炯明联合，共同攻打孙中山领导的国民革命军，实行“西南自治”。田桐得知此消息后，立即写了《致章太炎书》一文，去质询、批评章太炎。信中回顾了他们二十多年的友谊，分析了他与孙中山各自的长处和不足，可谓“各有千秋”，指出章太炎这样做对自己的不良影响，规劝太炎先生不要再“破坏孙公”的事业，做使亲者痛、仇者快的事情，态度非常坚决。另一方面，对蓬勃兴起的“社会主义思潮”和“共产主义思潮”，他又害怕、抵触，甚至反对。在《社会主义篇》（原名“社会主义华化论”）一文中，作者虽然对“什么是社会主义”进行了定义，并对中国与东、西方其他国家实行的社会主义进行了比较，认为中国人的“天性”就具有“社会主义直觉观念”，而这种“社会主义直觉观念”比世界其他各国人都要早；尽管以前“不言社会主义”，实际上“日日实行社会主义”；尽管以前“无此名词”，那是因为“中国不受非社会主义之毒害”。很显然，作者对“社会主义”的定义是不正确的，或者说是错误的，他把中国古代人的那种“大同理想”和中国人身上所具有的一些美德等同于真正的“社会主义”，这就必然导致其结论的错误。也正因如此，当孙中山先生确定了联俄、联共和扶助农工的三大政策，形成了第一次国共合作的新局面的时候，田桐与章太炎、居正、冯自由、马君武、刘成禺等12人联名发表所谓的《护党救国公函》，公开表示反对。

晚年的田桐，其思想也是很矛盾的。一方面，他对蒋介石的独裁统治和排斥异己的做法甚是不满，与居正、许崇智等人组织反蒋同盟；另一方面，他又拥护蒋介石反共“清党”，反对中国共产党的土地政策。于是，他辞去国民政府任命的各种职务，回到上海，继续他熟悉的工作，主办《太平杂志》。这期间，他将生平研究所得，综合中外古今、盛衰兴亡、成败得失之道，撰成一部政论性著作，名《太平策》（共17篇），另撰有史料性笔记《革命闲话》，分别在《太平杂志》上连载。

其《太平策》，主要有《盐政篇》《导河根本计划书》《导淮根本计划书》《新旧善恶论》《地方篇》《考试篇》《建都篇》《均用篇》《中华民族医药废兴论》《中央篇》《兵制篇》《废娼案》《改良盐政废引设场案》《经验篇》等17篇。这些文章，从中央到地方，从建都到选举，从学制到考试，从治兵到治水……大多在广泛求证“古今典章制度”①的基础上，再经过作者的认真考察、分析、推敲而写成，表现了作者以国计民生为重的爱国情怀和深刻的辩证思维。尤其是作者那种大胆揭露、抨击时弊的精神，感人至深。尽管他提出的不少建议和意见在当时的历史条件下无法实施，但对后人解决这些问题无疑具有重要的启发和参考意义。如其《盐政篇》：作者在概述中国盐政沿革之后，接着就指出了盐政的实际状况——“既有盐官，又有盐兵，又有盐商，斯有盐枭”；食盐户所出之费，比出盐地加至五十倍以上；各地军人巧立名目，盐斤加价，盐包加价；“盐枭千百成群”，淡食之民日广；南阳、襄阳等地“往往三四缗不等”，“云南每斤有多至四元者”；“以今日之状况言之，恐较五代时周世宗北行，人民遮道，痛哭盐荒者为尤苦”。随后力陈“改革之必要”，并借鉴中国古代管子、桑弘羊、刘晏等名臣改革的遗法和日本明治维新后的盐政措施，提出了自己废除盐官、盐兵，随国赋征收盐税，贫而无赋者不问，产地及经过之地不得借口有所附加的改革方案。它确实反映了当时广大民众的呼声。难怪田桐在民国初年国会上所提交的“废除引岸，就场征税，不问所之”提案，“四方之民，有函电称赞，不下二千通”②。

① 田桐:《太平杂志·发刊辞》,《田桐集》,华中师范大学出版社2011年版,第342页。

② 田桐:《太平杂志·盐政篇》,《田桐集》,华中师范大学出版社2011年版,第345页。

再如其《导河根本计划书》，先从黄河流域昔日的“水量富”、“土地肥、农产裕、交通便、人文盛”，说到今日黄河的如何由利变害；再由“黄河之形势”说到“古今河道之变迁”；接着从“春秋时，齐人贪九河之地，因塞其八”，“战国齐赵魏，以河身太宽，筑堤御水，以增田亩，开堤防之祖”，“汉武帝改大伾之道，不令北行，且袭战国堤防之习”，“延年主张由阴山尾放河入湖，既免胡祸，复安中原，武帝壮其言而不用……年之见，见害而不见利”，“北宋河为大患，群臣不主北行，以河东行所以御契丹”，“明潘季驯借河济运，不使北行，直至于清而不改”，“比利时技师导河之见，由大青山尾绕出山阴，至察哈尔，出山海关入海，与延年之见同”等七个方面，批判了“古今治河之谬见”；继而梳理了八种“古今治河之良策（法）”；最后，在充分分析治河“古今之疑案”的基础上，提出了在疏不在防以及“上游宜避开沙漠”“下游延长河道”“定入海之径路”“经纬（‘黄河为经，群水为纬’）之布置”“不可再置堤防”“令济水自为一渎”“开渠人才之教养”“管理须统一”等治理、管理办法，颇多真知卓见，受到当时许多社会名流的称赞。

总之，田桐的这些政论散文，不仅选题独到，内容丰富，感情充沛，涉及面广；而且逻辑严密，论理透辟，文笔流畅，笔锋犀利。它们在不同时期都发挥了重要的作用，是留给后世的一笔宝贵的历史文化遗产，我们应该予以重视并很好地继承。

第四节　田桐的诗歌创作

与其散文比较起来，田桐的诗歌创作要逊色得多。我们今天所能见到的田桐的诗歌，主要保存在其《诗存》和散见于各种报刊和论著之中。总数大约为 70 余题，110 多首，其中含两首词。由于田桐“生平为文甚少留稿，偶有录存，亦以频经事变，散佚至多”①，由此看来，我们今天所见到的田桐的诗歌只是他诗歌创作的一部分。

由于总体数量不多，它又只是诗人从事民主革命活动之余的一种兴趣、一种消遣，因此，田桐诗歌作品的内容比较单薄，所反映的生活面比较狭窄。就现存诗歌作品来看，主要表现了以下一些生活内容。

首先是宣传推翻晚清的封建专制统治，建立中华民国的民主革命思想。其《读革命评论有感拜赠评论社诸君》写道：

---

① 田侨编辑:《玄玄遗著》封二，1937 年刻本(线装，上、下册)。

瞥眼全球革命场，西欧战捷又东洋。直教腕力降魔鬼，那把人权牧虎狼。弹药裂开声霹雳，旌旗摇曳血玄黄。人间从是应平等，谁改低头颂帝王？

此诗写于1906年（清光绪三十二年丙午）11月25日。也就是在诗人写此诗之时，我国的民主革命运动（1905—1907）已经达到高潮；而由同盟会领导发动、诗人曾亲身参加的萍（乡）、浏（阳）、醴（陵）武装起义（10月19日）虽然失败，但反清革命的组织却如雨后春笋般在全国各地出现。因此，诗人大声呼吁“人间从是应平等，谁改低头颂帝王”，希望革命志士们坚持不懈，争取革命早日成功。其《寄弟书》云：

飘零湖海久无家，东望中原落日斜。回忆昨宵春梦里，一声阿弟泪如麻。沾沾科学总庸才，世界原来我舞台。莫谓神州满荆棘，巨灵手拨万山开。

此诗写于1908年（清光绪三十四年戊申）5月8日。其时，田桐与居正奉孙中山之命，正在新加坡主持《中兴日报》，同当地保皇派主办的《南洋总汇报》对垒，展开激烈的论战。每当夜深人静，“东望中原”，特别思念家乡和亲人，以致常常“一声阿弟泪如麻”。虽然，为了革命事业，自己的“舞台”在天南海北、“世界”各地，而且“神州满荆棘”；但是，诗人对革命的前途却充满了信心——“巨灵手拨万山开”！其《浪淘沙·中秋》曰：

明月为谁圆？秋色婵娟。良辰美景奈何天！若要胡天开禁回，待到何年？　怅怅不成眠，风吼龙泉。汉家霸业杳云烟，从此文人舒意气，群岛骚然。

这首词作于1908年（清光绪三十四年戊申）9月10日，就刊登在当天的《中兴日报》上，这天正好是中秋节。全词洋溢着田桐那种时不我待、只争朝夕的高昂革命斗志和憧憬“文人舒意气，群岛骚然”的革命成功时的喜悦情景，给革命党人以莫大的鼓舞。

再看其《登黄鹤楼》：

十载未登黄鹤楼，而今俯瞰快又眸。亡秦终是楚三户，阵阵铙吹动上游。

此诗写于1911年10月。这一年的8月，田桐鉴于中国南部反清起义的屡举屡败，反复思考革命进行的策略，决定试行“中央革命”，便改名换姓潜入北京，与景定成、井勿幕、熊克武等人创办了《国光新闻》报，倡导“民权立宪”，并暗中联络北方革命志士，拟伺机起事，袭据京师。不久，得知湖北党人运动新军已经成熟，即将举行起义；便立即赶赴上海，邀请黄兴赴汉主持大计。10 月 10 日，闻武昌起义爆发，便立即随黄兴从上海直奔武昌，来到战斗的最前线。诗人置身于高耸的黄鹤楼上，凝眸远望，不禁思潮起伏，回忆起自己这十年来离开家乡、追随孙中山先生奔走海内外、从事民族民主革命的艰难历程。最后，诗人借用古时“楚虽三户，亡秦必楚”的名言，不仅抒发了自己不灭清朝誓不罢休的坚强决心，而且对反清革命即将取得胜利充满了信心。

其次是讥讽、抨击保皇派。请看他的《绝句二首》：

海外羁栖已六年，君王不谅妾心丹。只余一掬孤臣泪，洒向横滨日暮天。

一片归心未有期，梦魂夜夜拜丹墀。君王若问妾颜色，大不如前宫里时。

这两首绝句写于 1903 年（清光绪二十九年癸卯）6 月 29 日。第一首谓梁启超等改良派自“维新变法”失败逃亡海外至今已有六个年头了，而“君王”（此处实际指“慈禧太后”）仍然没有原谅他们。虽然梁启超等改良派也感到委屈、伤心，常常暗暗流泪；但他们仍然对“君王”忠心耿耿，坚持在那里叫嚣“君主立宪”。第二首谓梁启超等保皇派一心希望能早日回到朝中，天天向“君王”行叩拜之礼，可归期仍然是遥遥无期。“君王”哪里知道他们目前的境况，已是今非昔比、“大不如前”了：他们走到哪里都有人指责他们的言行，在报上发表声明退出保皇党而加入革命党的人越来越多，《新民丛报》的读者却越来越少。这两首绝句揭露保皇派的不得人心、没有好下场，十分尖锐、深刻。再看他的《吊保皇党》：

天涯流落客衣单，回首燕京泪不干。人世总遭人白眼，内廷那识我心丹。几曾游埠嗟囊尽，更向谁家抱铁弹。素志未酬徒自苦，徘徊歧路夕阳残。

保皇政策已成空，立宪还教末路穷。愧我忠臣偏堕落，任他革党骋豪雄。江山含恨支残局，君后无心唱大风。数日电传重问讯，至尊犹病在行宫。

此诗写于 1908 年（清光绪三十四年戊申）6 月 20 日。熟知近代史的学人都知道，自同盟会成立（1905 年 8 月 20 日）、《民报》问世后，资产阶级民主革命已进入了一个新阶段，出现了一个新的高潮。为了“宣传同盟会制定的纲领、制度、政策，宣传以资产阶级共和国方案为主要内容的革命路线，为武装夺取政权在思想战线上扫清障碍”①，革命党人聚集在同盟会的大旗下，以《民报》为阵地，同以《新民丛报》为阵地的保皇派就是在中国实行君主立宪，还是用武力推翻清王朝的封建统治、建立一个资产阶级共和国等重大问题展开激烈论战。经过几年的激烈论战，这场大辩论终于在1907年冬天，以民主革命派的胜利和保皇派的失败而告终。此时的保皇派队伍已经土崩瓦解，只剩下梁启超等少数顽固派，虽然“素志”不改，在那里“含恨支残局”；但是，“保皇政策已成空，立宪还教末路穷”，他们处处“遭人白眼”，只好“徘徊歧路”“徒自苦”。此诗讥讽、抨击保皇派的冥顽不化，可谓入木三分。

再次是题赠或送别友朋、表达其深情厚谊。例如：

回首神州泪暗潸，暮云低处夕阳殷。卅年侠剑横秋水，万里归途入汉关。自昔看人惟白眼，只今忧国老红颜。天涯分手情尤苦，何日申江赋好还。

——《赠汉雄兄返沪并题其小照》

脉脉中情诉与谁，贾生悲愤予深知。人间何处堪容我，爱国男儿总泪垂。

——《题冯亚辅王致同相片》

（一）

一堂话别总凄凉，况复离情诉异乡。君返中原我何适，离亭分手泪沾裳。

（二）

惨澹风光接海云，晨鸡唱罢雨纷纷。一声汽笛人千里，吩咐长林好送君。

——《爪哇送别王致同》

这几首诗分别写于1908年10月和1909年1月。田桐早年致力于民族民主革命，奔走于大江南北，足迹遍于海内外。此时田桐正在新加坡主持《中兴日报》。虽然这时与保皇派的大论战已经取得了阶段性的胜利，《中兴日报》也受到新加坡和南洋华侨的支持和喜爱。但是，奋战在异国他乡，每当夜深人静之时，不免会思念远方的故乡和亲人。正因为如此，每当有同志、朋友离开新加坡或有同志、朋友离开南洋其他国家经过新加坡返回祖

① 章开沅、林增平主编：《辛亥革命史》（中册），人民出版社1980年版，第92页。

国时，他就会感到非常高兴，热情接待，美酒佳肴，吟诗题赠，为他们送行。从以上几首诗的字里行间，我们强烈地感受到了诗人那种对祖国、对故乡、对亲人、对战友的深厚情谊。此类的作品尚有《次韵示佩忍》《怀钮惕生将军却寄》《哭张衡玉》《题华山文集》《赠水户同人》《张子阳先生重宴鹿鸣》等。

此外是描绘祖国名山大川的作品。如其《游五台山》云：

花开六月满山香，采药人来自莽苍。鹏隼盘空横断涧，牛羊遍地步斜阳。四方青障倾云表，万里黄河下朔方。野老祈年话莜麦，游人闲暇马蹄忙。

声动西台钟磬清，解鞍池畔午风轻。将军北过明洪武，我佛西来汉永平。三晋烟云漫大壑，九边雷雨出长城。人间应有慈悲客，洒遍甘霖济众生。

东望平芜北望沙，恒山丘垤点烟霞。千年雁塞争胡汉，万里鸿嗷破室家。太古悬冰危鸟道，漫山飞雹走骡车。登高底事繁车骑，可是苏秦抑孟嘉。

这一组诗写于1927年。这一年的春天，蒋介石发动了“四一二”反革命政变，肆意排斥异己，加紧军事独裁，使北伐大业毁于一旦。田桐大失所望，遂于是年夏天，以说服阎锡山来归为名，走避山西五台山。这一组诗为我们描绘了一幅“三晋”壮美的风景画：抬头远望，五座巨大无比的山峰环抱而成，高耸入云；峰顶却平坦广阔，有如垒土之台，台怀镇坐落其间；漫步峰顶俯瞰，“恒山”如“丘垤”，黄河如彩带飘向东方；山中寺庙林立，红墙黄瓦，金碧辉煌，与青山绿水交相辉映；每年六月花开，万紫千红，漫山遍野弥漫着花香；更有那“牛羊遍地”，牧歌飞扬，“游人闲暇马蹄忙”，好一处人间仙境！置身如此美景之中，情不自禁地为祖国壮丽河山而自豪，爱国之情亦油然而生。然而，各地军阀为了扩充地盘，不断发动战争，你争我夺，致使平民百姓流离失所，无家可归。面对如此现状，诗人亦不得不发出了“人间应有慈悲客，洒遍甘霖济众生”的感叹。

再如其《登恒山》云：

五台山浊此山阳，九月登高薄有霜。西接平原南远嶂，东倾长谷北边墙。门庭不以山河限，襟度难教胡越量。闻道将军眠毳幕，酒酣豪气尚苍茫。

此诗亦应写于田桐避居五台山期间。恒山，在山西省东北部的浑源县境内，是太行、五台诸山之祖，虽没有五台山高，却与东岳泰山、西岳华山、中岳嵩山、南岳衡山合称为“五岳”。它位于外长城之南，内长城之北。在五岳中，北岳恒山以其雄浑磅礴的塞外风光著称。诗人此诗紧紧抓住恒山的特点，不仅写出了恒山苍莽、雄浑、奇伟的气势，而且指出了恒山重要的地理位置，可谓描写名山大川的佳作。

此外，田桐的《珠江杂诗》（六首）、《雪中游日光》、《荒川观樱》、《三过琵琶湖》、《德岛公园口占》、《登潮江山》、《登天主阁》、《宿霞浦》、《晋水怀古》等也是这方面的佳作。

从前面的介绍可以看出，田桐精通诗律，诗歌创作以五、七言近体诗为主体。其诗声韵和谐，对仗工整，具有朴茂俊逸的特点。

第五节　田桐的其他作品

田桐的文学创作，除前面介绍的散文、诗歌作品之外，收在《田桐集》中的尚有《人生问题》《革命闲话》《扶桑诗话》《俄国之革命党》等作品。

其《人生问题》是作者倡导“哲学救国论”而创作的一部哲学著作，是一个大课题。它分为“生命之由来”“社会发展与文明”“自由之本质”“理性与人生”“人格精神之发达”“社会之共同一致”“人生与爱”“人生进化之原因”“人生理想之要素”“现代文明历史之渊源”“人间进步与女性”“社会改良问题”“近代社会的理想”等十三章，共十二万多字。作者鉴于袁世凯在世时“欲使党人离精神本位，倡为经验说，既得多数之同情”以及袁世凯去世后又“遗全国大乱之根”的现状，“为国家富强计”，“为社会长治久安计”，“为人生发达向上计”，遂创“哲学救国论”。作者认为：“物无精神则腐”，国家应该重视国民的“精神教育”和“精神生活”，只有这样才能“维持国内人心”。该著作从民国四年（1915 年）秋天开始撰写，直到民国九年（1920 年）夏天才完成，第二年由上海中华书局出版。尽管这是一部哲学著作，但它仍然保持了作者政论散文的写作方法和风格特点，因此我们照样可以把它当成政论散文来品赏。

其《革命闲话》是一部史料性笔记，收录了 78 则笔记。其中有记录民主革命活动重要事件的，如《同盟会之成立》《防城之役》《黄冈之役》《苏报案》《青天白日旗·九星旗·五色旗》《武昌起义之夕》等；有记载民主革命重要人物事迹的，如《苏州之先觉》《孙程之关系》《续桐溪》

《张瑞玑》《挽蓝天蔚》《民国奇缘之罗氏》《张汇滔》《宁调元》等；还有记叙民主革命活动中逸闻趣事的，如《沈翔云与张之洞》《革命易造反》《父子异党》《折兵》《不主暗杀》《不主死刑》《海防之狱》《改组春联》《卖字联》《野鸡大王》《赏丁香》《孙逸仙落花梦》《黎元洪之被拥》《薛大小姐》《宽仁之过》等。它们虽然长短不一、详略不等，但都是清末民初重要的历史资料，而且语言流畅，文笔俏皮，也是很好的笔记散文。

其《扶桑诗话》仍采用中国传统的诗话形式，收入诗话 120 则。其中有记录中日文化交流历史与活动的，如《中日诗交涉之起源》《赖山阳》《野村柳彦》《徐福祠墓》《浙江船》《日下部鸣鹤》《题所南话》《仲子》《和秋柳》《摩诘诗序》《东海投桃集》《经子史千绝》等；有记载日本著名人物的诗歌活动的，如《乃木大将》《秋月古香》《藤田东湖》《市河宽斋》《咏拿破仑》《中江兆民》《佐久间象山》等；有记载中国诗人在日本活动或生活状况的，如《登曳马城》《朱舜水》《竹枝词》《曼殊大师》《吕天民》等；有记叙日本诗坛逸闻趣事的，如《壮年老年》《藤本铁石》《崇拜袁枚》《龙草庐》《锻炼说》《易汉姓》《十二岁能诗》《沈高轶事》等，还有不少是记录日本一般学者、诗人从事汉诗活动的条目。这些都为中国学人研究日本学人创作的汉文诗词提供了重要的原始史料，对中日文化交流作出了积极的贡献。

其《俄国之革命党——秘密结社的原因（四续）》则是翻译的政治小说。它译自《虚无党奇谈》，于 1908 年 8 月 6 日刊发在《中兴日报》上。可惜的是，收在文集里的这部翻译政治小说仅此一节，此节之前的几节尚未见到，至于它是什么时间、发表在什么报纸或刊物上的也不知道，此节之后是否在继续翻译刊发、发在什么报刊这些情况今天都还不清楚。

说到翻译小说，不能不提及田桐的翻译活动。1909 年（宣统元年）秋天，应华商的邀请，田桐来到泗水，创办了荷属东印度最早的华文日报《泗滨日报》。田桐一边办报，还一边翻译了日本友人大越英三郎所著的《南国记》。该书详尽地记录了荷兰殖民者欺压、虐待华侨的历史和罪行，揭露和抨击了荷属东印度当局的黑暗统治，以激发华侨热爱祖国的情感。因此，田桐被强令驱逐出境。虽然多种资料里提到这件事，但我们却未见到这部《南国记》，也不知道《南国记》是小说作品还是散文著作。

除了《南国记》之外，田桐于 1915 年曾翻译刊行了日本友人西山荣久的《伦理通论》一书。前一年（1914 年 7 月），田桐亡命日本时，就校译重刊过日本著名学者中江兆民汉译之法国卢梭著的《共和原理民约论》（日本东京，民国社 1914 年版）。

此外，田桐在留学日本期间，为了进一步鼓励和激发民众推翻清朝的决心，还着意搜集了明末遗老的一些轶事和抗清复明的一些相关记述，编辑成《亡国惨记》一书[①]，于 1904 年底由日本东京的秀光社出版发行。从现存的《亡国惨记》上卷目次来看，本书应该是上、下两卷，只是由于种种原因，至今尚未发现下卷，或者当时因为匆忙就没有出版下卷。书中可谓字字血泪，句句悲哀，极易唤起人们的爱国之心。书出版后，风行于东京、南洋、香港、美洲等地。虽然清政府禁止该书在国内出售，但仍有不少人在私下传阅，发行不到一年，便销售了 3 万多册。后来国学大师章太炎先生曾专门为田桐的《亡国惨记》一书题诗云：

沾襟何所为，怅然怀古意；秦俗犹未除，汉道将何冀。

总的说来，田桐的这些文学创作，不仅显示了他渊博的知识、出众的才华、深厚的文学素养，还折射出辛亥革命前后的历史风云，为后世学人的研究留下了一笔宝贵的历史文化遗产。

田桐去世后，南社诗人冯飞（济远）和冯峻（皎月）曾合撰了一幅挽联曰：

论建都，论均用，论治河，事关国计民生，参古今以独成其策

是元勋，是文豪，是学士，竟至山颓木坏，为邦家而恸哭斯人[②]

这幅挽联可说是对田桐在政治上的功勋、地位，在文学上的成就、贡献，做了既简括而又准确的总结。

---

① 现收入《田桐集》的有田桐《亡国惨记·叙》《亡国惨记·例言》《亡国惨记·上卷目次》，以及宫崎寅藏之《亡国惨记·弁言》。

② 刘作忠：《辛亥革命功臣田桐身后哀荣》，湖北省政协文史和学习委员会编：《湖北文史》2010 年总第八十九辑，湖北人民出版社 2010 年版。

第十一章 国学大师与文学奇才——黄侃

黄侃先生不仅是中国近现代著名的民主革命家，还是学人们公认的国学大师和文学奇才。作为一位著名的民主革命家，他不但有革命理论，而且有丰富的革命实践；他是辛亥革命的一位先驱，曾为推翻清王朝、建立中华民国作出过重要贡献。作为一位国学大师，他在文字、音韵、训诂、文学理论、文选学等方面都取得了重要的研究成果，使他在文字学、音韵学、训诂学、文学理论、“选学”史上都占有重要地位。作为一位文学奇才，他的文学创作十分丰富，涉及诗、词、文和文学翻译，并取得了骄人的成绩。因此，他不仅应该在湖北文学发展史上占有一席重要地位，也应该在中国近代文学史、中国近代翻译文学史乃至中国文学史上占有一席之地。

第一节 黄侃生活的环境与早年教育

黄侃先生生活的时代，阶级矛盾和民族矛盾交织在一起，它们交替上升，并且日益尖锐激烈。世界殖民主义侵略所带来的民族灾难日益深重，中国的社会正面临着一次重大的历史转折。自 1840 年第一次鸦片战争爆发、中国封闭的大门被英帝国主义的坚船利炮打开、中国惨遭失败并被迫与英国签订了第一个丧权辱国的不平等条约——《南京条约》以后，西方殖民主义强国便争先恐后、连续不断地向中国发动侵略战争，与中国缔结了许多不平等条约：1856—1860 年爆发的第二次鸦片战争，历时四年，中国被迫与英、法签订《北京条约》；1884—1885 年的中法战争，尽管中国军队取得胜利，仍以不平等的《中法新约》的签订而告终；1894—1895 年的中日甲午之战的结果是签订了空前丧权辱国的《马关条约》；1900 年，英、美、德、法、俄、日、意、奥八国军队组成的侵华联军又攻陷北京，并逼迫清政府与其签订了《辛丑条约》，致使国家遭受到空前的劫难。

而清政府政治腐败，官场黑暗，经济困窘，对外软弱无能，屈膝投降；对内则实行残酷的政治迫害和经济剥削，人民生活在水深火热之中。哪里有压迫，哪里就有反抗！然而，1851—1864 年轰轰烈烈的太平天国农民起义却在清政府和帝国主义列强的联合镇压下失败；资产阶级维新派发动的戊戌变法运动，仅仅存在了一百天，便被封建顽固派镇压了；如火如荼的义和团反帝爱国运动亦在中外势力的联合镇压下失败……尽管如此，关心祖国前途和民族命运的进步知识分子和民主革命党人，仍然前仆后继，在全国各地发动武装起义，推翻清朝政府腐朽的封建专制统治的呼声日益高涨，革命的风暴即将来临。

黄侃先生就生活在这样一个特殊的历史时期，内忧外患，亲身经历；国破家亡，耳闻目睹。中国人民反对帝国主义侵略，推翻清政府的革命斗争洪流，将他推到了民族斗争和阶级斗争的漩涡之中。

黄侃（1886—1935），谱名乔馨，庠名乔鼐，后更名侃，字季刚，又字季子，晚年自号量守居士，蕲州（今湖北省蕲春县）人。他出生于书香门第，其父黄云鹄（1819—1898），字祥人，一字祥云，又字翔云，亦字缃芸、藏云，室名实其文斋。咸丰三年癸丑（1853 年）进士，宦蜀数十年，累官至四川按察使。为官清正廉洁，有政声。在黄侃 6 岁时，父亲即致仕回原籍蕲州青石镇大樟树黄家村颐养天年。

黄侃幼承家训，聪颖过人。云鹄公亦着意培养。自 4 岁开始，就聘请名师江瀚教读、指点。到 10 岁时，不仅读毕“四书”“五经”，而且纵览诸子、史传，视野开阔，还能为诗文，被乡人称为“圣童”“神童”。

光绪二十三年丁酉（1897 年），翔云公应湖广总督张之洞之聘，出任武昌经心书院与两湖书院院长。黄侃亦随父至武昌就读。只是好景不长，次年八月十九日（10 月 4 日），翔云公以恶性疟疾卒，享寿八十。

父亲去世后，黄侃只得又回到蕲州老家，一边守孝，一边在范晋卿、黄虬仙先生的指导下，研习制艺及文史，更加发奋地苦读，刻苦自励，博览群书，学业进步很快。

光绪二十七年辛丑（1901 年），黄侃走进科场，并不负众望，顺利地通过了县试、府试和院试，被取为秀才，时年 15 岁，显示出非凡的才华。

为了进一步深造，光绪二十八年壬寅（1902 年）冬，黄侃来到武昌，考入由湖广总督张之洞创办的湖北武昌文普通中学堂，为第一期学生①，与宋教仁、蔡汇东、蒋作宾、查光佛、郑江灏、欧阳瑞华、吴崑、石瑛、田梓琴、陈乾等革命志士为同学。

时湖南兴化的黄克强肄业于两湖书院，赴日留学，并往来于日本、武

① 湖北武昌文普通中学堂第一期，录取学员 240 名，正式开学的时间为 1903 年初。

昌、长沙等地从事民族民主革命活动。经宋教仁介绍，黄侃与黄兴订交，往来日密。通过黄兴、宋教仁等人，黄侃相继阅读了邹容的《革命军》、陈天华的《猛回头》《警世钟》以及其他的革命书刊，逐渐产生了反清革命思想。他们志同道合，亲密莫逆，经常在一起宣传反清、反对君主专制的革命思想，议论时政，指斥清朝政府的腐败无能，也引起了学校当权者的关注与不满。

当时，武昌文普通中学堂的学监李贡三，不学无术，凭借其裙带关系身居要职，却爱耀武扬威，发号施令，动不动就打击报复学生。黄侃对他的行为甚为反感，曾多次当面讽刺过他，因此触怒了这位学堂的权要，不久便被学堂借故开除了学籍。黄侃不甘屈服，遂以故人之子的身份前往湖广总督张之洞处申辩，诉说原委。这位积极提倡派遣留学生的总督大人，见这个故人之子聪颖超群、大可造就，是个不可多得的人才，便用官费送他赴日留学。

在武昌文普通中学堂学习期间（1903—1905），黄侃先生受黄兴、宋教仁、查光佛、田桐等革命志士的影响，开始接受排满（反对清朝政府的封建专制统治）民族民主革命思想，并逐渐觉醒。因此，这里是黄侃先生人生道路、思想和生活的重要转折点，为其后来自觉地走上民族民主革命的道路，成为一名以推翻清政府、拯救民族、拯救人民，建立民主共和国为己任的民主革命家和忧国忧民的学者，奠定了坚实的基础。

第二节　留学日本，投身民主革命

光绪三十一年乙巳（1905 年）秋，黄侃先生东渡日本，入东京早稻田大学学习。同年 8 月，孙中山、黄兴等人以兴中会和华兴会为基础，联络光复会等革命团体在东京成立中国同盟会，并发刊机关报《民报》，组织民主革命派同资产阶级维新派展开大论战，积极宣传民族民主革命思想。黄侃先生亦列名会籍。张之洞听说后，便取消了黄侃先生公派留学生的资格。同年 12 月，宋教仁也因宣传反清革命、参加长沙起义遭清政府通缉，避难逃往日本，亦入早稻田大学学习。黄侃又与他在东京相会并同学，分外高兴。两人志气相同，互相勉励，积极投身民族民主革命活动，继续为民主革命奔走呐喊。

光绪三十二年丙午（1906 年）夏，章太炎先生因“《苏报》案”，系于上海公共租界工部局监狱三年期满出狱，孙中山即派人迎赴日本东京，入同盟会，主持《民报》，与保皇派展开激烈论战。时中国在东京的留学生逾万人，不少人走趋章氏门下请业。黄侃先生亦入章氏门下，投文请益，并经常为《民报》撰文宣传革命，受到太炎先生的赏识。

光绪三十三年丁未（1907 年），黄侃先生又正式拜章太炎为师。并参与《民报》的编辑工作，营筹革命事宜，先后以运甓、不佞、信川等笔名，撰写了《专一之驱满主义》《哀贫民》《释侠》《论立宪党人与中国国民道德前途之关系》《哀太平天国》《刘烈士道一像赞》等一系列文章①，在民族民主革命的舆论宣传方面作出了重要贡献。

黄侃所写的这些革命政论，大都气势宏大，汪洋恣肆，论说透彻，逻辑严密，感情充沛，笔锋犀利，其中充满了反对外来侵略压迫和封建地主阶级的剥削，提倡拯救民族命运的浩然正气和革命激情，真可谓社会转折时期发聋振聩的洪钟巨响。黄侃先生确实是这一时期的一位勇猛呼啸向前进的斗士。

光绪三十四年戊申（1908 年）2 月，黄侃先生的生母周太孺人病重，慈母田太夫人电召其驰归侍疾。在家侍母疾期间，黄侃先生经常抽出时间深入蕲春以及周边的黄梅、广济等县探亲访友，访贫问苦；有时还举行演讲会，向乡民宣传反清民主革命思想，受到很多乡民的拥戴。同年 7 月，周太孺人病逝，黄侃先生葬周太孺人于宅前之三台山。

时清政府正在南方严捕革命党人，探知先生在家，湖广总督陈夔龙亟命吏卒前往逮捕。先生闻讯，仓皇出奔武昌，从亲友处筹借路费，至年底始得复潜回东京，与章太炎先生相依。先生至孝，以不得返乡里上先人冢墓为憾，常常梦回故乡，瞻谒亡母的坟茔。特请好友苏曼殊（时亦在东京，同住《民报》社内）为之绘画。苏曼殊因将此情景绘成画幅，题作《梦谒母坟图》。黄侃面对画幅，思及自己眼前境遇，有国难投，有家难归，悲感相集，遂挥笔写成《〈梦谒母坟图〉题记》一文。先生将对故国和亡母的无限眷恋之情，融入故乡的山水景色之中。文末用《诗经》中“岂不怀归，畏此罪罟”的诗句来表达当时作者的家国之痛和对清政府残酷迫害民主革命志士的愤怒心情，充满了爱国主义的激情。随后又请章太炎先生为画幅题跋。章氏仔细品味画面和该题记后，立即挥毫写了《书黄侃〈梦谒母坟图记〉后》，表现了他们之间超出一般师弟、师友的那种革命战友的深厚情谊。

宣统二年庚戌（1910 年）秋，即辛亥武昌首义前夜，革命党人有在湖北

① 湖北省人民政府文史研究馆校订：《黄季刚诗文钞·量守碎金》，湖北人民出版社 1985 年版。

图大举者，函促黄侃先生归国，共商举义大计。先生立即回到武汉。先生与党人认真分析当时形势，以为武汉革命力量薄弱，时机尚未成熟，必须吸取此前各地起义失败的经验教训，再图大举，不宜轻举妄动。乃嘱友人，当务之急在于发刊报纸，积极做好思想宣传，鼓励和激扬民气，发展革命组织，积蓄力量，待时而动。

黄侃先生又亲自深入民间，往来于武汉、蕲春之间，做扎扎实实的组织发动工作，并在鄂东南蕲春、黄梅、广济、浠水、英山、麻城和同湖北接壤的安徽宿松、太湖等八县组织“孝义会”。先生不畏艰苦，足迹遍及深山僻野。每到一处，就招请民众集会，揭露清政府的腐朽无能、丧权辱国以及残酷压榨老百姓的罪行，演说民族大义及中国危亡之状况，号召人民群众起来推翻君主专制，每次听者累千人。先生善于雄辩，家庭又有声望，因此号召力很强。蕲春等八县听过先生演讲反清革命者，先后计数万人，一时英杰之士，争相与先生结识，共同拥戴先生，称为“黄十公子”（黄侃为翔云先生之第十子）。在宣传民族民主革命思想，组织和发动人民群众的过程中，黄侃先生常以章太炎先生所撰《逐满歌》来激发人民群众的反清情绪。因为《逐满歌》诉尽了当时农、工、商、学各界民众所遭受的苦难，很容易激励那些内心埋藏着反清革命思想的民众，因此很快便组成了革命群众组织“孝义会”。

黄侃先生回国时，正是清朝统治摇摇欲坠、革命力量蓬勃发展的时候。宋教仁等人在日本曾有在长江中部发动革命的倡仪，因此，武汉地区的革命团体在革命党人的积极宣传、组织和推动下纷纷成立，参加者多为知识分子和新军士兵，他们成为后来武昌起义的主要力量。当时最著名的革命团体为“文学社”和“共进会”，不少同盟会员也有以个人身份参加这两个团体的。“文学社”的成员多为新军士兵和出身贫寒者，“共进会”的成员则多为知识分子和出身富家者。

“文学社”成立于1911年1月31日，蒋翊武为社长，王宪章为副社长，詹大悲任文书部长，刘复基任评议部长；李六如（李抱良）、何海鸣、黄侃、温楚珩等人则为重要成员。其命名以“武备兼学文学”之义，实际上是借“研究文学”为名，在新军士兵中开展革命活动。“文学社”的社章即由黄侃、温楚珩审定。

在此之前不久，詹大悲曾在汉口创办《大江报》，然经费严重不足，几乎停刊。“文学社”成立后全力支持《大江报》，推詹大悲为主笔，何海鸣为副主笔。报纸除宣传资产阶级民族民主革命思想之外，还不断地揭露新军中尅扣士兵军饷的不法情形。因而，反动军官对此恨之入骨，但却为广大士兵所欢迎，销路很大。由于《大江报》的发行，“文学社”在军队中发展社员很快，新军士兵则成为它的基础。《大江报》是革命党人的机关报，也成为当时武汉地区的著名报纸。

辛亥革命前夕，同盟会员谭人凤、居正等人曾先后奉黄兴、宋教仁之命来武汉开展革命活动，了解情况，就得到过黄侃先生的很多帮助。黄侃曾疏通狱卒，陪同居正前往武昌监狱探视胡瑛（同盟会员，1907 年因进行民主革命活动被捕入狱）。

1911 年春，黄侃先生应聘赴河南入布政使江叔海幕，并在豫河旅学任国文教员。先生常在讲坛上鼓吹民族民主革命思想，宣传救国道理，校方感到很是为难和害怕，担心宣扬出去遭官府究诘。因此，不到半年时间，先生便辞职了。

1911 年 7 月 25 日，黄侃先生从河南开封回到武汉，《大江报》社长詹大悲、主笔何海鸣留住报馆，并设宴招待。酒后谈论时政，观点完全相同，他们对现实十分不满。黄侃大骂立宪派，认为他们所提倡的和平改革方案纯属欺骗。詹大悲约请黄侃为《大江报》撰写时评，黄侃满口答应，当即奋笔而作《大乱者，救中国之妙药也》，署名“奇谈”。翌晨，先生便回蕲春去了。次日此文刊出，对革命党人来说，有如一声春雷，震撼着神州大地，使其备受鼓舞。而清朝政府却大为惶恐，认为是大逆不道。湖广总督便诬以“荡乱政体，扰害治安”罪名，下令封闭《大江报》，逮捕詹大悲和何海鸣。在法庭上，詹、何二人不肯暴露黄侃先生，争相承认时评是自己所作，表现出革命党人危急时刻挺身而出的高贵品质。最后，夏口审判庭判詹、何二人徒刑各一年。

《大江报》被封，舆论大哗，特别是新军对此表示出极大的愤慨。时湖广总督瑞瀓、新军第八镇统制张彪等人，深恐军中“大乱”，遂下令对新军严密监视，提出凡士兵中有形迹可疑、思想不轨者，一经发现，或看管，或开除。民间素有“八月十五杀鞑子”的传说，因而湖广总督对新军的防范愈来愈严，并下戒严令，禁止兵官任意进出，宪兵、巡警、便衣、密探遍布城中，还准备将旧军巡防营调来省城加强防卫，大有“风声鹤唳，草木皆兵”之势。革命情势愈来愈紧迫，革命党人亦积极酝酿起义。

10 月 9 日，起义总指挥部被清政府的军警破坏，不少革命党人遭到逮捕。10 月 10 日，彭楚藩、刘复基、杨洪胜三位烈士遇害，官府还在继续抓人。当天夜晚，由驻武昌城内黄土坡的新军第八镇工程营士兵首先发难，爆发了震惊中外的轰轰烈烈的武昌起义。

由此可见，黄侃先生的《大乱者，救中国之妙药也》一文，实际上成为武昌起义的直接导火线。它像一把利剑，刺中了清王朝的要害，它是一篇振聋发聩的讨伐清政府的战斗檄文。黄侃先生为辛亥革命所造的舆论，其功不可泯灭。

武昌起义后，黄侃先生与黄兴、居正、田桐等人会于武昌。他们隔江相望，见汉口已无清军，先生急倡渡江之议。时詹大悲、何海鸣已出狱，并发动新军克复汉口，组织汉口军政分府。因举詹大悲主持汉口军政分府事务，何海鸣、温楚珩、陈冕亚、黄侃等人则参与分府工作。于是，武汉克复之讯传遍国中，全国各地纷纷响应。

清政府乃命冯国璋率清军南下，急争汉口。汉口分府立即组织汉口革命军抵御冯国璋、段祺瑞的一、二两军清兵，浴血奋战十几天。然敌我力量悬殊，先胜后败。至 10 月 29 日，清军冯国璋部攻入汉口市区，革命军与之进行巷战。冯国璋下令纵火，三日不息，繁华街市一时间变成一片废墟，市民的生命财产损失巨大。清军暴虐如豺狼野兽，新军势力日弱。在激烈的战斗中，黄侃先生不顾个人安危，同黄兴、居正、田桐等人亲临前线视察，指挥战斗，经受了枪林弹雨的洗礼。11 月 1 日，汉口失守，武昌亦危。詹大悲主张赴安徽求援，即与何海鸣、温楚珩、黄侃、陈冕亚等十几人乘船东下，至九江后得知安徽形势亦发生变化，求援不成。詹大悲、何海鸣等人便赴上海招募军队。黄侃与温楚珩、陈冕亚等人则奔赴鄂东召集孝义会，打算从鄂东北直捣清军背后，以武力援助武汉。

蕲春孝义会重要成员方伯芸、张伯荄、汪翔云、陈楚香等人都愿意参加革命军，遂与先生一起聚得蕲、英、霍、宿、太、梅、济、罗、浠诸县义众二三千人，集于蕲春。不料，当地土豪劣绅向广济田家镇清驻防水师总兵告了密，清军又立即带水师前来围剿。清军到时，孝义会员尚未全部集中，且无武器，遂被水师击溃。先生知不敌，乃通知孝义会员解散躲避，自己则迂道黄梅赴九江。适詹大悲亦至此。时九江军政分府由阴忌先生和詹氏等人主事，先生不得已乃辗转赴上海。

1912 年初，中华民国临时政府在南京成立。黄侃先生仍居上海，与汪旭初、刘仲蘧主办《民声日报》。闲暇之时，亦诗酒唱和，并铅印出版了平时所著《纗华词》一卷，收词 165 首。此时袁世凯正加紧窃国乱政，革命阵营内部亦急剧分化改组，民国名存实亡，先生对前途渐感失望。1913 年

3月初，他在写给宋教仁的赠诗中说：“嗟余遘幽忧，逍遥从此届”[①]，已显露出不再参与其事的想法了。

第三节　退入书斋，潜心教学研究

轰轰烈烈的辛亥革命虽然胜利，终以袁世凯窃取大总统职位而结束。封建军阀、官僚们都摇身一变而成了民国的显贵，而革命党人却遭到排斥、打击，或遭逮捕、或被杀害，有的从此消沉；当然，亦有不少革命党人继续跟随孙中山先生奋起捍卫辛亥革命的胜利成果。黄侃先生见国事日非，暂时亦无法改变中国现状，认为“国不幸衰亡，学术不绝，民犹有所观感”[②]，遂于1914年秋应北京大学之聘，讲授词章学及中国文学史等课程，从此开始了他更加辛勤的教学和学术研究生涯。

尽管黄侃先生是一位受中国传统文化影响很深的学者，辛亥革命失败后，前进道路上再次受到严重打击和挫折，但他毕竟是经受过民族民主革命运动考验和血与火战斗洗礼的革命者，他的与当权者采取的不合作态度，不过问政治，埋头学术，并不是沉沦，只是采取的斗争方式不同而已。在一些原则性问题上，在一些大是大非问题上，其爱国主义精神和争取民主自由的立场，则是矢志不渝的。

1914年初，章太炎先生因坚决反对帝制而触怒袁世凯，被幽禁在北京著名的四大凶宅之——东城钱粮胡同某公馆，警卫森严。黄侃不避危险，由沪入京，毅然搬进此宅日夜侍奉太炎先生，以示对袁世凯迫害章太炎先生的抗议和谴责，同时也便于同先生研讨诗文，切磋学问。但时间不长，就被警察逼令迁出。章太炎非常气愤，为此乃绝食。黄侃乃邀集同仁、师友，上书教育部救援（直到1916年6月，袁世凯在全国人民的一片声讨中死去，太炎先生才被释放出来）。由此亦可窥见章、黄师生之间的政治立场和深厚的情谊。

袁世凯一心想当儿皇帝，拉了不少名人为他“抬轿子”。袁氏曾授意心腹送给黄侃三千块大洋，要求为他写一篇《劝进书》，并颁赠给他一枚一等嘉禾勋章。黄侃回到上海，却把那枚勋章挂在家里一只黑猫的脖子上。

---

① 黄侃：《江行赠宋生》（亦名《癸丑二月江行赠宋遯初诗》），湖北省人民政府文史馆校订：《黄季刚诗文钞》，湖北人民出版社1985年版，第86页。

② 黄侃：《太炎先生行事记》，湖北省人民政府文史馆校订：《黄季刚诗文钞》，湖北人民出版社1985年版，第31页。

时间过了好久，钱早就用完了，可文章却一直没有写。后来，那枚勋章连同那只黑猫竟然被盗了。这样，袁世凯的用意也就落空了。

在学术上，黄侃除尊重章太炎外，还极其尊崇刘师培在经学上的造诣。虽然刘师培比黄侃仅大两岁，黄侃却仍以师礼事之。刘师培（1884—1919）早年也是同盟会员，积极投身民族民主革命运动，只是人品不好，先是为清两江总督端方所收买，叛变了革命，后又投靠了袁世凯，成为臭名昭著的“筹安会”六君子之一。

1915 年秋，刘师培在京召集学术界知名人士开会，动员大家拥戴袁世凯称帝。参加会议的人皆慑于袁世凯的淫威，亦碍于刘师培的情面，彼此面面相觑，默不作声。黄侃秉性耿直，不畏权贵，敢于讲话，见此情此景，怒不可遏，厉声斥责道：“如是，请先生一身任之！”①说罢拂袖而去。在坐诸人，亦随后散去，弄得刘师培十分狼狈。章太炎闻讯后，大加称赞，曾有“是时微季刚，众几不得脱”②之语。由此可见黄侃刚正不阿的品质和高风亮节。

1919 年秋，黄侃离开北京大学，先后在武昌中华大学、武昌高等师范学校、东北大学等校任教。

1925 年 3 月，一代伟人孙中山逝世，武汉地区大中学校师生数千人在武昌烈士祠举行追悼会，黄侃异常激动，挥笔写下了一幅惊天动地的挽联：

洪以甲子灭，公以乙丑殂，六十年间成败异；

生袭中山称，死傍孝陵葬，一匡天下古今同。③

挽联中的“洪”指洪秀全，“甲子”指清同治三年（1864 年）。挽联中的“公”指孙中山，“乙丑”指民国十四年（1925 年）。挽联的大意是说：洪秀全去世于“甲子”，孙中山去世于“乙丑”，其间相隔 60 年；虽然洪秀全领导的太平天国起义失败了，孙中山领导的辛亥革命成功了，但他们推翻清王朝的封建统治、建立农民或人民自己的政权的目的却是一致的。充分肯定太平天国起义和辛亥革命的正义性，并将洪秀全与孙中山相提并论，与 20 年前所写《哀太平天国》中的思想是一致的，确实具有超人的胆识。

---

① 章太炎:《黄季刚墓志铭》,《制言》第 5 期,1935 年。

② 章太炎:《黄季刚墓志铭》,《制言》第 5 期,1935 年。

③ 王庆元:《黄季刚先生年表》，武汉老龄科学研究院、武汉成才大学:《黄侃纪念文集》(附录)，湖北人民出版社 1989 年版。

1928年，黄侃应南京中央大学之聘，从此一直任教于南京中央大学和金陵大学，直至离开人世。他虽人在讲坛，但国家的前途、民族的命运、时局的发展、人民的安危，还是时时紧系于心中。黄侃在南京时，国民政府中不少要人显贵原来皆是同盟会员，与先生熟识，但他除同居正、丁惟汾等少数几个人交游外，其他则不愿往来，而且对其早年参加民主革命的事情绝口不谈。居正因事被软禁，身单影只，甚为苦楚，旁人避之不及，先生则常往看望，与其谈心解闷。后居正事平，复就高位，先生却不复往见。居正感于先生情谊，亲赴量守庐，诘问不访之故，先生回答说："君今非昔比，宾客盈门，我岂能作攀附之徒！"就是这样，黄侃在友人困难时能相助，在友人得势时不相求。此足见先生性格。

黄侃早年致力于民族民主革命，辛亥革命失败后，则退入书斋，主要从事教学与学术研究；闲暇之时，则喜欢赋诗填词，一生创作了大量的诗文辞赋，计有"文章辞赋约一百五六十篇，诗一千四百余首，词五百余首"①。

黄侃虽不以诗文为职，却以诗文明志。他的这些诗文辞赋或宣传民族民主革命思想，或歌颂革命志士不畏艰险、敢于牺牲的精神，或抨击清王朝的黑暗统治，或描述农村的贫困凋敝，或揭露军阀混战给社会造成的动荡不安，或斥责袁世凯的倒行逆施，或同情老百姓的流离失所、无家可归，或谴责日本帝国主义的侵略暴行，或与师友、亲朋谈事论学，等等。它们都从不同的方面、不同的角度，丰富着黄侃忧时忧民的爱国思想。汪辟疆教授曾非常深刻地指出："盖先生（指黄侃）本性情中人，气愤填膺，虽在弥留之际，犹未忘怀国事，即此一端，已足见其生平矣！"②

纵观黄侃的一生，不仅是严谨治学、对我国学术和文化作出了卓越贡献的一生，而且是革命的一生、爱国的一生、追求光明的一生。他的政治思想，又往往是与他的学术思想互相渗透，通过学术思想将它表达出来的。因此，在我们继承和借鉴他的学术思想和成就的同时，也应该理解他的深刻的民族民主主义思想。惟其如此，才能明了黄侃先生的全人。他的爱国主义精神和优良的治学风范，将永远激励着后人去建设繁荣昌盛、光辉灿烂的强大的现代化中国。

---

① 王庆元等：《黄季刚遗著要籍提要选》，《中国海峡两岸黄侃学术研讨会论文集》(1)，华中师范大学出版社1993年版，第22页。

② 汪辟疆：《悼黄季刚先生》，《制言》第4期。

第四节　黄侃的散文创作

黄侃不仅是中国近、现代一位著名的民主革命家、思想家，而且是一位著名的散文家、魏晋文派的代表作家。他的散文创作，同他的民族民主革命实践活动、教学与研究活动以及思想发展变化紧密地结合在一起，具有鲜明的特点，无论是在清末的古典文学中，还是在民国初年的资产阶级民主革命文学中都占有重要地位。

黄侃的散文大多散佚，现已收集到的仅是其散文创作中的一部分①。而据王庆元先生后来参与搜集、整理黄侃先生诗、词、文编辑《黄侃诗文全集》后说，《黄季刚诗文钞》中所收录的文章“远非完本”，黄侃先生实际创作的文章辞赋应有“一百五六十篇”②。从黄侃先生现存散文可以看出，与他的生平经历一样，其散文创作以辛亥革命失败为分界线，明显地分成前后两个时期。

黄侃前一个时期的散文创作以宣传推翻清朝政府统治的革命政论和时评为主。这些文章气势宏大，汪洋恣肆，论说透彻，逻辑严密，感情强烈，笔锋犀利，充满了反对外来侵略和民族压迫的浩然正气，洋溢着拯救民族前途命运的革命激情，真可谓是在社会转折时期发聋振聩的洪钟巨响。

1905 年至 1907 年，资产阶级革命派与改良派之间展开了激烈的论战。在改良还是革命、君主立宪还是民主共和等根本性问题上，一部分人，包括革命派内部的一些人，正处于怀疑、动摇或莫衷一是的时候，黄侃鉴于鸦片战争后中国的历史事实，清醒地认识到，要挽救民族危亡，使中国走上繁荣昌盛的道路，就必须推翻清王朝的封建统治，就必须让人们摆脱康、梁等人“纪孔”“保皇”说教的影响。因此，他在《民报》上发表了一系列充满革命激情的文章，向清政府和保皇派展开猛烈的攻击。

黄侃的《专一之驱满主义》一文，继承章氏《排满平议》的思想，认为“种之不保，何有于政”，“义旗既张，仇人既得，万方辐辏，奏凯歌功之日，贤良豪俊，萃处而咨诹国政，商度典刑，纵其懿否不可知，犹是我民自主之实”。主张以民主代替改良，推翻清朝政府，结束中国封建社会二千

① 湖北省人民政府文史研究馆校订、湖北人民出版社出版 1985 年版《黄季刚诗文钞》，收有散文五十二篇。

② 王庆元等：《黄季刚遗著要籍提要选》，《中国海峡两岸黄侃学术研讨会论文集》(1)，华中师范大学出版社 1993 年版，第 22 页。

四百余年的统治，在中国实现民主（“我民自主”）。又斥责立宪派为禽兽之畴，对封建专制主义的腐朽祸国和资产阶级改良主义者、保皇派鼓吹君主立宪的实质揭露无遗，并详尽地阐述了推翻清王朝的方式。他强调指出：“今日之事，宜以逐满为莫大之谟。兴兵伐罪之业，在吾国人之一心。勿畏死也，奴亦终死耳；勿相倾也，相倾则俱败耳；勿分畛域也，同在华域，无畛域之可分，不止同舟之休戚也。”最后号召四亿汉人，“甘殉驱满主义而不悔”。认为只有这样才能推翻清政府，拯救“汉民之不亡”。章、黄的反清思想，虽然导源于顾亭林、黄梨洲和王船山几位启蒙运动思想家，但其内容有很大发展，尤其在革命的彻底性问题上又向前迈进了一大步。

在《哀贫民》中，黄侃立足于民间调查的事实，具体揭示了旧中国农村现状以及农民在残暴的专制统治下所过的非人的生活情状。他进而分析了贫困的根源：“朝廷是强盗窝子”，“富人是强盗头子”，“核民之数，富者寡而困苦者不可亿计也。相民之财，富者十取九焉，其散在众者什一而已”；揭露了封建制度对农民残酷剥削和压迫的罪恶，指出广大农民贫病交困的根本原因不是天命（即封建礼教所谓“命”与“分”），而是地主阶级的压榨和盘剥；并提出要想摆脱困境，改变贫富不均的社会现状，就必须起来造反，就必须进行革命。文章结尾写道：“复平等之真，宁以求平等而死，毋汶汶以生也。事之济，贫民之福也；若其弗济，当以神州为巨冢，而牵率富人与之共瘗于其下，亦无悔焉尔。哀哉贫民，盍兴乎来！”短短几句话，既反映出资产阶级上升时期的“不自由，毋宁死”的思想，又表现了革命者反抗封建压迫的大无畏革命精神。特别应该指出的是，那时革命党人所写文章，大多站在民族主义立场，从种族压迫出发反对清政府的统治，其革命活动也仅限于知识分子和华侨之中。而黄侃却能深入民间，根据民间调查的事实对封建阶级统治下的中国农村现状作出深刻分析，阐明推翻封建统治、消灭地主阶级才是农民翻身的唯一出路，这在当时历史条件下堪称远见卓识。写此文时，作者年仅 21 岁，难怪章太炎读其文后称赞道：“季刚始从余学，年逾弱冠，所为文已渊懿异凡俗。”①

其《释侠》充满革命精神，而所论之“侠”，实为革命者：“悲世之沉沦，哀烝民之失职，穷阨不变其救天下之心，此侠之操也。”“侠者，以夹辅群生为志者也。”他认为“侠者”的职分有三：“夹辅弱族”、“夹辅平民”和“夹辅劳人”。文章又通过对“侠者”一词多方面的阐释，强调指

① 章太炎：《黄季刚墓志铭》，《制言》第 5 期，1935 年。

出：只要“强种不除，暴政不戢，富人不死”，就不能没有“侠者”；而“凡我汉民”，已“死丧无日”，故“光复之事”，“舍侠者莫任”。最后号召革命者以民族大义为重，“以夹辅民生之志，先用之于我轩辕氏之子孙”；“一其心，砺其器”，仗义行侠，“誓捐一死，以少尽力于我同类，而剪除一仇敌”；推翻封建专制统治，拯救全国人民脱离苦难。

其《论立宪党人与中国国民道德前途之关系》一文，从政治主张与为人道德相结合的角度，批判已经堕落成为立宪派、保皇派的康有为、梁启超、杨度等人，历数他们“好名”“慕势”“竞利”“畏死”“狡伪”“无耻”“阴险”等误民误国的罪行，对君主立宪的本质作了淋漓尽致的揭露，从而将阻碍民族民主革命发展的保皇派的理论驳斥得体无完肤。文章又将革命者同立宪派在道德行为上进行了比较，盛赞革命党人“抱凄怆恻怛之怀，以为光复祖国之计”，“弃家亡命，历尽艰屯”，“独立不惧，甘受刀镬”，突出了立宪派的卑鄙可耻、革命者的崇高可敬，极大地鼓舞了革命党人的战斗意志。

《哀太平天国》一文通过对太平天国兴盛衰亡历史的回顾，总结了太平天国革命的经验和教训，高度赞扬“天王洪秀全，提肐英豪，乘时而起，威灵所被，罔不归心”；最后号召“后之起者，以太平为龟鉴”，“仗太平之所志，而易太平之所为”，肩负起推翻清王朝、拯救民族的重任。评价公允，见解深刻，表现出民主革命家的远见卓识。

黄侃的挚友刘道一（1884—1906）是同盟会骨干成员，1906 年秋受派遣回国参加萍（乡）、浏（阳）、醴（陵）起义（又称“丙午萍浏之役”），起义失败，于同年底被清政府在长沙杀害。黄侃闻讯，立即写了《刘烈士道一像赞》一文。他高度赞扬了刘道一烈士的革命志向和出众才干，对其牺牲表示沉痛的哀悼，认为“汉终不亡，君名不死”，并表示要“速行君志，庶慰君魂”。

武昌起义的前夕，黄侃曾在时评《大乱者，救中国之妙药也》中呼吁“爱国之志士”“救国之健儿”奋起进行“极烈之改革”。并指出：“大乱者，实今日救中国之妙药也……和平已无可望矣。国危如是，男儿死耳！好自为之，毋令黄祖呼佞而已。”虽然全文仅二百余字，却充满了一个革命者对封建专制制度的切齿痛恨和渴望决一死战的战斗豪情。同时，它像一把利剑刺中了清王朝的要害，成为讨伐清政府的战斗檄文。文章发表不到三个月，辛亥革命爆发，它成了武昌起义的直接导火线。

轰轰烈烈的辛亥革命虽然胜利，却以袁世凯窃取大总统职位而告终。

黄侃痛国事日非，党人遭害，世乱如麻，变革中国的理想化为泡影，他于是采取不合作的态度，断然脱离政界，不再过问政治，不求仕宦，潜心教学和研究学问。尽管如此，他对国家、民族的忧愤却从未稍减。黄侃毕竟是一位受中国传统文化影响很深的学者，在没有更新的科学的世界观作指导的历史条件下，还是走上了历代文人所走的道路：一帆风顺，则意气风发，指点江山，准备干一番大事业；遭遇挫折则退回到“自我”的小天地，加强个人修养。不同的是，黄侃并没有消沉，而是以治学、传学作为存亡继绝的途径。这种政治、思想上的转折，直接影响到他的散文创作。因此，黄侃后一个时期的散文创作主要是文学性较强的、短小灵巧的散体文（或称作“杂体文”）。概括起来主要有以下几个方面：

一是为古人和师友的学术著作所写的序、跋、题辞、赞、识语。这类文章往往短小精悍，评价中肯，简洁明了，不溢美，不护短，独抒己见。如《法言义疏后序》《十三经证异序》《毛诗正均赞》《跋徐行可所藏刘先生手校文子注本》《金声题辞》《咫闻题辞》等篇。不仅如此，作者还能在有限的篇幅中，考证典籍钞本或典籍中所记历史人物事迹的真伪，精要简括，令人信服。如《日知录校记序》《书后汉书论赞后》《曹子建洛神赋识语》等篇。

二是为亲朋、师友所写的哀、奠、吊文和墓志铭、墓表等类文字。如《清故国子监生蕲州黄君妻萧孺人墓志铭》《孙翊谋暨妻某氏合袝墓志铭》《童先生墓表》《吊汪容甫文》《先师刘君小祥奠文》《刘仲遽哀辞》《念楚哀辞》等。它们或抒发对亲属的深切怀念，或表现对友人、战友的推崇，或表达对前辈和先师的敬仰，或痛悼爱子的夭亡。其情真，其意切，溢于言表。

三是赋、铭之类的文章。有的托物言志，借物以表达自己高洁的品质和美好的愿望，如《牡丹赋》《桂花赋》《樱花赋》《砚铭》《徐氏砚铭》等篇；有的抒写战乱给人民带来的痛苦、分离，反映出作者忧愤的心情，如《伤乱赋》《别怨赋》等；有的借古谕今，表现作者对时局的忧虑，如《宫沟秋莲赋》；有的则直接书写自己的情怀，抒发其不平，如《写怀赋》。这类文章皆构思精巧，文辞华美，对仗工整，绚丽多姿。

另外有一些记人、记事、纪游的文章，内容生动具体，简洁流畅。《太炎先生行事记》记述恩师章太炎先生的生平革命活动、学术成就，仅用了八百余字，真可谓惜墨如金。文中提出“学术不绝，民犹有所观感”的观点，启人深思。《自序》一文，对比古人而述写自己之不足，既别具一格，又表现出学术大家的博大胸怀。在《秋日泛舟大通河序》中，通过描绘大通河两岸秋天的美好风光、动人景象，叙述登岸赏景、寻村畅饮、赋诗助兴以及夜归情形和河上夜景，既赞美了祖国的大好河山，又表达了工作之余作者在“得侣非易，择池亦难”的情况下与友畅游的舒适心情。

在这一类文章中，《梦谒母坟图题记》最具代表性。该文作于光绪三十三年丁未（1907 年），时作者因鼓吹民族民主革命，遭清政府通缉，正逃亡日本，与太炎先生相依。黄侃至孝，以身居异域，远隔重洋，不能回故乡拜谒亡母坟茔为恨，至于魂牵梦萦，不能自已。好友苏曼殊深知其意，便根据所述梦中情景，绘成画幅——《梦谒母坟图》，以慰其心。黄侃睹物思人，心潮起伏，立即写下了这篇《题记》。文章一反常规，既不写梦，亦不写画，倒像是一篇描写故乡的游记。他通过描绘故乡的风土景物，述写母亲的坟墓和梦谒，将自己对祖国、对故乡和对亡母的眷恋思慕之情，寄寓在幽邃、凄清的文字里。文章结尾用《诗经》中“岂不怀归？畏此罪罟”的诗句，表达出作者的家国之痛和对清政府迫害革命志士的愤慨之情。虽然文中用了不少生僻字，但文辞古雅，音调谐婉，意境深沉，表现出一种抑郁凄凉之情和清寂幽深之美。

尤其值得一提的是，在中国近代文学、艺术的长河中，三位同时代的艺术大师合作创作出一件艺术作品——苏曼殊绘画、黄侃题记、章太炎书后，共同完成一件珠联璧合的文学、艺术珍品的情形，实属罕见。苏曼殊的画、黄侃和章太炎的题文，都是为时人所称道的佳作。这幅不大的文学、艺术作品的珍贵之处就在于：它同时凝聚了中国近现代三位文学艺术巨匠满腔的艺术心血、丰富的艺术情感、深切的忧患意识。这帧画幅，既具有极高的艺术观赏价值，又具有很深湛的文学欣赏价值，更具有其时代的历史意义。因此，它更值得人们了解和珍视。

他的这类文章大都写得逼真传神，叙述得体，文辞简洁，读之如亲临其胜，亲见其人。

还有一些是与师长、友人、亲属的来往信札。主要内容是向师长、友人请教、商讨学术问题，或敦促后学上进，表达自己对他们的怀念和感激之情。如《上太炎先生书》《答谢太炎先生撰量守庐记书》《与徐行可书》《与刘静晦书》《与潘婿书》《与侄耀先书》等。无论是对长辈、平辈还是晚辈，信中措辞皆极其谦和，表现了一代国学大师勤奋刻苦、谦逊好学的高贵品质。

黄侃的散文不仅内容充实，丰富多彩，而且具有很高的艺术技巧，给人一种美的享受。纵览黄侃散文，我们可以感受到如下几个鲜明的特点：

首先，是内容和形式的高度统一。黄侃的散文都是根据内容需要来确定反映这种内容的形式的，把内容和形式紧密结合起来，形成一个和谐的统一体。他前期的政论文和时评，由于同资产阶级改良派论战的需要，往往宏篇巨制，洋洋洒洒，而且将强烈的爱国主义激情和对封建专制制度的满腔愤怒寄寓在他宗法汉唐的生花文笔上，热情洋溢，观点鲜明，中外对照，反复论说，文辞严密，刚劲有力，既令人信服，具有极强的说服力，又振奋、鼓舞人们的斗志。如《哀贫民》一文，作者运用汉唐笔法，将“富者”与“贫者”进行对比，阐明其贫、富悬殊，并详尽地叙述了“吾乡”“贫者困象”，论证“命”与“分”的关系和实质，最后指出，“贫者”之所以贫穷，乃“富人夺之”之故。号召人们“复平等之真，宁以求平等而死，毋汶汶以生”。文章汪洋恣肆，热情奔放，文笔锋利，洋洋洒洒，四五千余言。对贫苦农民寄寓无限同情。再如《大乱者，救中国之妙药也》，文章虽篇幅短小，但具有坚实的社会内容，而且文笔流畅，气势凌厉，刚健雄劲，慷慨激昂，读之，令人感奋不已。

他后期的杂体文，或记一人，或述一事，或咏一物，或阐明一观点，或考证一书之真伪，内容单一，因而皆篇幅短小玲巧，形式生动活泼，笔调冷峻，文辞淡雅，细细品之，有隽永深醇之感。如《梦谒母坟图题记》《秋日泛舟大通河序》《吊汪容甫文》《日知录校记序》等。特别是他的小赋，或咏物、或抒怀，不仅体制较小，抒情意味浓厚，而且比喻贴切生动，语言清新朴实，文彩飞扬，深得魏晋遗风。如《牡丹赋》《桂花赋》《写怀赋》等篇。黄侃散文内容和形式的完美统一，使其富有较强的艺术感染力。

其次，结构谨严，论证充分，说理透彻，逻辑性强。黄侃的散文，无论宏篇巨制，还是体制短小，其结构皆缜密、严谨。如《专一之驱满主义》，首先指出要光复大业，必须明确种族与政权相较，种族为大；接着分析君主立宪较封建专制的利弊，阐明君主立宪的本质、起义推翻清政府的艰难，最后提出驱满的方式——暗杀。文章一环扣一环，层层深入，步步推进，逻辑性很强。在论述过程中，注重事实，例证充足，论证透彻有力。如在《曹子建洛神赋识语》这篇短文中，作者开篇不同意曹植写《洛神赋》为“感甄”的说法，随后展开论证。作者列举大量历史文献和事实，从四个方面详尽阐述了自己的观点，最后得出结论：“《洛神赋》但为陈王托恨遗怀之词，进不为思文帝，退亦不因甄后发”，纯系“闲情所寄，涉笔成篇”，令人信服。又如《论立宪党人与中国国民道德前途之关系》一文，数列了立宪党人的很多罪状，第六个罪状是“无耻”。为什么说立宪党人无耻？作者又列举了七条理由，令人无可辩驳，真可谓充分而透彻。

再次，运用了多种修辞手法来加强文章的表达效果。

其一是排比。如：“强弱判而无力者危；贫富悬而无赀者殆；贵贱分而无势者困；智愚辨而无知者伤。”①“治国化民，不可不资于学；安众齐人，不可不资于教；整军经武，不可不持以仁。”②排比句的运用不仅增强了文章的气势，而且句子整齐，读起来琅琅上口，富于音乐感、节奏感。

其二是对比。如：“第其民之智力，富者若有余，而贫者以贫得愚。视其朝廷之爵禄，富者据之不惭，而贫者以贫得贱。”③“核民之数，富人寡而困苦者不可以亿计也。相民之财，富者十取九焉，其散在众者什一而已。”④它揭露了封建社会贫富极端悬殊的不公平现状。这种观点实际上冲击着封建所有制问题，在当时的确是难能可贵的。又如“言革命至危，而言立宪安耳。言革命，则将尽捐其好名、慕势、竞利之心，而所持之术，动与险会；言立宪，则名与势、利从欲而至。伪政府待群媚儿，又岂肯稍加戮辱哉！言革命者，奔走关河，所与交者，大氐皆枯槁之士；言立宪者，安居一室，所与交者，大氐皆浮华之徒。言革命者，在国外虑皆穷士，甫入国境，即指为乱党，而受诛夷，眷属宗姻，皆将不保；言立宪者，在国外俨然政党，返国而后，上则为政府之谋臣，下则为诸侯之策士，最少亦能据一乡以自霸，结一官以自豪，富贵显荣，如操左券，妻妾子女，悉享欢娱”⑤。两相对照，将革命党人一无所有、义无反顾和立宪党人富实殷厚、瞻前顾后的特性表现得鲜明而又深刻。

其三是比喻。如：“今之国家，皆如七八十之老翁，貌虽可支，而扶杖龙钟，正不知死根之夙伏，举旦暮间物耳。”⑥比喻封建社会的岌岌可危，维妙维肖。又如，“汝之嗜利，有如豺狼。”⑦比喻贴切、恰当，将立宪党

① 黄侃:《释侠》,《黄季刚诗文钞》,湖北人民出版社 1985 年版,第 13 页。

② 黄侃:《哀太平天国》,《黄季刚诗文钞》,湖北人民出版社 1985 年版,第 27 页。

③ 黄侃:《哀贫民》,《黄季刚诗文钞》,湖北人民出版社 1985 年版,第 7 页。

④ 黄侃:《哀贫民》,《黄季刚诗文钞》,湖北人民出版社 1985 年版,第 7 页。

⑤ 黄侃:《论立宪党人与中国国民道德前途之关系》,《黄季刚诗文钞》,湖北人民出版社 1985 年版,第 21 页。

⑥ 黄侃:《专一之驱满主义》,《黄季刚诗文钞》,湖北人民出版社 1985 年版,第 3 页。

⑦ 黄侃:《论立宪党人与中国国民道德前途之关系》,《黄季刚诗文钞》,湖北人民出版社 1985 年版,第 25 页。

人的本性刻画得入木三分。此类例子真是举不胜举。

另外，诸如辞汇的丰富多彩、句子排列和组织的富于变化等等，就不一一阐述了。

黄侃之所以能写出那么多内容充实、绚丽多姿，又具有很高艺术价值的散文作品，是与他忧国忧民的思想、丰富的生活实践、淹博的学识和深厚的文学修养分不开的。他出自书宦门第，父亲黄云鹄以文章名于世，家学渊源对其亦不无影响。此外，黄侃那种“师古而不为所役，趋新而不畔其规”①、博采古今各家之长而为己用的品格和精神，也是他写出许多为人称道的散文作品的不可缺少的条件。其师章太炎先生就曾给予黄侃很高的评价：“若其精通练要之学，幼眇安雅之辞，并世固难其比。”②

著名训诂学家、学者、黄侃先生弟子殷孟伦在读其师文章之后，亦指出：“斯文也，高、明、广、大。”③这个评价也是很精当的。

应该看到，黄侃秉承师训，所追慕的那种格调高古的魏晋文风，对其散文创作和效果起过很好的作用，但由于用词过于典雅、奥僻，在今天看来，也在一定程度上影响了他散文的传播和应达到的社会作用。

黄侃的一生是革命的一生、忧国忧民的一生。他十几岁即投身民族民主革命活动，奋笔著文，揭露封建社会弊端，为推翻清政府四处奔波、呐喊；辛亥革命失败后退入书斋，走上讲坛，亦时刻关注革命前途、人民疾苦；就是在临终前一刻，还关心着河北局势，念念不忘国事。尽管其前期散文感情充沛，慷慨激昂，锋芒毕露；而后期散文清新朴实，隽永深醇，委婉含蓄，但贯穿其间的主线仍然是强烈的爱国主义思想。著名训诂学家、学者、黄侃弟子陆宗达就曾说过：黄侃先生的诗文可用“爱国志，民族魂，才人笔”④九个字来概括，其言可谓至当。

黄侃的散文创作（除散文外，还有近二千首诗、词）⑤自成家数，是辛亥革命思想文化运动的一个重要组成部分，也应当在中国近现代文学史上占一席之地。过去对黄侃的研究多着眼于文字、训诂、音韵和文艺理论以及

---

① 黄侃：《书后汉书论赞后》，《黄季刚诗文钞》，湖北人民出版社 1985 年版，第 41 页。

② 章太炎：《书黄侃梦谒母坟图记后》，王文濡：《续古文观止》卷之八，长春市古籍书店 1985 年影印本。

③ 殷孟伦：《黄季刚诗文钞·序》，湖北人民出版社 1985 年版。

④ 陆宗达：《黄季刚诗文钞·序》，湖北人民出版社 1985 年版。

⑤ 王庆元等：《黄季刚遗著要籍提要选》，《中国海峡两岸黄侃学术研讨会论文集》（1），华中师范大学出版社 1993 年版，第 22 页。

校勘等方面，对其文学创作方面的研究很少涉及，应当引起文学研究界的重视。

第五节　黄侃的诗歌创作

黄侃既是中国近、现代一位著名的民主革命家和散文家，又是一位卓有成就的诗人。他的诗歌作品不仅内容丰富，而且比较注重艺术技巧。尽管笔者曾有专文论述①，但遗憾得很，他的诗歌成就至今尚未引起学术界的重视。

黄侃早年赴日本求学，并积极投身于民族民主革命洪流，列名同盟会，奋笔著文，揭露封建社会弊端；又曾参与武昌起义的领导工作，为推翻清政府奔走呼号。辛亥革命失败后，他目睹国事日非，理想难以实现，自己又无力改变现实，遂退入书斋，走上讲坛。几十年中，黄侃在学习、教学与学术研究之余，则喜欢赋诗填词，时常同师友、学生“赋诗相唱和”②，写过很多诗词。根据有关资料的记载，黄侃至迟从光绪三十二年丙午（1906年）即20岁时开始诗歌创作。然而在世时所赋之诗除少数曾刊载于当时的报章杂志或出过小册子外，大多数都未发表；且“多随兴而作，顺手散失，更难见完整的原稿”③。今天所能见到的，有的是其子侄平时从字纸篓中拾取而搜集的，有的是以手稿墨迹或传钞本形式保存下来的，也有的是黄侃登录在自己日记中保存下来的。

黄侃对自己的诗词作品要求很严，不肯轻易示人；亦不甚惜，稍不惬意，即毁弃之。他与弟子论及自己的诗词作品，曾多次以“切戒勿刻其所为诗词文笔”为身后之属，认为自己“惟小学与经说可传”；并以骨牌为喻，谓古人所作之诗词为“天九”，自己所作诗词为“地八”。既有“天九”，“地八”就没有必要保存了④。此虽黄侃自谦之语，然亦可见其对自己创作的严谨态度。

---

① 程翔章:《爱国志　民族魂　才人笔——黄季刚先生诗歌创作简论》,《高师函授学刊》1994年第1期。

② 章太炎:《黄季刚墓志铭》,《制言》第五期(1935年);收入《量守庐学记》,生活·读书·新知三联书店1985年版。

③ 湖北省人民政府文史研究馆校订:《黄季刚诗文钞·校订说明》,湖北人民出版社1985年版。

④ 刘博平:《师门忆语》,亦见曾缄《量守庐词钞·序》以及程千帆《忆黄季刚老师》,均载《黄侃纪念文集》,湖北人民出版社1989年版。

黄侃在世之时，自编、手定或子女编定的诗集较多，计有《楚秀庵诗钞》《云悲海思庐诗钞》《纗秋华室诗钞》《居东杂诗》《北征集》《石桥集》《量守庐诗钞》等多种，其中有几种曾以钞本形式印行过。1985 年 9 月，值黄侃诞辰一百周年暨逝世五十周年之际，湖北人民出版社出版了由湖北省人民政府文史研究馆校订的《黄季刚诗文钞》，其中收录黄侃之诗最富，计古、今体诗 1017 首。但这仍不是黄侃诗作的全部。黄侃的弟子、女婿潘重规教授于戊辰年（1988 年）在台北据先生手订或印行的旧稿缮录编印了《量守遗文合钞》，计上、下两册，分别收入黄侃诗、词、文各若干。其中收录诗 313 首，包括《纗秋华室诗》127 首，《北征集》149 首，《游庐山诗》37 首。潘先生在《合钞说明》中指出：《纗秋华室诗》集中之诗，《黄季刚诗文钞》中失收 21 首；《游庐山诗》集中之诗，《黄季刚诗文钞》中失收十余首。即此可见先生诗歌创作之一斑。

而据王庆元先生后来参与搜集、整理黄侃先生诗、词、文后说，《黄季刚诗文钞》中所收录的诗作“远非完本”，黄侃先生实际创作的诗歌作品应有“一千四百余首”①。

季刚先生对于诗歌创作的论述和评论，尚未见有专文，但从他的论诗绝句《漫成》（六首）中，亦可见出其论诗的主张和观点：

寓目曾无得句新，奚囊何用苦搜寻。三年两句诗情窘，未解流泉是妙音。

江山云物古今同，比拟雕镌术已穷。要识胸情宜直举，后人何必怯争锋？

作奏诚宜去葛龚，矫情独造亦无功。《候人》《破斧》沿前制，始识文章有至公。

忧生悼世感无端，篇什原宜当史看。汩没真情拟风雅，可怜余子羡邯郸！

文章何苦较崇卑，兰菊英蕤各一时。上采风骚下谣谚，果能真挈尽吾师。

歌泳终须本性情，三年刻楮费经营。杜韩同有文章在，只惜《南山》逊《北征》。

这一组诗作于 1918 年 9 月。组诗写得晓畅精微，言简意赅，基本上体现了

---

① 王庆元等：《黄季刚遗著要籍提要选》，《中国海峡两岸黄侃学术研讨会论文集》（1），华中师范大学出版社 1993 年版，第 22 页。

黄侃先生平生的论诗大旨。其持论甚为闳通，不带宗派，概括起来，共有六个方面：一曰崇尚自然，二曰直抒胸臆，三曰博采众长，四曰反对模拟，五曰言之有物，六曰风格多样。显然，黄侃论诗与随园（袁枚）类似处颇多，但又有不少新的阐发。他的这些主张和观点，与他在《文心雕龙札记》中所表达的文学主张也是一致的，即主张作诗文要以自然之道为基础，表达自己的真情实感，而反对“雕琢过甚”。他认为，诗文之事丝毫不能脱离自然，脱离社会现实生活，只有具备高度的艺术修养和艺术技巧，并运用“神思”，才能创造出源于自然而又美于自然的作品来。认真阅读黄侃之诗文，可知其实践了自己的主张。

黄侃虽不以诗词为职，却常以诗章明志。其诗视野开阔，涉及面广泛，内容异常丰富。概括起来，主要反映了以下内容：

其一，抒发其炽烈的忧国爱国之情。

癸丑十月（1913 年 11 月），先生写有《乱后始至南京作》一诗：

征毂才停意已惊，疏灯断柝石头城。道旁一望皆荒土，乱后重来似隔生。劫火经秋留烧迹，寒江入夜送潮声。纷纷成败何须数，独为遗民诉不平！

诗中描绘了袁世凯镇压孙中山领导的“二次革命”后，给南京留下的一片残垣断壁、人烟稀疏、疮痍满地、令人目不忍睹的景象。

又如《十一月十七日即事》：

又见河边羖䍽飞，神州神器竟谁归？升坛尚自劳三让，奉使应须遣五威。南国后皇空树橘，西山义士漫餐薇。华胥梦破残生在，独向斜阳泪满衣！

《谁信》：

谁信迂生有远忧？飘零还自念神州。《七哀》每下伤时泪，《五噫》终成避地游。短翼差池难再整，孤行却曲几曾休？独怜江上春如许，落日清笳动客愁。

军阀连年混战，人民悲苦飘零，国亡迫在眼前，先生虽不问政事，然见此情景，亦忧心如焚，唏嘘叹息，以至泪下沾衣。诗人的这种炽烈的忧国之情，随着日本帝国主义侵华步伐的加速，表现得更加忧愤和深沉，如其《读史至靖康之事感而有作》曰：

天心人意两茫茫，时世何期似靖康！城闭言开终不听，师全地丧倍堪伤。乞灵六甲皆儿戏，卖国三川足货郎。犹幸东南能退保，主和无用责汪黄。

又《古北口》亦曰：

碣石西来尽举烽，惟凭虎北保尧封。雄关又见成瓯脱，回首辽阳路万重。

日寇在前，国势危急，烽烟遍起，民不聊生，然而防军不战自退，国民求战不得。睹此景象，诗人悲愤难平，借古讽今，声泪俱下，直泻笔端。

其二，表达其深沉的忧民爱民之怀。

如《杂感八首》之三：

萧萧端鬓怯西风，闵乱忧生壮志空。幸免长饥已逾分，不须憔悴悔雕虫。

又《杂感八首》之五：

谁信陶潜是隐沦？荆轲一咏见天真。种桑未采山河改，聊傍东轩作醉人。

又《行路难》：

长安城头落日黄，高树叶尽天欲霜。此时孤雁更难去，使我登楼怀故乡。故乡只隔吴江水，江南蓟北三千里。十城荡荡九城空，大军过后生荆杞。恸哭秋原一片声，谁人不起乱离情？已知杀掠成常事，终羡共和是美名。游氛蔽天关塞黑，易京留滞归不得。谁令虎豹守天阍？坐见豺狼满中国。酒尽歌阑无复陈，猿鸣鬼啸殊愁人。

这些诗揭露了黑暗的社会现实，叙写了战乱给普通民众带来的灾难困苦，字里行间处处流露出先生的“闵乱忧生”之情，从中亦可见出诗人的革命情怀。不仅如此，诗人还对造成民众流离失所、无家可归、饥寒交迫的根源——新旧军阀连年混战、政府官员结党争权的社会现实进行了无情的鞭挞。如《书愤》：

谁令蛮触日相争？应怪蚩尤作五兵。诸将未须夸斩获，虫沙猿鹤尽苍生。

又《杂感四首》之四：

弭乱谁闻肉食谋，幽都一望为君愁。真疑举国皆朋党，直与齐民作寇仇。闾左几人逃桎梏，城中何日静戈矛？地维绝后身仍死，枉羡共工据冀州。

新旧军阀只知连年交战，争夺地盘；政府官员只知尔虞我诈，争权夺利，根本不管普通民众的死活。先生见之，愤怒难平。

诗人还写过一首《偶感》：“民力凋残硕鼠多，哀鸿满野欲如何？与人尽解均贫富，岂独青神王小波？”诗中对普通民众的疾苦已不只是限于同情了，而是代表民众向统治者提出了控诉和抗议，支持“均贫富”的农民起义，这与他早期政论文《哀贫民》的思想是一致的。

其三，表现其对时局的密切关注。

黄侃后期虽退入书斋，从事教学和学术研究，但作为一名爱国的文学家，他却时刻关注着时局的变化，并及时用诗歌来表达自己的看法和意见。如其《感事四首》：

九陌狂尘拂彩旗，受图应及奉郊时。宫邻金虎宁非数？荆棘铜驼更有思。旷世黄农今日见，升坛舜禹后人知。凭谁为报灵修道，可惜斜阳迫崦嵫。

闰位艰辛历四年，岂知舟壑一时迁。漫言骑虎难为势，真悔投龟枉询天。建国黄孙新历数，神州赤县旧山川。生逢尧舜吾何恨，愧令陈崇颂德篇。

沧海匆匆又起尘，九金神鼎付何人？鱼书往日空张楚，鹑首今兹已赐秦。梦里华胥非故国，眼前黔首是新民。申徒徐衍从君笑，障塞狂澜赖此身。

鹬蚌争持汉与清，徒将水火困生灵！孤身转徙慚移橘，同好凋残感散萍。尽藉南音思故土，漫将客泪洒新亭！何当洗尽昂藏气，一饮狂泉不用醒。

据黄侃的弟子孙世扬说，这一组诗作于民国四年乙卯（1915 年）冬天。黄侃此时正在北京大学任教。这一年的农历十一月初五日（12 月 11 日），参政院推戴袁世凯为皇帝。次日，袁世凯宣布承受帝位，改国号为“中华帝国”，以明年为“洪宪”元年。十一月七日，袁世凯接受百官朝贺。黄侃深知，他和无数革命志士抛头颅、洒热血，从事民族民主革命斗争，为的就是要推翻封建帝制，建立一个由民众当家作主的民主共和国。而今，烈士尸骨未寒，袁世凯却要开历史倒车，复辟帝制。黄侃感到无比的愤慨和悲痛，遂写了这组诗。又如其《读宋史二首》：

祭酒原宜用老成，上书何得罪诸生。一般驭士如驱卒，崔鶠偏能诋蔡京。

割地输金势已成，上书何幸有诸生。诵经退敌终无策，应愧当时六甲兵。

民国七年戊午四月初七日（1918 年 5 月 16 日），段祺瑞政府与日本政府秘密签订《中日陆军共同防敌军事协定》；四月初十日（5 月 19 日），又秘密签订《中日海军共同防敌军事协定》；四月十二日（5 月 21 日），北京大学、北京高等师范学校等学校学生联合起来赴总统府（时冯国璋为总统）请愿，要求废除中日军事协定。这两首诗就作于此时。诗人借读《宋史》以寄寓时事，对段祺瑞政府的卖国行为进行了猛烈鞭挞。

黄侃一生喜游览，并时常通过游览来表达他对时局、时事的评论意见。如其《四月八日始游北海，弟子孙世扬从》：

> 艮岳琼华事莫详，断垣废沼已堪伤。早知信炮成虚设，犹幸丰碑独后亡。坏殿罘罳添燕垒，空陂荇藻带鱼梁。囿游榛莽乌容惜，只恐神州化牧场。

此诗作于民国七年戊午四月八日（1918年5月17日）。北海，在今北京市西城区的故宫西北。其水域为太液池，中心之山名万寿山。元代时，以琼华岛海子为中心，建成禁苑。清朝灭亡后，这里成为民众的游览之地。昔日的游览胜地，今日却是“空陂荇藻带鱼梁，囿游榛莽乌容惜”，一片“断垣废沼”景象，他不禁感叹万端，黯然神伤。这也从另一个侧面反映了连年的军阀混战给国家和人民带来的深重灾难。又如其《清明日行钟山下，自孝陵至蒋庙，还泛后湖作》（四首之一）：

> 兔窟龙盘竟未分，丹崖碧岭似遭焚。六朝王气余春草，一片残山对暮云！石表巍峨何代冢？玉衣灵爽旧时君。桃花无数啼鹃血，漠漠川原日自曛！

此诗是黄侃先生民国十九年庚午（1930年）清明节那天在弟子潘重规、次子念田陪同下游览南京钟山、蒋庙、玄武湖等地后所写。钟山，即紫金山，在今南京市东。蒋庙，汉末秣陵尉蒋子文逐盗死于钟山，后人建庙于山，奉为神灵，称蒋帝。后湖，玄武湖的一部分。南京为虎踞龙盘之地，古代不少朝代曾建都于此。历史上不仅有无数英雄豪杰、忠臣烈士活动于此，而且有很多昏君孱王、权奸佞臣出没其间。这里又是人们常来的名胜游览之地。可如今“丹崖碧岭似遭焚”“六朝王气余春草”，放眼望去，只是“一片残山对暮云”！字里行间深寓对军阀混战所造成的山河破碎、民不聊生的愤慨之意。整首诗格律严整，气势宏大，借古讽今，委婉含蓄。其首句中以“兔窟”与“龙盘”并举，颇为新颖。

其四，反映其深切关怀祖国存亡、民族命运，反抗外来侵略的思想。

诗人晚年，正值日本帝国主义加紧侵华之时。这给他思想上带来了极大的苦痛，从他晚年大量的诗歌中就可以清楚地看出。例如，1931年9月20日（即“九一八”事变后的第二天）诗人写的《闻警》一首：

> 早知国将亡，不谓身真遇。辽海云万重，无翼难飞赴。

这首五言绝句诗仅20个字，但它却将诗人得知日寇侵华消息后坐卧不安，恨不能“飞赴”万里之外的“辽海”亲临抗敌前线的迫切心情表露得淋漓尽致。

“九一八”事变一周年时，诗人挥笔写了《书愤》：

恸哭秋风忽一年，谁令辽海陷腥膻？力微难挽沉渊日，劫尽真逢倚杵天。此夜苍涛掀大地，今时碣石抵穷边。受生何苦依兹土，欲向蒲龛问宿缘！

1932年冬天，有感时事，他写了《辛未岁暮书感二首》：

杀节凋年惨惨过，唯将涕泪对关河！沧溟鳌抃移山疾，武库鱼飞弃甲多。一国尽狂应及我，群儿相贵且由它。贤愚此日同蒿里，只恐无人作挽歌！

弧张孤说事何如？载鬼仍惊满一车。北斗挹浆空有象，东郊种树尚存书。失巢伫吊依林燕，聚糁先怜在沼鱼。病肺愁时逢止酒，那能因梦到华胥？

1933年1月5日，山海关失守。黄侃得知消息，义愤填膺，成《牡亡》一诗：

牡亡谁为守关门？激矢虻飞昼亦昏。差与深仇同日月，不妨孤注掷乾坤。狐裘谋国三公哄，鼠穴容身四海奔。太息神州倾覆后，犹持党局付儿孙。

“九一八”事变后，诗人目睹民族危难日益深重，忧伤至深。在这些诗中，无不表现出诗人对日本帝国主义疯狂入侵、占领我国土和屠杀我人民罪恶的憎恨，对狐鼠误国、致使大片国土沦丧的痛惜，对政府腐败无能、屈辱求和的愤慨，对国家、民族前途的深切忧虑，爱国主义激情溢于言表。

1935年10月6日，即农历重九节，诗人率子女甥婿至南京鸡鸣寺豁蒙楼游玩。后因身体不适回九华村“量守庐”书房闷坐，郁郁寡欢。有感于李后主《却登高文》，挥笔写了一首七律《乙亥九日》：

秋气侵怀兴不豪，兹辰更欲却登高。应将丛菊沾双泪，漫藉清尊慰二毛。西下阳乌偏灼灼，南来朔雁转嗸嗸。神方莫救群生厄，击背萸囊空自劳。

诗中对日本帝国主义猖狂的侵略威逼切齿痛恨，对流离失所、无家可归的普通民众寄寓了深切同情，而对自己虽能安居治学，却无力报效、缺乏救国救民的“神方”感到惭愧不安。全诗凝重、深沉，血泪交融，诗人为国家存亡，为民族进步不懈奋斗和追求的精神溢于言表。

其五，表达其对亲朋戚友的挚爱之情。

黄侃是一位具有真性情的诗人，对普通老百姓表达的是挚爱真情——“黄河何时清，独下哀生泪”（《感兴》），对亲朋戚友表达的更是至性至情。如其《近日购米以一斗为齐，犹虞匮乏。因忆十余年前先母犹在时，值六月米荒，恒兼旬啜粥，犹不能继，则质亡妻嫁衣以济之。今虽贫，尚未至是也。先母弃养已一星终，亡妻之没，亦五改火矣。病床追忆，悲怆不胜，因成七言八韵》写道：

> 追忆偕妻养母时，家无儋石更逢饥。难忘季夏三旬粥，尚仰闺中几袭衣。天外飘蓬仍未定，坟前种树早成围。可怜报德嗟何及，莫叹佣书禄太微。索饭儿痴看冷竈，拔钗妇去对空帏。朱儒饱死还堪笑，靖节饥驱不自欷。戏綵久无莱氏乐，拾金真畏乐羊讥。惟余一事夸畴昔，白板门前债主稀。

诗中追忆母亲和妻子在日，由于战乱，物价飞涨，常常靠妻子“拔钗”“质衣”换米，一家人餐餐“啜粥，犹不能继”。每当回忆起这些事情，就感到“悲怆不胜”，表达了诗人对母亲和妻子深切的怀念和无限的歉意，可谓情真意切。再如其《亡室生日设祭作》：

> 烛光寒不舒，穹庐迫昏暮。之子久归泉，兹辰溯初度。酒肴陈几筵，儿女伸思慕。谁云情可忘？衰襟泪翻注。死别三改火，孤棺滞权厝。平生辛苦心，已矣更谁语。结发为弟兄，食贫非所恶。贱子好远游，春华竞驰骛。共处曾几何，忧患相撑拄。故山远辞别，蓬梗从遭遇……前月得乡书，兄子新物故。骨肉渐凋零，悽酸自回互。揽镜观鬓毛，几时谁以素？书卷纷陈前，神昏失章句。此心终郁抑，庶几为子诉。凄风飘帐帷，遗貌坐相顾。何能击缶歌，悲怀宜一赋。霜夜诚萧条，徘徊候香炷。

这是黄侃于亡妻生日那天为其所写的一篇长篇五言古体祭诗，作于民国十四年乙丑（1925 年）一月。全诗写得一往情深，悲痛感人，就像是妻子在日与其床前灯边谈家常，娓娓道来，出自肺腑。读后，不能不被诗人的挚爱深情所打动而潸然泪下。其后又迭遭长子念华（1927 年）、小女念惠（1928 年）夭亡之痛，异常悲苦，接连写了《惠觞》《惠冢》《改葬念惠于小仓山》《二日雨中省惠冢于随园》《小仓山哭念惠冢》等一系列伤悼之诗，无不写得凄婉悲苦，沉痛欲绝，一片真情。如其《惠冢》写道：

> 细雨潇潇丛冢间，暮寒虽劲不知还。高冥大块诚何意？断碣新阡若是斑。谁料幽明分跬步，却怜人鬼共尘寰！赁庐路近非无谓，日日销魂

对此山!

对母亲、对妻子、对儿女等至亲骨肉是这样,对师长、友朋、学生亦是这样。在先生的诗集中,留有《刘先生挽诗》、《在河南寄刘生》、《送刘生丧归》(三首)、《伤某君》(二首)、《怀陈君》、《送觯伯》、《寄怀孙生》、《忆曼殊》、《挽樊君》、《送陈君》等一系列诗篇,无论是送别,还是寄赠,甚或是哀悼,都是表达的真情挚意。如其《挽樊君》写道:

位置云林东涧间,陆沉避世老犹顽。谷陵恨为嫦娥减,香火情终古佛关。得句浑如风过水,看花只道日依山。春来樊子偏归去,辜负燕池草色闲。

此外,先生还写过不少杂咏诗。如他曾在所藏书目册上写过这样一首诗(《题所藏书目簿上》):

稚圭应记为佣日,昭裔难忘发愤时。十载仅收三万卷,何年方免借书痴?

虽然四句诗只有二十八个字,但读者可从作者对置书的喜悦和恨藏书不富的感叹中,看到一位嗜书如癖、勤奋好学的国学大师的形象。

又如其《戏题计簿上》:

安得身如董仲舒,不关家事但窥书。二毛已见犹漂泊,转学治生计恐疏。

先生不慕荣华富贵、高官厚禄,只希望每天不为“家事”所扰,而能平平安安地读书、做学问。但这样一些最低的愿望和要求都达不到,每天不得不为“治生”发愁。这虽是一首极普通的反映“家事”的小诗,但它却从另一个方面体现了动荡的社会现实给人民大众带来的生存苦难。

他还写过一首《影戏》:

转镜高楼夜放明,蛇人纸上换殊形。便须长作无遮会,幻到犁靬也漫惊。

“影戏”亦称“皮影戏”,有些地方又叫“驴皮影”。它是民间流行很广的一种用兽皮或纸板做成的人物剪影来表演故事的戏曲;表演时,用灯光把剪影照射在屏幕上,艺人在幕后一边操纵剪影,一边演唱,并配以音乐,颇受民众喜爱。黄侃先生是一位国学大师,在一般人看来,其兴趣爱好应该比较高雅。可他却对流行民间的“影戏”感兴趣,并用诗将其记录下来。可见他平时观察事物较细致,兴趣爱好也较广泛。

黄侃尚写有很多纪游诗、山水诗、咏物诗、感兴诗、题赠诗,也表达了较丰富的内容和感情,这里就不一一论列了。

从前面简略的论析可以看出，黄侃的诗作或抒发个人思想感情，或评论时政、臧否人物，或吟咏景物，或应答酬赠，或探讨学问、论述学风及方法等，不仅内容丰富，及时反映了社会现实生活，而且具有很高的艺术性。仔细研读，不难发现以下一些特点：

第一，诗作充满了强烈的爱国主义思想和激情。翻开先生的诗集，无论是其早年投身民族民主革命，意气风发，指点江山时所为之诗；还是其后期退入书斋，走上讲坛后所为之诗，都鲜明地表现了先生时刻关注祖国前途、民族命运、人民疾苦的情怀。这样的诗不胜枚举。就是先生临终前的一刻，仍念念不忘国事，还问家人："河北近况如何？"故汪辟疆教授对他备加推崇："先生本性情中人，气愤填膺，虽在弥留之际，犹未忘国事，即此一端，已足见其生平矣！"[①]著名训诂学家、学者陆宗达用"爱国志，民族魂，才人笔"[②]来评价黄侃的诗文，可谓至当。

第二，诗作具有历史价值，其中相当一部分可以当"史"来读。学人们知道，"史料里把一件事情叙述得比较详细，但是诗歌里经过一番提炼和剪裁，就把它表现得更集中、更具体、更鲜明，产生了又强烈又深永的效果"[③]。黄侃可谓深得其旨。他也曾说过："忧生悼世感无端，篇什原宜当史看。"阅读先生之诗，也会自然地感受到这一点。黄侃之诗往往能以简炼的笔触、精炼的辞句，生动形象地勾勒出一幅幅历史图画，显示出诗人卓尔不凡的艺术才华。如其《五月五日作》：

> 人好生，胡为发杀机？天好生，胡为降大戾？生斯国土为此民，无可如何但流泪！举家十口三过兵，所忧此世无宁岁！却顾街衢十九空，令节良辰总虚置。暗雾愁云欲压城，此中冤气兼兵气。吁嗟乎！华山之冠空自高，天下安宁不可冀。

1921年农历五月初五日，北洋军阀王占元部在武昌发动兵变，致使武昌城乌烟瘴气，十室九空，民不聊生，一片混乱。这首诗就像一幅图画，将当时那种"暗雾愁云欲压城"的情景历历映现在人们眼前。

再如《武昌乱》、《行路难》、《题友人某君所著辛亥札记》、《乱后始至南京作》、《杂感四首》（之三）等，无论是长诗还是短诗，都有很大的历史容量，这里就不再一一细说了。

---

① 汪辟疆：《悼黄季刚先生》，《制言》第4期。

② 陆宗达：《黄季刚诗文钞·序》，湖北人民出版社1985年版。

③ 钱锺书：《宋诗选注·序》，人民文学出版社1958年版。

第三，体裁丰富，形式多样。黄侃的挚友汪辟疆曾指出："季刚诗初效选体，律诗有玉溪意格。来金陵后，五言未变其体，惟喜堆书卷，反不如旧作清绮可诵。至近体则出入于杜公、玉溪、临川、遗山、蒙叟之间，不名一家。"①由此可见，黄侃为诗，不拘于一家一体，而是广取博收，为我所用。今观先生诗集中，既有五、七言古诗，又有五、七言律诗及五、七言绝句，还有五言排律，亦写过四言诗，可谓丰富多样。创作时，黄侃对各种诗体常依内容而定，自然灵活，左右逢源，可见其在诗歌方面的精深造诣。在各种诗体中，黄侃于五言诗又用力最工，得到学术界的公认，称其五言诗"有晋宋之遗"②。

另外，黄侃的诗作不仅格律严谨，对仗工整，音韵和谐，而且寓意深刻，委婉含蓄；其笔法稳练、灵活，比拟生动贴切，用典妥帖自然，了无痕迹，语言隽永深醇。这些都显示了黄侃深厚的文字和文学功底。

第六节　黄侃的词

作为中国近、现代文坛上一位卓有成就的文学家，黄侃的文学创作涉及面很广，不仅有数量甚多的诗文作品，还有数百首词作。黄侃的词，今尚无学人作系统研究。

关于黄侃词的创作，其弟子曾缄（字慎言）教授曾说过，先生"本贵家公子，少年革命，遍交当世贤豪。意气甚高，俶傥自喜。中年以后，尊为人师。马融授徒，不废声伎。迂拘者议其儇薄，寒俭者震其高华。先生皆不与争，而词则缘此益进"③。

根据有关材料的记载表明，黄侃至迟于光绪三十二年丙午（1906 年）开始填词④。然先生所填之词，除少数曾刊载于当时的报纸杂志上之外，大多数都未发表；且"多随兴而作，顺手散失，更难见完整的原稿"⑤。今天所见到的词，一部分是"其子侄从纸篓中拾取而搜集的"，一部分是"以手稿

① 汪辟疆:《光宣诗坛点将录》,《说近代诗》,上海古籍出版社 2001 年版,第 91 页。

② 钱基博:《现代中国文学史・古文学》,岳麓书社 1986 年版,第 97 页。

③ 曾缄:《量守庐词钞・序》,《黄侃纪念文集》,湖北人民出版社 1989 年版,第 153 页。

④ 据查,《黄季刚诗文钞・词钞》中,写得最早的一首词是《洞仙歌・重过神武门咏荷》,作于光绪三十二年(1906 年),时黄侃在日本。

⑤ 湖北省人民政府文史研究馆校订:《黄季刚诗文钞・校订说明》,湖北人民出版社 1985 年版。

墨迹或传钞本形式保存下来”的[①]，还有一部分是黄侃登录于自己的日记中而保存下来的。

黄侃对自己的诗词作品要求极严，不肯轻易示人；亦不甚惜，稍不惬意，即毁弃之。他曾多次与弟子论及自己的诗词作品，并以骨牌为喻，谓古人之诗词为“天九”，自己的诗词为“地八”。认为既有“天九”，“地八”则不必存[②]。此虽自谦之语，然亦可从中见出先生对诗词创作的严谨态度。

黄侃在世之时，仅曾于1912年在上海手定铅印过《缥华词》一卷，收词165首，系1907年至1911年间所作，即民国以前的作品。卷前有先生好友王邕、汪东的序文各一篇，另有况周仪题词《减字木兰花》四首。直到1945年5月，值先生去世十年时，才由四川大学曾缄教授在成都编汇印行（铅印）了《量守庐词钞》。书前有曾教授甲申年（1944年）序言；书后有其子黄念田先生乙酉年（1945年）附记，谓“此集为纪念先君六十诞辰而印”。此集计收词作四种：

第一种，即《缥华词》一卷，将1912年7月在上海铅印的词集原封不动地收入。

第二种，即《揽蕙词》二卷，收词29首（其中一卷15首，二卷14首），系先生于清宣统末（1911年）至民国元年（1912年）间的作品。

第三种，即《缥秋华室词》一卷，收词21首，卷末有黄念田先生小识：“此卷为先兄念华所藏，先君自记曰：‘在《缥华》《揽蕙》《楚秀庵》三稿中者，此不录。’”它是先生1906年至1919年间所作。

第四种，即《楚秀庵词》一卷，收词78首，绝大多数是先生1920年7月（庚申六月）以后的作品，间或亦收录有民国前后的作品。

上述四种总计收词290首，是当时收录黄侃词作最富的一种本子，而这也不过是其词作的一部分。据黄念田在《量守庐词钞》附记中所说：“先君晚年所为词，载在《量守庐日记》中，以版权契约限制，未能录入斯集……”可见《量守庐词钞》之外尚有不少遗漏。

1985年，值黄侃先生诞辰100周年暨逝世50周年之际，武汉和南京两

---

① 王庆元等：《黄季刚遗著要籍提要选》，《中国海峡两岸黄侃学术研讨会论文集》(1)，华中师范大学出版社1993年版，第21页。

② 刘博平：《师门忆语》，亦见曾缄《量守庐词钞·序》以及程千帆《忆黄季刚老师》，均载《黄侃纪念文集》，湖北人民出版社1989年版。

市分别隆重举行了黄侃学术研讨会；同年9月，湖北人民出版社出版了由湖北省人民政府文史研究馆校订的《黄季刚诗文钞》，其中收录先生之词最全（尽管仍然未能尽收），共计376首。另外，潘重规于1988年（戊辰）在台北据黄侃手订或印行的旧稿印行了《量守遗文合钞》上、下两册，其中收词计290首。这实际上就是将原《量守庐词钞》缮录一遍后影印的。

而据武汉大学王庆元后来参与搜集、整理黄侃诗、词、文后说，《黄季刚诗文钞》中所收录的词作"远非完本"，黄侃实际创作的词应有"五百余首"①。

黄侃的词作，根据其反映的内容大致可分为两大类。

一大类是其情词以及少部分恻艳之词，多为小令，主要集中在他的《缬华词》中。这些词，表达了作者的一种缠绵悱恻的情思和愁绪，是先生心中苦恼、郁闷、感伤情绪的一种发抒和排遣，文辞高华，笔致隽妙，其意委婉含蓄。黄侃自己在《缬华词》编成自记中亦说过："……华年易去，密誓虚存。深恨遥情，于焉寄托。茧牵丝而自缚，烛有泪而难灰。聊为怊怅之词，但以缠绵为主。作无益之事，自遣劳生；续已断之缘，犹期来世。壬子（即1912年）六月，编成自记。"如其《转应曲》：

胡蝶，胡蝶，飞上罗裙双帖。便教叠入空箱，差胜分飞断肠！肠断，肠断，忍向别枝重见。

此词开头化用宋代词人张先（字子野）"双蝶绣罗裙"词句，而以"飞上"出之，则更为活脱灵动。中间二句却波浪迭起，实际上罗裙如故，人已分飞，乃云弃置空箱，旧日"双帖"仍在，强作自解之辞。结尾句则真让人"肠断"：所见者旧蝶抑或新蝶？全词寥寥数语，既写了人，又写了事，而且写得起伏跌宕，扑朔迷离，意味无穷，耐人咀嚼。

又如其《浣溪沙》：

一夜秋风万里寒，所思遥在碧云端，不堪飘泊又摧残！　帘密惟应星暗入，楼空一任月低看。生愁珠泪湿栏干！

此词的上阕化用南朝齐、梁人江淹"日暮碧云合，佳人殊未来"诗意，且首句境界甚为开阔，为前人未道之语，颇具新意。下阕则睹物思人，道尽人间凄凉悲愁之情。全词既有借鉴，又有自己的独到之处，悱恻缠绵，感人至深。再如其《踏莎行》：

① 王庆元等:《黄季刚遗著要籍提要选》,《中国海峡两岸黄侃学术研讨会论文集》(1),华中师范大学出版社1993年版,第22页。

丁未秋日，闲居东京，眷怀故国，怅然赋此。

远道秋还，高楼客去，天涯梦觉浑无绪！寒烟偏解趁西风，丝丝散尽归何处？　复堞藏云，遥山隐雾，闲情渺渺从伊误。斜阳却照断魂归，苔痕绿遍来时路。

由词前的小序可知，此词写于光绪三十三年（1907 年）秋天。光绪三十一年乙巳（1905 年）秋天，刚刚弱冠的黄侃离开祖国、家乡和亲人，只身来到日本，进入东京早稻田大学深造。此时的东京不仅留学生多，而且民族民主革命活动如火如荼。学习之余，黄侃结识了不少革命志士，加入同盟会，积极投身民族民主革命活动。不久又结识了革命文豪章太炎，并拜其为师，踊跃为《民报》撰稿，共倡革命，名声远播。黄侃自来日本至今，已有整整两年时间，每当闲暇之时，就会情不自禁地“眷怀故国”，想念家乡和亲人。然而，“遥山隐雾”，“苔痕绿遍来时路”，黄侃已经成为清政府通缉的“要犯”，虽然有国却难投，有家却难归。全词写得含蓄委婉，凄凉悲愁，深寓家国之痛。

类似的词尚有：

桂树满空山，秋思漫漫。玉关人老不生还！莫道此楼难望远，轻倚危栏。　流水自潺湲，重见应难。谁将尺素报平安？惟愿夕阳无限好，长照红颜。

——《浪淘沙》（己酉年在日本东京作）

莫辞摇落伴寒鸦，好向江潭送岁华。应忆春前飞絮苦，化萍何日到天涯。

——《杨柳枝》

归不得，愁见天涯秋色。落日青山非故国，远游情恻恻！　断雁空传音息，别有伤心谁识？地阔天长惟梦觅，梦犹无气力！

——《谒金门》

露寒香湿夜无声，细语礼双星。神仙有分，便教沦谪，绝胜无情！去年今夜无穷意，曾与证深盟！西风又起，秋河不动，空照云屏。

——《眼儿媚》（庚戌七夕）

前一首作于清宣统元年己酉（1909 年），后三首词大约作于宣统二年庚戌（1910 年）的春、夏期间。当时，黄侃一边积极参与日本东京革命派举行的各种革命活动，一边与钱玄同、朱希祖等留日学生拜章太炎为师，认真学习国学，日子过得倒也挺充实。他们远在异国他乡，盼望着能早日回到国内，与党人一道战斗，夺取革命的胜利；可又遭清廷通缉，有国难投，有家难归。他们最怕闲暇之时：一有闲暇，就会“秋思漫漫”，尤其“愁见天涯秋色”，因为“落日青山非故国”；每当思念故乡和亲人的时候，只好到梦里去寻觅，不知“何日到天涯”；可“秋河不动，空照云屏”，梦又是那么的虚幻，梦醒后什么都没有了！这种悲伤的情形能有多少人知道？能有多少人理解？字里行间充盈着一股悱恻缠绵的凄凉悲愁之情。

黄侃的另一大类词是那些反映社会现实生活的词作，主要集中在《揽蕙集》、《纗秋华室词》和《楚秀庵词》与先生晚年所作，且兼收令、引、近、慢等各种体式。这些词大多表达的是作者那种忧国忧民、怀旧思乡、哀时讽世的思想。其风格亦愈来愈深沉、稳练。如其《西平乐》：

> 晚经玉蝀桥，见团城以北，宫观渐荒，岸柳渚河，无复生意。西风乍过，觱篥吹愁！因和梦窗西湖先贤堂词韵，以写感今伤往之怀。
>
> 故国颓阳，坏宫芳草，秋燕似客谁依？笳咽严城，漏停高阁，何年翠辇重归？看殿角孤云覆苑，林杪轻烟漾晚，疏灯数点，波间替却余晖。还爱西山暮色，苍翠处，散影入杨丝。　　坠梧眢井，漂花暗水，一夕西风，人事潜移。空漫想楼延宝月，桥压金鳌，剩有深苔碎蝉，丛竹残萤，犹伴惊鸦识旧枝。凭吊废兴，铜盘再徙，沧海三尘，树老台平，尽刬琼华，孤蓬又逐沙飞。

据词牌下原注：“丁巳”，可知此词作于民国六年（1917年），时作者仍在北京大学任教。“玉蝀桥”即北京西城区的“金鳌玉蝀桥”，原名金海桥、御河桥，乃连接北海与中海的石桥。桥东、桥西原有明朝嘉靖年间（1522—1566）所建牌坊各一座，西边名金鳌，东边号玉蝀。过去这一带可是金碧辉煌、人流涌动之地，如今却是“宫观渐荒”、人迹罕至之地。词中的“何年翠辇重归”句本意谓当时国家无主，并与开头之“故国颓阳”相照应，作进一步推衍；“铜盘再徙”是说国都由南京再移北京；“沧海三尘”指的是辛亥革命失败，袁世凯称帝失败，张勋复辟失败。全词“凭吊废兴”，借题发挥，“感今伤往”，委婉曲折，情意真切，让人读来亦黯然神伤。

“西平乐”词牌又名“西平乐慢”，乃是难调。此调有仄韵、平韵两体。仄韵体创自柳永，平韵体创自周邦彦。这里所用乃平韵体。此调句多韵少，上阕十三句四平韵，下阕十五句三平韵，极难把握；要想写好就更难了，词家视为畏途。黄侃凭借其渊博的学识、超群的才华、过人的魄力，不仅健笔直下，潜气内转，左右逢源，很好地完成了此篇；而且述事有致，层次清晰，音韵和谐，自然妥帖，不能不让人叹服！

又如其《寿楼春》：

去国已将一年，故乡秋色，未知何似。登楼眺远，万感填胸！古人有言，悲歌当哭，望远当归。无聊之极，赖有此耳。

看徵阳西斜，倚层楼醉起，秋在天涯。怎奈乡关千里，断云犹遮。悲寄旅，思年华，问浪游何时还家？想故国衰芜，长亭旧柳，惟有数行鸦。　　摧蓬鬓，惊尘沙。听寒风野哭，荒戍清笳。换尽人间人世？海桑堪嗟！凉露下，沧浪遐，澹一江凄凄蒹葭！但遥想苍茫，招魂路赊，愁转加！

这首词写于民国元年壬子（1912 年）秋。前一年的 10 月 10 日，武昌起义爆发，并相继占领武昌、汉阳、汉口，成立湖北军政府，宣布废除“宣统”年号，改国号为“中华民国”。武昌起义的成功引起清政府的极度震恐，立即派袁世凯为钦差大臣，率大军南下镇压。起义军民则奋起抵抗。黄侃为解汉口之危，曾赴鄂东各县谋求救兵不遂，而汉口、汉阳已相继失守，便由九江辗转抵达上海，与友人主办《民声日报》，至此时已近一年，即所谓“去国已将一年”也。

词的上阕写作者极目异乡秋景，不禁引起自己的思乡之情：回想自己为革命奋斗半生，如今却浪迹他乡，也不知道何时才能回到故乡；在作者的想象中，故乡此时一定也是一片凄凉衰败的景象。下阕则寓情于景，以萧条凄清的残秋景象来比喻眼前的形势：辛亥革命虽然推翻了帝制，但袁世凯正在加紧窃国乱政，必将给国家带来更加深重的灾难；每当看到无数难民流离失所，每当想起自己有家难回，就感慨无端，烦愁更重。整首词以乡思、国恨贯穿全篇，脉络清晰，波澜曲折，迭宕有致：由眼前写到家乡，又回到眼前，再写到家乡；所写“衰芜”“旧柳”“寒风”“蒹葭”等，形象鲜明而又富有特征，蕴含了丰富的时代内容，充分地表达了作者忧国忧民的情怀。全词的语言隽永，委婉含蓄，纡徐平缓，数处用典却不露丝毫雕凿痕迹。

“寿楼春”也是难调，创自宋代史达祖（字邦卿，号梅溪）。首句定格用五平声，它句亦多限用三平四平，名似寿词，调实呜咽，故声家一直视其为畏途，很少有人为此调。黄侃不仅不畏难，而且句句妥帖、恰当，字字合律，举重若轻，由此亦可见其功力和才气。

再如其《尉迟杯》：

九月十一夜，饮席早归，独留寓楼。忆去年此夜，与两友人自危城逸出，维舟江畔。感念兵戈，悲吟达曙，今忽忽一岁矣。飘零如故，时事日非，怀旧伤离，和清真此解。

沧江路，记一舸夕檥依深树。愁闻战伐声悲，空忆危城何处？多情旧友，曾逐我寒宵宿前浦。有闲鸥自卧荒洲，任人将伴归去。　如今浪迹天涯，还追念扁舟苇渚相聚。往日心情俱零落，难寄意清歌妙舞。何时更逢君水国，叹身世凄凉却共语！只空斋夜久焚香，梦来犹想吟侣！

据词中所说“九月十一夜”，可知此词作于1912年10月20日。其时，黄侃先生与好友汪旭初、刘仲蘧正寓居上海，编辑《民声日报》。是夜“饮席早归，独留寓楼”，想起北宋词人周邦彦（字美成，号清真居士）所作之《尉迟杯·离恨》，抚今追昔，万感交集，故填此词和之。前一年的九月十一日夜晚（即1911年11月1日晚），詹大悲等人出狱后，组织新军光复汉口。十月十四日，成立汉口军政分府，詹大悲任主任，何海鸣、温楚珩、黄侃、陈冕亚等也参与分府工作。十月二十九日，清军冯国璋部攻入汉口市区；十一月一日汉口陷落。在汉口陷落前几小时，詹大悲、温楚珩、黄侃等一同退登一舟，至晓方才离汉。而1912年3月袁世凯就任临时大总统；4月孙中山正式辞职，黄兴亦辞参谋总长职，改任南京留守；5月英兵入藏；6月六国银行团成立；此年内，江西、湖南、广东、福建皆遭水灾，因此先生感叹“时事日非”。此词上阕回忆汉口陷落后诗人与战友离开“危城”的情形和战友分离、天各一方的悲痛心情，下阕则述写诗人“浪迹天涯”和思念战友、思念故乡的情怀，以及理想不能实现的忧愤、苦闷。整首词“怀旧伤离”，言辞哀婉曲折，意蕴丰厚，而情调低徊悱恻，悲愁凄凉，一咏三叹，从中流露出一股浓郁的对家国、对战友的爱恋之情，真挚感人，使人读来亦在不知不觉中受到深深的感染。

其《高阳台》亦是感时伤世之作：

纤月摇情，明河鉴影，微凉暗透絺衣。虚籁将沉，车声远陌初归。高楼只在疏灯外，料绣帘彻夜空垂。最输他，萤照云屏，蚊傍罗帏。

玉阶携手当时事，甚流年易换，佳会终稀！倚偏雕栏，如今莲漏偏迟。嘶骢不向横塘去，问羁怀更有谁知？度风萝笛韵凄清，巧共愁吹！

据词牌下的原注“甲寅”可知，此词大约写于民国三年（1914年）春。众所周知，章太炎是民初政坛、文坛举足轻重的人物；而黄侃不仅是著名的革命志士，也是太炎先生最得意的高足。黄侃无论何时何地，对其师都是极其尊敬和维护的。本年初，因太炎先生坚决反对帝制，被袁世凯幽禁于北京著名的四大凶宅之——东城钱粮胡同某公馆，且警卫森严。随后，黄侃则被迫北上天津，出任袁世凯的心腹、直隶都督赵秉钧的秘书长。直到三月初，赵秉钧被毒杀，黄侃才有机会脱身又回到上海，回想在津期间，与老师近在咫尺，却不能去看望他，更不用说到身边去服侍他，心情异常愁苦悲凉，于是填了这首词。词的上阕述写女子的痴恋，笔墨含蓄，层次清晰；下阕则极写“流年易换，佳会终稀”的今昔之感，更显愁苦之悲凉。全词抒写的今非昔比、佳期难再的情景，不过寻常主题，然而词人慧心独运，巧妙构思，加之文辞古雅，情真意切，一唱三叹，就使全词顿呈新貌，不同凡响。

辛亥革命时期，我国文坛兴起了翻译文学热潮，西方大量的文学作品被翻译介绍到国内。作为一名革命志士，作为一位爱国的文学家，也作为一名留日学生，黄侃自然也很关注这一文学现象，并在自己的诗词作品中作了反映。如他的《解语花》词：

英吉利人哈葛德撰小说曰《红礁画桨录》。叙一女子情死事，闽县林纾译以华言，亦复委曲哀艳。往在汉上，从秋华得是书，既美归荑，复哀同病，常日玩诵，未尝或离。近以线帙脱坏，重为缀装。书首有《解语花》一首，未知谁作。律韵皆有微误，因依调别制，聊咏其事，秋华见此，当为凄咽也。

晴漪漾碧，夜夕流红，摇散文鸳影。泪珠溅镜芙蓉老，谁遣怨魂轻醒？鲛宫正冷，收情网断珊慵整。空自怜填海冤禽，此恨随年永！
溟涨愁澜无定，送虚舟何处，奇兴难并。碎萍漂梗，乘潮远，似与阿侬同命！娇郎更病，算往事殷勤犹省！招桂旗岩畔相逢，终是凄凉境！

《红礁画桨录》是英国小说家哈葛德（1856—1925）1890 年创作的一部小说。小说“叙一女子情死事”，主题在宣传、提倡女权。中译本由我国著名文学家、翻译家林纾（1852—1924）与翻译家魏易（1881—1930）合作翻译，光绪三十二年丙午（1906 年）四月由商务印书馆出版发行。据词前小序所说“往在汉上，从秋华得是书”，可知黄侃读到此书应在 1910 年秋从日本回国后至武昌起义期间。此词最早见于 1912 年 6 月 1 日出版的《南社》第五集，可见此词应填于黄侃自汉口、汉阳失守出走沪上至 1912 年5 月之间。小说的故事本来就“委曲哀艳”，经黄侃的妙笔一渲染，就让读者感到更加悲苦凄凉，绯恻缠绵。

黄侃的词在社会上曾产生过积极的影响，一直受到时人和后人的关注①。近人叶恭绰的《广箧中词》《全清词钞》和龙榆生的《近三百年名家词选》等皆选有先生多首词作，近几年出现的一些词的选本或鉴赏辞典也有选录。

只要我们仔细翻阅一下黄侃先生的词作，就不难发现以下几个显著的特点：

其一，词风缠绵、婉约。研读先生词作可知，无论是其早年，还是其中、晚年的作品，皆恪守“诗庄词媚”的传统观念，比较明显地受到婉约派词人的影响，呈现出一种悲愁凄凉、缠绵婉约的词风。这种词风在国家处于动荡不安的时候更能引起文人骚客们的共鸣。在先生现存的376首词中，有不少词就直接标注着“和南唐中主（李璟）”，“拟南唐中主”，“和同叔（晏殊）”，“和晏几道韵（晏小山）”，“和耆卿（柳永）”，“和清真（周邦彦）”，“和美成韵”，“和清真韵”，“用清真韵”，“和白石（姜夔）”，“和白石韵”，“用白石韵”，“和梦窗（吴文英）”，“用梦窗韵”，“步碧山（王沂孙）韵”，“用碧山韵”等字样，由此可见一斑。其中又于南唐李后主之词作研读最力，且颇有所得，因此其词的风格的形成受李后主的影响最大。而黄侃功力深厚，才华横溢，善于吸取各家之长而融汇贯通以为己所用，这就使得其词作在艺术上更加出神入化，臻于完善。

其二，写真情实感，以情动人。黄侃是一个具有独特个性、感情丰富的学者，故流动在其词作字里行间的是他那种平易自然、感人肺腑的真情，没有丝毫矫揉造作之感。无论是其早期词作，还是中、晚年词作；无论是写给女友的词作，写给师友的词作，抑或是写给亲属的词作，怀念故国、家乡的词作，无不表现出词人深沉、浓郁的丰富感情。这从前面所举《转应曲》《浣溪沙》《踏莎行》《浪淘沙》《杨柳枝》《谒金门》《眼儿媚》《西平乐》《寿楼春》《尉迟杯》《高阳台》《解语花》等十几首词中就可以明显地感受到。如果我们细细地咀嚼、品味，就会情不自禁地随之而忧愁，而悲痛，而感伤，而叹息，而落泪，而愤怒，而感奋……

其三，黄侃学问广博、精深，功力深厚、扎实，且文思敏捷，感情丰富，才华出众，故其词作不仅格律严谨，音韵谐调，语言隽永，极富文彩，而且形象鲜明、生动，文笔自然流畅，用典贴切，恰到好处，耐人咀嚼，韵

① 黄侃曾被时人誉为“词圣”。司马朝军、王文晖：《黄侃年谱》，湖北人民出版社2005年版，第67页。

味无穷。这不仅从前面所举的十几首词中可以看出，而且从其他几百首词中亦可见到。

黄侃词作的这些特点，是与其特定的历史时代、特别的生活经历和生活环境，以及特殊的思想感情分不开的，我们应该给予充分的认识和理解。黄侃的词作既是他文学创作、爱国思想的一个重要组成部分，也是辛亥革命思想文化运动的一个重要组成部分，还是中国近现代文学的一个组成部分，可“与其学术文章，同于不朽”①。它作为中华民族文化的一个方面，作为祖国文化遗产的一个组成部分，值得我们重视、珍惜、继承和弘扬。当然，我们在学习和借鉴的时候，对其中那些消极的、不健康的东西应该认真辨别并予以剔除，而不应该妄自指责。

第七节　黄侃的诗歌翻译

清宣统元年己酉（1909 年 9 月）八月，苏曼殊编译的《拜伦诗选》由日本东京三秀社正式出版；不久，上海泰东书局亦翻印发行。这是我国翻译的第一部外国诗歌专集，计收英国诗人拜伦的《去国行》《星耶峰耶俱无生》《赞大海》《答美人赠束发瑞带诗》《哀希腊》等五题凡 42 首，原文、译文对照。苏氏在书前的《自序》中曾这样说：“比自秣陵遄归将母，病起匈膈，濡笔译拜伦《去国行》《赞大海》《哀希腊》三篇。”序中明确地将拜伦《哀希腊》等三诗说成系自己所译。

然而，黄侃却曾自述此三诗为他所译。黄侃著有《𫄧秋华室说诗》一文，并被柳亚子收入《苏曼殊全集》第五册附录中。文中有一段记载说：“苏子谷作画，极萧疏淡远之致。偶作小诗，亦极凄婉。景仰拜伦之为人，好诵其诗。余居东夷日，适与（子谷）同寓舍，暇日辄翻拜伦诗以消遣。子谷之友汇刊为《潮音集》（此集于 1911 年出版），兹录《哀希腊》及《赞大海》二篇，愧不能如原意。然子谷云：‘无大违异处。’或不相绐也。《哀希腊》诗，马君武尝译为七言，今更译之，无一字相袭也。《哀希腊》诗凡十六章，章八句……《赞大海》诗六章，章十二句。其第五章为余杭（章太炎）译，盖原义深曲，译两日不成，余杭见而补之。”此文论画说诗，系黄侃在苏曼殊去世后为怀念故友而作，同时也隐含着为拜伦《哀希腊》等三诗为自己代苏曼殊所译，且已被苏氏收入译诗集中而辨证之意。它明确地为我们提供了此三诗的译者、翻译时间、翻译经过以及译诗的形式

① 曾缄:《量守庐词钞·序》,《黄侃纪念文集》,湖北人民出版社 1989 年版,第 153 页。

等情况。

在《苏曼殊全集》第五册的附录中，还收有柳无忌教授撰写的一篇长文——《苏曼殊及其友人》，其中有几句话对黄侃的说法加以否定和排斥："……据他在《缃秋华室说诗》内所讲，曼殊所译拜伦的《哀希腊》和《赞大海》，实际上是他所译；但我不能相信，大概是曼殊草稿而季刚为之修饰罢了。"①然柳文并没有提供出有说服力的论据，自然也就没有作出令人信服的论证。

现代著名学者、文史学家钱基博著有《现代中国文学史》一书，其中在论及国人以古诗体译介西诗时，称始自曼殊，并认为拜伦《去国行》等三诗是苏曼殊与黄侃合译的："（苏曼殊）旋以病起胸鬲，遄归将母，与黄侃同译《拜伦诗》；而意趣所寄，尤在《去国行》《赞大海》《哀希腊》三篇；则玄瑛与黄侃草创之，而章炳麟润色以成篇者也。"②这段文字，显为折衷苏、黄自述，以三诗为苏、黄共译。

如此一来，关于拜伦《去国行》等三诗的翻译便有了四种说法。那么，这三首拜伦的诗究竟是苏曼殊所译，或者是曼殊初译而由黄侃修改润色，抑或是苏、黄合译而由太炎先生修改润色，还是黄侃翻译后苏氏将其收入自己所编集中，这便成了一段公案。历年来出版的文学史以及许多研究苏曼殊的著作和文章，涉及此事，绝大多数沿用的是苏氏自序中的说法，而黄侃的记述说明却一直未引起学术界的重视。

拙意以为《去国行》等三首诗的译者当是黄侃，而不是苏曼殊，理由如下：

其一，黄侃在《缃秋华室说诗》中的自述是可信的，应该受到学人们、尤其是苏曼殊研究者的重视。

第一，黄侃替他人"代笔"之事还有过。如收入《太炎文录初编》卷二之《讨满洲檄文》，即为黄侃手笔。此文刊载于 1907 年 4 月《民报》增刊《天讨》，时以军政府名义刊布，并未署作者姓名。世人多以为章太炎手笔，实为黄侃"代"《民报》主笔章太炎所写。黄侃在《答平刚少黄诗》中就谈到这个问题："中原豪士何纷蔼，冥鸿各免置罗害。僦屋皆依新小川，占名咸入同盟会。曾云行远宜高文，一篇民报张吾军。老师为事诚殷勤，二汪（原注：兆铭、东）刘（原注：师培）胡（原注：汉民）具策勋。

① 《苏曼殊全集》第五册附录下，北新书局 1928 年版，第 22 页。

② 钱基博：《现代中国文学史》，岳麓书社 1986 年版，第 100 页。

同时我草驱胡檄，珷玞亦与璵璠群。”台湾学者潘重规是黄侃弟子、女婿，曾指出：这篇檄文，“张溥泉、刘禺生丈、汪旭初师均谓为先师手笔……刘禺生丈云：‘同时我草驱胡檄’即指《讨满州檄文》也”①。另据黄侃之子黄念平在《忆父亲》一文中说，其先父还代章太炎先生写过一篇《丁君墓表》②。

第二，我国古代、近代学者不看重署名问题是极普遍的事情，不少人在自己著作上署假名，或假托先贤之名，或署上朋友之名，尤其是代人所作——或幕僚代恩主，或学生代老师，或朋友相互代笔，自然皆署他人之名，其实例举不胜举。既然如此，黄侃将拜伦《哀希腊》等三诗译好后，让好友苏曼殊将其收入自己编译的集中出版（以致读者以为苏氏所译，而苏氏又因早逝而无法说明，致使黄侃的自述未引起学术界的重视），也就能够理解了。

第三，黄侃与苏曼殊同过甘苦，共过患难，友谊甚笃。光绪三十三年丁未（1907 年），苏曼殊前往日本，与已经留学日本的黄侃先生会于东京，同住在同盟会机关报《民报》社内，与章太炎先生相依。他们除一起编办《民报》，宣传反清民主革命思想外，经常相聚共论经学、小学，亦时时相互赋诗唱和，甚为契合。次年之后，两人之间的酬唱、赠和及其他方面的交往就更广更多了。仅据《苏曼殊全集》第五册“附录”载，黄侃先生就写有赠、忆苏曼殊的诗 5 首③。两人之间有着如此深厚的交情和友谊，而黄侃先生又是一个才华横溢、性情高傲、淡薄名利的人——同黄侃共过事的人都深知，他最讨厌那些不学无术之人，怎么会自己没有翻译拜伦《哀希腊》等三诗，而硬要冒称是自己所译的呢？！

从以上几个方面观之，黄侃的自述是完全可以相信的。

其二，黄侃除译过拜伦《赞大海》《去国行》《哀希腊》三诗外，尚译过拜伦另外的诗。苏曼殊于 1908 年（戊申）曾编辑出版过《文学因缘》一书。此书是一部英译中国古典诗歌集，附录苏曼殊、盛唐山民所译拜伦诗各一题。苏氏在书前“自序”中指出：“《留别雅典女郎》四章，则故友译

① 潘重规：《蕲春黄季刚先生译拜伦诗稿读后记》，《黄侃纪念文集》，湖北人民出版社 1989 年版，第 146 页。

② 湖北省文史研究馆编：《黄季刚先生逝世 50 周年纪念文集》，1985 年。

③ 据陆宗达、殷孟伦、程千帆等前辈学者回忆，黄侃先生写作诗词，不甚爱惜，总是随写随丢，从不留底稿，故很难准确知道其诗词的具体数量。

自 Byron（拜伦）集中。”苏氏“序”中所指“故友”为谁，并没有说明。据《苏曼殊全集》第五册“附录”《苏和尚杂谈》（柳亚子）记载，“在一九二七年上海大东书局出版的《紫罗兰杂志》第二号上，顾悼秋《雪蝶上人轶事》后，附有‘曼殊上人遗诗’六首，后面还有案语，现为照录如下……此六首诗都不是曼殊做的……后面四首见《文学因缘》，在曼殊自序中说明为故友所译，又在《天义报》第十五卷《文学因缘》广告上写着‘盛唐山民译《留别雅典女郎》诗四首’，当然也不是曼殊所译了。”由此可知，苏氏所说“故友”即“盛唐山民”。而查张静庐、李松年合撰的《辛亥革命时期重要报刊作者笔名录》，得知“盛唐山民”就是黄侃早年曾用过的笔名①。

黄侃所译《留别雅典女郎》诗四首，至迟译成于 1908 年，而且“译笔清秀高华，自然流转，情思婉娈，有六朝乐府风味”②，堪称大家手笔。根据黄侃自述及其他材料看，先生所译拜伦的另外几首诗也应当成于此译诗的同时或稍后。此时期的黄侃正在日本留学，与章太炎先生相依，因为积极参与反清的民族民主革命活动，发表了一系列振聋发聩的政论文，曾遭清政府的通缉。他身处异邦，有国难投，有家难归，思想上对拜伦诗中富于反抗、勇于斗争，追求自由、平等，争取民族解放的内容产生了强烈的共鸣，此正所谓“时当清的末年，在一部分中国青年的心中，革命思潮正盛，凡有叫喊复仇和反抗的，便容易惹起感应”③。于是，便决定将它们翻译介绍到国内，借翻译拜伦之诗而抒发个人情怀，唤醒沉睡的国人，起来共同革命，是完全能够理解的。既然黄侃在这之前或同时翻译过拜伦《留别雅典女郎》诗四首，那么，作为挚友，“代”苏曼殊翻译拜伦《赞大海》《去国行》《哀希腊》三诗，就更令人相信和具有说服力了。

其三，钱基博在前引《现代中国文学史》中，固然持苏、黄“同译”的折衷意见，但毕竟亦明确肯定黄侃译过拜伦的《哀希腊》等三诗。柳无忌教授在前引《苏曼殊及其友人》一文中虽对黄译持否定意见，但也觉得“是曼殊草稿而季刚为之修饰”。这些说法至少是黄侃曾翻译过拜伦《哀希腊》等三诗的一个有力的旁证。

---

① 《文史》第一辑，中华书局 1962 年出版。

② 潘重规：《蕲春黄季刚先生译拜伦诗稿读后记》，《黄侃纪念文集》，湖北人民出版社 1989 年版，第 145 页。

③ 鲁迅：《坟 · 杂忆》，《鲁迅全集》第 1 卷，人民文学出版社 1981 年版，第 220～221 页。

其四，前述潘重规先生在整理黄侃文稿时[①]，发现了拜伦《哀希腊》等三诗的译稿，经过考证、核实，撰写了《蕲春黄季刚先生译拜伦诗稿读后记》一文，肯定拜伦《哀希腊》等三诗为黄侃先生所译："以余所藏先师季刚文稿观之，则先师《缕秋华室说诗》之语皆为纪实，译拜伦《哀希腊》《赞大海》《去国行》三篇，皆出先师手笔，惟《赞大海》第五章为太炎先生所译耳。"[②]潘重规先生介绍黄侃先生译拜伦诗文稿甚为具体：

先师译稿三篇，首篇题云：'代苏玄瑛译拜伦赞大海诗六章'，次篇题云：'代苏玄瑛译拜伦去国行十章'，三篇题云：'代苏玄瑛译拜伦哀希腊诗十六章'。首篇及三篇末且有识语云：

昔木华、张融并作海赋，以彼巨笔，赞咏大瀛，此土已难再遘矣！拜伦西土诗人，其论想类情，或殊华域；而瑰诡华妙，实可叹称。己酉春夏之交，与曼殊同依太炎，暇日译此，愧未能适合本意也。

拜伦此诗，悲丽深婉，所以哀怜振董亡国之民者至矣！桂林马君武尝译为七言，今更译之。侃注。

又《赞大海》诗第五章末有注云："此章为太炎译。"

以上黄侃原译文稿"识语"中所记与黄侃后来所写《缕秋华室说诗》文中所说一一相吻合，难怪潘重规感叹说，"凡此注文，均为确定译者及译述时期之重要资料，惜《曼殊全集》《晚清文学丛钞》，收录译诗，皆遗佚未载，世遂有不知先师译诗之事者矣"[③]。

潘重规在其文后还附有黄侃原译拜伦诗《赞大海》《去国行》《哀希腊》《留别雅典女郎》等四题。今取黄侃原译稿与《苏曼殊全集》所载者比较，文字偶有变异，然相异者，或书写异体，或代以同声他字，或修辞微变。认真对照核实，不难看出，两稿确实同出一辙。因此亦可见潘文观点的可信。

其五，从苏、黄二人的诗歌创作风格和特点以及译诗的风格、特点来看，此三诗也应该为黄侃所译，而非苏曼殊所译。

---

① 潘重规先生曾于1988年(戊辰)在台北据黄侃手订或印行的旧稿印行了《量守遗文合钞》上、下两册。

② 潘重规：《蕲春黄季刚先生译拜伦诗稿读后记》，《黄侃纪念文集》，湖北人民出版社1989年版，第143～144页。

③ 潘重规：《蕲春黄季刚先生译拜伦诗稿读后记》，《黄侃纪念文集》，湖北人民出版社1989年版，第144页。

在中国近代文学史上，苏曼殊和黄侃是两位奇才。苏曼殊（1884—1918），原名玄瑛，字子谷，曼殊乃其出家后的法号，广东香山（今珠海市）人。父亲是旅日侨商，生母系日本人。苏氏从小在国外长大，一生经历坎坷、奇特：早年倾向民族民主革命，但身世飘零，情绪不定，时僧（一生出过三次家）时俗（熬不住清苦就还俗）；或壮怀激烈，或放浪不羁；或认真笔耕，或佯狂玩世。他多才多艺，工诗擅文，善绘画，并精通英、法、日、梵等诸种文字；不仅有创作小说多种，而且有翻译小说、诗歌等多种。苏氏“擅长清逸的小诗，轻快流丽，凄清明隽，不假雕饰”①；所“为诗……以七绝最为工”②；而他的“存世诗篇大都是七绝，清灵隽逸，独具风采”③；“其诗作哀艳感人，富有浪漫气息”④；就连平生眼界极高，不轻易称许他人的黄侃也称赞说：“常忆弥天一曼公，小诗清绝画犹工。”⑤

黄侃既是民族民主革命家，又是一代国学大师，还是著名的文学家。但其文学成就一直为其文字、音韵、训诂学方面的成就所掩，至今尚未受到学术界的重视。在文学创作方面，他诗、词、文兼工，又是卓然有成的翻译家；在文艺理论方面亦多有建树。黄侃先生有词近 400 首，诗 1000 余首，皆“隽永深醇”，尤其是他的“五言诗有晋、宋之遗”⑥；章太炎先生曾盛赞之曰：“文词淡雅，上法晋宋……并世固难得其比”⑦。黄侃不仅“学问淹博，文思敏捷，诗文极富感情、个性与文采，由清入民国，卓然为诗词文章大家”⑧；而且“所写诗体较全。集中既有五、七言古诗，又有五、七言律诗，还有五、七言绝句，五言排律等”⑨。在这些诗体中，他又

---

① 管林、钟贤培主编:《中国近代文学发展史》(下)，中国文联出版公司 1991 年版，第 89 页。

② 钱基博:《现代中国文学史・古文学》，岳麓书社 1986 年版，第 101 页。

③ 葛杰、冯海荣选注:《近代爱国诗词选》，上海古籍出版社 1988 年版，第 252 页。

④ 钱仲联:《近代诗三百首》，浙江古籍出版社 1990 年版，第 79 页。

⑤ 黄侃:《忆曼殊》，《黄季刚诗文钞》，湖北人民出版社 1985 年版，第 219 页。

⑥ 钱基博:《现代中国文学史・古文学》，岳麓书社 1986 年版，第 97 页。

⑦ 章太炎:《书黄侃梦谒母坟图记后》，《续古文观止》卷之八，长春市古籍书店 1985 年影印本。

⑧ 王庆元等:《黄季刚遗著要籍提要选》，《中国海峡两岸黄侃学术研讨会论文集》(1)，华中师范大学出版社 1993 年版，第 21 页。

⑨ 见拙文《黄侃文学创作略论》，《中国海峡两岸黄侃学术研讨会论文集》(1)，华中师范大学出版社 1993 年版，第 230 页。

于五言诗用力最勤、成就最大，这也是文学史家和学术界所公认的。

我们知道，拜伦的《赞大海》《去国行》《哀希腊》三诗，在翻译技巧上是很精湛的，既忠实于原文，又采用了民族化的手法，使译诗具有典雅高古的魏晋之风。除《赞大海》是用汉魏乐府的四言体译出之外，另几首都是用五言古诗体译出，包括《留别雅典女郎》四首译诗在内。五言诗体正是黄侃经常运用且最为得心应手之体。相反，苏曼殊最擅长的诗体是七言绝句，在他遗留下来的约百首诗中，除个别篇章外，绝大多数是七绝。

在中国近代的翻译界，学人们都知道从事翻译工作是非常不容易的事情。近代大文学家、大翻译家严复曾形容其难说："复近者以译自课，岂不欲旦暮奏功，而无如步步如上水船，用尽气力，不离旧处，遇理解奥衍之处，非三易稿，殆不可读。"①并再三感叹："甚矣，此道之难为也！"②另一位文学大家、翻译大家林纾也说："顾译书之难，余知之最深。"③文学大家梁启超在谈到翻译诗歌时曾说："翻译本属至难之业，翻译诗歌尤属难中之难。"④就是苏曼殊自己亦曾多次感叹："甚矣，译事之难也！"⑤译事难，"况诗歌之美，在乎节族长短之间，虑非译意所能尽也。"⑥既然如此，苏曼殊怎么会舍弃自己最擅长的七言绝句体而用自己所不擅长的五言古诗体去翻译拜伦的洋洋大著呢？！⑦

而将《赞大海》《去国行》《哀希腊》三首译诗拿来与黄侃的另一首译诗《留别雅典女郎》稍加比较，就可看出它们的翻译风格基本相同，都具古雅之风，应该是出自同一个人之手。另外，有学者指出：拜伦的这几首译诗多用"古奥生僻的字眼"⑧。更有学者认为：这些译诗"只可作为说文一

---

① 严复：《与张元济书(二)》，《严复集》第3册，中华书局1986年版，第534页。

② 严复：《与张元济书(六)》，《严复集》第3册，中华书局1986年版，第527页。

③ 林纾：《译林·序》，《清议报》1901年1月11日。

④ 梁启超：《新中国未来记》第四回著者按，阿英编：《晚清文学丛钞·小说一卷》(上册)，中华书局1980年再版本，第61页。

⑤ 苏曼殊：《与高天梅论文学书》，《中国近代文论选》(下)，人民文学出版社1981年版，第465页。

⑥ 苏曼殊：《文学因缘·自序》，《苏曼殊全集》第四册，北新书局1928年版，第294页。

⑦ 拜伦《赞大海》共6章，《去国行》共10章，《哀希腊》共16章，篇幅均较长。

⑧ 马祖毅：《中国翻译简史——五四以前部分》，中国对外翻译出版公司1984年版，第324页。

类的小学书读罢”①。这些话虽然有些偏颇，但却有力地为我们作了旁证：这三首诗应为黄侃所译，而非苏曼殊所译。

众所周知，黄侃是文字、音韵、训诂学家，他秉承师训（黄侃为章太炎的高足弟子），所追慕的是那种格调高古典雅的魏晋文风，故遣词造句都比较古雅、奥僻。这一特点不仅过去多有学者指出，而且可以从黄侃创作的大量诗、词、文中明显地看到。而苏曼殊则不同，由于其身世、经历的奇特，长期生活在国外，接受中国传统文化的熏陶还不是太深，是一个浪漫型的诗人，为诗清灵隽逸，柔美绵缠，且具有欧化倾向。从他的另外几首译诗来看，亦大多具有浪漫主义的气息和色彩。因此，他不可能在短期内舍弃自己原有的风格而用一种自己还不太熟悉的风格译出如此格调高古的作品来。

很明显，我们通过以上关于两人诗歌创作的风格、特点以及二人译诗风格、特点的比较，应该可以令人信服地证明拜伦《哀希腊》等三诗实际上为黄侃所译，而不是苏曼殊所译。

综上所述，我们认为，在中国近代翻译文学史上，最早用五言古体诗翻译拜伦的《去国行》《哀希腊》和用四言乐府体翻译拜伦诗《赞大海》的人是黄侃而不是苏曼殊。由于种种原因，这一历史事实已经被掩盖了120余年。为了深化对中国近代翻译文学的研究，进一步促进中外文化交流，让更多的读者了解黄侃其人、其文、其诗，完全应该恢复其本来的面貌。

值得说明的是，我们今天来辨证此事，旨在还原历史、恢复其本来的面目，而丝毫没有抬高黄侃、贬低苏曼殊的意思：黄侃并不需要这几首译诗来为他撑门面——他“国学大师”的称誉早已成为公论、定论；苏曼殊作为中国近代一位卓有成就的文学家与翻译家，也不会因此而影响他在中国近代文学史和中国近代翻译文学史上的地位与贡献。

① 罗建业:《曼殊研究草稿》,《苏曼殊全集》第五册附录,北新书局1928年版。

主要参考文献

一、文献著作类

阿英. 小说闲谈四种 · 小说四谈［M］. 上海：上海古籍出版社，1985.

陈沆. 陈沆集［M］. 宋耐苦，何国民，编校. 武汉：湖北教育出版社，2002.

陈衍. 石遗室诗话（一、二册）［M］. 沈阳：辽宁教育出版社，1998.

陈衍选. 近代诗钞［M］. 上海：商务印书馆，1923.

陈旭麓，方诗铭，魏建猷主编. 中国近代史词典［M］. 上海：上海辞书出版社，1982.

陈子展. 中国近代文学之变迁［M］. 上海：中华书局，1931.

陈曾寿. 苍虬阁诗集［M］. 张寅彭，王培军，校点. 上海：上海世纪出版股份有限公司/上海古籍出版社，2009.

程翔章，丘铸昌. 中国近代文学（修订本）［M］. 武汉：华中师范大学出版社，2007.

程翔章. 中国近代文学作品选（修订本）［M］. 武汉：华中师范大学出版社，2007.

程翔章. 晚清文学研究［M］. 广州：世界图书出版广东有限公司，2014.

丁有国. 张廉卿诗文注释（上、下册）［M］. 上海：复旦大学出版社，2013.

冯自由. 革命逸史（一、二、三集）［M］. 北京：中华书局，1981.

樊增祥. 樊樊山诗集（上、中、下）［M］. 涂晓马，陈宇俊，校点. 上海：上海古籍出版社，2004.

樊增祥. 樊山政书［M］. 那思陆，孙家红，点校. 北京：中华书局，2007.

樊增祥. 樊山诗词文稿（十二卷）［M］. 上海：上海广益书局，1926.

胡适. 五十年来中国之文学［M］//中国近世文学. 海口：海南出版

社，1994.

黄侃. 黄季刚诗文钞［M］. 湖北人民政府文史研究馆，校订. 武汉：湖北人民出版社，1985.

湖北人民政府文史研究馆/湖北省博物馆. 湖北文征（第十至十三卷）［M］. 武汉：湖北人民出版社，2000.

康有为. 广艺舟双楫［M］. 上海：上海广艺书局，民国五年（1916 年）刊本.

刘成禺. 洪宪纪事诗本事簿注［M］. 台北：台湾文海出版社，1966.

刘成禺. 世载堂杂忆［M］. 钱实甫，整理. 北京：中华书局，1960.

马祖毅. 中国翻译简史——五四以前部分［M］. 北京：中国对外翻译出版公司，1984.

皮明庥主编. 湖北历史人物辞典［M］. 武汉：湖北人民出版社，1984.

钱仲联. 梦苕庵清代文学论集［M］. 济南：齐鲁书社，1983.

钱仲联. 梦苕庵诗话［M］. 济南：齐鲁书社，1986.

钱仲联. 近代诗三百首［M］. 杭州：浙江古籍出版社，1990.

钱基博. 现代中国文学史［M］. 长沙：岳麓书社，1986.

清国史馆. 清国史（14 册）［M］. 第一版影嘉业堂抄本. 北京：中华书局，1993.

舒芜，陈迩冬，周绍良，王利器，编选. 中国近代文论选（上、下册）［M］. 北京：人民文学出版社，1959.

苏曼殊. 曼殊全集（共五册）［M］. 上海：北新书局，1928.

司马朝军，王文晖. 黄侃年谱［M］. 武汉：湖北人民出版社，2005.

（日）实藤惠秀. 中国人留学日本史［M］. 北京：生活·读书·新知三联书店，1983.

王杰，张金超，主编. 田桐集［M］. 武汉：华中师范大学出版社，2011.

王齐州，王泽龙. 湖北文学史［M］. 武汉：华中理工大学出版社，1995

王文濡，选辑. 续古文观止［M］. 影印本. 长春：长春市古籍书店，1985.

王葆心. 续汉口丛谈［M］. 陈志平，张志云，佘皓，点校. 武汉：湖北教育出版社，2002.

王葆心. 再续汉口丛谈［M］. 温显贵，点校. 武汉：湖北教育出版社，2002.

王葆心. 方志学发微［M］. 武汉：湖北省地方志编纂委员会办公

室，1984.

王葆心. 古文辞通义［M］. 熊礼滙，校点. 武汉：武汉大学出版社，2008.

王森然. 近代名家评传（二集）［M］. 北京：生活·读书·新知三联书店，1998.

汪辟疆. 汪辟疆说近代诗［M］. 上海：上海古籍出版社，2001.

武汉老龄科学研究院，武汉成才大学. 黄侃纪念文集［M］. 武汉：湖北人民出版社，1989.

魏绍昌，管林，刘济献，郑方泽，主编. 中国近代文学辞典［Z］. 郑州：河南教育出版社，1993.

徐世昌. 晚晴簃诗钞［M］. 天津：徐世昌退耕堂，民国十八年（1929年）刊本.

余彦文. 鄂东著作人物荟萃［M］. 武汉：湖北科学技术出版社，1990.

余彦文，汪季石，佘建设，朱文凯，主编. 鄂东文化名人评传［M］. 合肥：安徽人民出版社，1993.

叶贤恩. 黄侃传［M］. 武汉：湖北人民出版社，2006.

叶贤恩. 王葆心传［M］. 武汉：崇文书局，2009.

叶贤恩. 张裕钊传［M］. 北京：中国三峡出版社，2001.

中国海峡两岸黄侃学术研讨会筹备委员会. 中国海峡两岸黄侃学术研讨会论文集（1、2册）［G］. 武汉：华中师范大学出版社，1993.

张难先. 湖北革命知之录［M］. 北京：商务印书馆，1945.

张裕钊. 张裕钊诗文集［M］. 王达敏，校点. 上海：上海古籍出版社，2007.

赵尔巽等. 清史稿［M］. 北京：中华书局，1977.

章开源，林增平，主编. 辛亥革命史（上、中、下册）［M］. 北京：人民出版社，1980.

二、论文类

程翔章. 爱国志　民族魂　才人笔——黄季刚先生诗歌创作简论［J］. 高等函授学刊，1994（1）：12-15.

程翔章. 爱国志　才人笔——黄侃散文浅论［M］//武汉老龄研究院，武汉成才大学. 黄侃纪念文集. 武汉：湖北人民出版社，1989：154-162.

程翔章. 黄侃词论略［J］. 黄冈师专学报，1994（2）：61-64.

程翔章. 拜伦《赞大海》、《去国行》、《哀希腊》三诗究竟为谁译?

[J]黄冈师专学报，1998（3）：38-41.

程翔章.湖北近代作家对辛亥革命的反应［J］.高等函授学报，2001（5）：22-26.

程祖灏，程翔章.刘成禺与《洪宪纪事诗》［J］.文学教育，2012（5，上）：113-116.

程翔章.陈沆诗歌创作简论［J］.语文教学与研究，2013（12，上）：71-73.

程翔章.樊增祥词简论［J］.语文教学与研究，2015（1）：68-70.

程翔章.湘乡派散文的爱国主义倾向［M］//郭延礼主编.爱国主义与近代文学.济南：山东教育出版社，1992：160-171.

程翔章.张裕钊其人其文［M］//陈元生主编.炎黄文化，2012（第4辑）.武汉：武汉出版社，2012（12）：53-58.

程翔章.著名的民主革命活动家：田桐［M］// 陈元生主编.炎黄文化，2014（第1辑）.武汉：武汉出版社，2014（4）：51-59.

程翔章.陈曾寿诗歌创作简论［M］//中国新文学学会.新文学评论.武汉：华中师范大学出版社，2014（2）：164-168.

傅德元.刘成禺主要著述史实考订［J］.历史研究，2006（3）：181-185.

黄建中，李昭民，程翔章.民主革命的先驱：黄季刚先生［J］.华中师范大学学报，1989（3）：67-74.

刘木铎.回忆我的父亲：刘艺舟［M］//戏剧研究（第8辑）.上海：文化生活出版社，1983.

刘作忠.辛亥革命功臣田桐身后哀荣［J］.湖北文史，2010（2）：64-71.

梁启超.论译书［M］//翻译研究论文集.北京：外语教学与研究出版社，1984.

梅兰芳.戏剧界参加辛亥革命的几件事［J］.戏剧报，1961（17-18）.

（日）吉田登志子.关于“中华木铎新剧”的来日演出［J］.日本演剧学会会刊，1991.

汪辟疆.悼黄季刚先生［J］.制言，1935（4）.

严希敏.孙中山先生身边的田氏兄弟：记辛亥革命中的田桐、田桓［J］.湖北文史，2011（1）：51-60.

张金超.田桐与辛亥革命［J］.广东社会科学，2013（5）：117-126.

张世宏.樊增祥、易顺鼎与《琴楼梦》[J].红楼梦学刊，2014（6）：104-116.

张铁夫.普希金“初临中土”的向导[J].湘潭大学社会科学学报，2000（10）：117-121.

章太炎.黄季刚墓志铭[J].制言，1935（5）.

后　记

2005 年，根据学校的安排，我从文学院调到计算机科学系（2012 年初更名为“计算机学院”）工作。计算机学科属于工科，对于我一个学文学的人来说，完全是“两重天”。到计科系工作后，我的业余时间，有相当大的一部分用在了从头学习计算机的基本知识、了解和熟悉计算机学科与专业的相关情况，以有利于工作的开展。

2007 年初，根据华中师范大学出版社的要求，我利用业余时间，完成了我与丘铸昌先生合作编著的《中国近代文学》和我独立选注的《中国近代文学作品选》两书的修订改版工作，即由原来的小 32 开改成大 16 开本。由于系主任常年在国外讲学，工作任务繁重，原来在文学院承担的教学任务，逐渐减少；近几年更是推掉完全不上课了。我开始将所有的业余时间用在了对湖北近代作家资料的收集和创作的研究上。

湖北地处中国内陆的腹地，长江流域经济、文化相对开放的环境，使以武汉为中心的湖北地区成为中国近代政治、经济、军事和文化十分活跃的地区之一，文学创作亦十分繁荣。据现有的资料来看，湖北近代不仅作家多，而且作品异常丰富，是一座值得开采和挖掘的富矿。惜此前学人们关注不多，研究较少；尤其是在地方文献的搜集整理方面相对落后，有时想找某一位作家的集子十分困难，这很不利于湖北近代文学研究的深入开展。

2014 年 5 月，我的一本小书——《晚清文学研究》出版后，我便开始着手从原来和近些年所写已发表与未发表的研究湖北近代作家的数十篇论文中，挑出其中的二十几篇，进行综合整理，充实完善，形成了对湖北近代不同历史时期、成就突出、影响较大的十位作家的整体研究，再加上 2014 年上半年所写的《湖北近代文学研究概说》一文，汇为一集，这就是呈现在读者面前的《湖北近代作家研究》一书，算是我这些年研究湖北近代作家的一个阶段性成果。对湖北近代作家的研究，我自然会继续下去，今后可能会有第二、第三集（含作家评传、作家年谱）……以及湖北近代作家文学作品选集的出版。

《湖北近代作家研究》书稿完成后，得到不少领导和友朋的关心，更得到华中师范大学出版社领导的鼎力支持，被列入 2015 年“华中师范大学出版基金”资助项目，使其能够顺利面世。出版社的老师作为责任编辑，为本书的出版，亦做了大量认真细致的工作，在此一并表示诚挚的谢意！

最后要特别感谢的是我的夫人孙秋香教授。一直以来，她默默地承担了家庭里所有的家务，使我在繁忙的工作之余，还有时间安心地从事我喜爱的中国近代文学的教学和研究工作，不断有新的成果面世。如果没有她的默默奉献和全力支持，我根本就出不了什么研究成果。

2015 年 4 月 6 日

修订本后记

《湖北近代作家研究》（第一集）是笔者于 2015 年 6 月，在华中师范大学出版社领导大力支持下，由校出版资金全额资助出版的一本研究湖北近代作家的小书，转眼已经五六年时间了。

2020 年冬，湖北省启动了 2020 年度公益学术著作专项资金项目的申报工作，出版社领导遂积极支持和推荐笔者申报了“‘湖北近代文学研究’丛书（第一辑）”（7 本）这个项目。感谢各位专家评委的支持和信任，这个项目最终获得批准。其中就有一本是《湖北近代作家研究》（第二集）。

为了使这套丛书比较完整，也避免读者产生误解，2021 年 9 月，我们在申报湖北省本年度公益学术著作专项资金项目时，便将《湖北近代作家研究》（第一集）作了适当的补充和修改，然后将其纳入《“湖北近代文学研究”丛书》（第二辑，7 本）之中，一起呈递申报了。感谢各位专家评委的支持、理解和信任，“‘湖北近代文学研究’丛书（第二辑）”（7 本）这个项目也获得了通过。

是故，特在此对其中的相关情况作出以上的说明。

程翔章

2021 年 9 月 20 日